Entre le ciel
et la terre

Johann C. Savignac Warren

Entre le ciel
et la terre

 Éditions de Mortagne

Édition:
Les Éditions de Mortagne
250, boul. Industriel
Bureau 100
Boucherville (Québec)
J4B 2X4

Distribution:
Tél.: (514) 641-2387
Téléc.: (514) 655-6092

Dépôt légal:
Bibliothèque nationale du Canada
Bibliothèque nationale du Québec
Bibliothèque Nationale de France

1ᵉʳ trimestre 1995

ISBN: 2-89074-433-7

1 2 3 4 5 - 95 - 99 98 97 96 95

Imprimé au Canada

À MON PÈRE

*Puisse l'essentiel de ce livre
s'élever jusqu'à Toi!*

*Ainsi je rends à César ce qui
appartient à César et
à Dieu ce qui est à Dieu!*

À...
ma mère,
pour la «Vérité»...

F. H. C., *pc*
pour mon «Identité»...

E. H. W., *ap*
pour la «Liberté»...

J. R. C.,
pour son «Intégrité».

Bien que s'appuyant sur des faits vécus,
ce roman met en action des personnages fictifs.
Toute ressemblance avec des personnages
ayant réellement existé
n'est que pure coïncidence.

À ma mère

Chère Maman,

«Grand bonheur» que tu sois encore parmi nous: tes soixante-quatorze ans, tu les portes magnifiquement.

Je viens, par ces quelques mots, t'exprimer ma reconnaissance de m'avoir donné ma chance: celle de «vivre»!

Tu es une femme extraordinaire! Puis-je me permettre de te dire à quel point je suis fière de toi?

Je sais que tu comprends fort bien ce que je veux souligner par cette lettre.

Comment te remercier pour la Vérité: il te fallait une force, un courage et un amour peu communs pour l'avouer. Quel exemple formidable tu es pour moi!

Quoi que j'aie eu à traverser jusqu'à présent dans ma vie, toujours tu m'as appuyée, aidée, supportée, encouragée.

Tu es une mère «unique» et «magique»!

La fausseté qui me tenait prisonnière d'une vie mensongère est maintenant révolue.

La Vérité a finalement émergé: mille et un éclats de beauté et de bonté miroitent, gravitent autour de moi et, maintenant, peu à peu, se fondent en moi.

Merci à mon Père d'avoir permis que je vienne sur cette terre par la porte que tu représentes.

Je n'aurais jamais pu entreprendre la quête de ma véritable identité sans cette vérité révélée qui me donne enfin droit à ma «Liberté»!

Je t'aime, maman chérie!

Que la Paix soit en toi et que

la Conscience Absolue te guide!

Ta fille,

Johann

Chapitre 1

À peine la voiture arrêtée, je reconnus la voix du docteur Tulli. «Vite, une civière!»

J'y fus étendue et, quelques secondes plus tard, je perdis connaissance.

Une sensation piquante me ramena de ce sommeil forcé. Elle ne m'était pas familière et cependant je la reconnus: âcre, amère. C'était l'odeur des médicaments, celle de l'éther, celle d'un hôpital.

J'avais mal, je me tordais de douleur. Soudainement, mon corps entier fut projeté du côté droit. Je n'arrivais pas à m'assoupir, à m'agripper. Une espèce de force centrifuge me plaquait physiquement au métal glacé des ridelles de la civière. Peu à peu, j'eus l'impression que mes idées se remettaient en place. Ma tête me faisait terriblement souffrir, mon corps était tordu, tordu à hurler.

Tolérer ces élancements aigus m'était insupportable. Un cri de douleur suivi d'un gémissement, une plainte déchirante, un hurlement: mes yeux ne voyaient plus.

Une voix douce se fit entendre:

– Bon... ça va, mademoiselle... vous êtes arrivée!

Au même moment, une autre enchaînait:

– Mais... qu'a-t-elle?

Une troisième ajouta:

– On ne sait pas... elle est pilote de voltige... vous savez, l'acrobatie aérienne... son professeur est ici: le colonel Biroleau... il a même été champion du monde à plusieurs reprises... il est accompagné de deux dames... il pourrait vous en dire plus, docteur!

Cela me confirma que l'odeur particulière que j'avais remarquée auparavant était bien celle d'un hôpital.

Le temps passait au ralenti. La souffrance devenait intolérable. Tout mon corps roulait sur lui-même. Ma tête touchait presque mes pieds sur le côté droit. Quelle sensation horrible de me sentir ainsi recroquevillée!

Tout mon côté gauche était complètement étiré. Et là, je compris la raison pour laquelle je sentais tant de mains sur mon corps. Ces mains inconnues tentaient de me dérouler, de me redresser pour maintenir ma tête droite. Je reconnus la voix du toubib:

– Mademoiselle, dites-moi votre nom. Mademoiselle?

Un silence répondit à sa question. Malgré cela, il insista:

– Allez, vous vous souvenez sûrement de votre nom!

J'avais peine à demeurer consciente... comment ne le réalisait-il pas? Pourquoi toutes ces questions? Mais où était le docteur Tulli? Où était le colonel?

Mon bras droit fut étendu sur le côté. Je devinai, à l'aiguille que je sentis pénétrer dans ma veine cubitale, qu'on me faisait une prise de sang. Le garrot me faisait mal. Une voix féminine m'avertit qu'on s'apprêtait à prendre ma tension artérielle.

Quelqu'un tentait à nouveau de redresser ma tête. Je poussai, une fois de plus, un cri. Je voulais qu'on me laisse: j'étais épuisée.

Me voyant ainsi prostrée, et pour me forcer à demeurer dans la réalité, le médecin reprit avec plus d'autorité:

– Dites-moi quelque chose, mademoiselle!!!

15

Au même moment, j'entendis le colonel lui transmettre des informations à mon sujet: nom, origine, profession, raison de ma présence à Cannes...

Je pleurais, mon corps se tordait de douleur. Allais-je pouvoir tenir longtemps ainsi sans que mes muscles ne se déchirent? Je n'en finissais plus de pleurer.

La voix du médecin se fit plus amicale:

– Arianne, je vais vous examiner... S'il vous plaît, donnez-moi une chance!

Le fait que l'on prononce mon prénom me rassura. J'aurais tant aimé me retrouver chez moi au Québec! Cette aventure à Cannes prenait maintenant des allures de cauchemar.

Je suais abondamment. On prit ma température rectale, ce qui fut difficile, mon corps étant totalement contracté. Je frissonnais. Le médecin donna l'ordre qu'on me déshabille. Je réussis à dire que j'avais froid, de ne pas me faire ça. Malgré ma réticence, je fus dévêtue.

Soudainement, j'entendis:

– Docteur, regardez, ses yeux se replacent!

Le soulagement énorme que cela m'apporta est inexprimable. Je sentais tout mon être se détendre peu à peu. Mon corps était maintenant plus décontracté.

Par contre, mes paupières me faisaient mal. Je voulus les frotter: il me semblait que si je pouvais seulement les masser doucement, tout mon corps en bénéficierait.

Le médecin était devant moi. Je l'apercevais pour la première fois comme dans une sorte de brouillard. Il maintint mon bras en place. Il avait compris ce que je voulais faire et me dit:

— Restez calme, Arianne, profitez de ce moment de détente!

Tantôt je pleurais, tantôt je hurlais. Subitement j'arrêtais et, aussi soudainement, je me remettais à crier. J'avais froid, très froid. Le médecin ne voulut pas qu'on me couvre, ce qui m'aurait donné un peu de chaleur. Je tremblais malgré la forte fièvre qui secouait tout mon corps et le baignait de sueur.

À travers mes larmes et la transpiration qui embuaient ma vue, j'entrevoyais l'homme qui me soignait. Il me parut humain bien que j'eusse été prête à jurer que j'étais, depuis le début de cet examen, entre les mains d'un bourreau. Je remarquai qu'il me souriait. Il tenta de me détendre en me parlant de voltige aérienne. Il voulait savoir ce qui s'était passé afin de pouvoir mieux me traiter. Mais j'étais si fatiguée, je n'en pouvais plus! Je voulais dormir.

Sans me laisser du regard, il annonça:

— Attention, infirmiers, Arianne va se lever!

17

Je le fixai d'un air interrogateur. Mais il reprit:

– Allez, Arianne... levez-vous et faites quelques pas.

Je n'arrivais pas à croire ce que j'entendais...

– Mais, docteur, je ne peux pas...

– D'accord, l'infirmière Limousin va vous aider à vous asseoir... le reste, vous le faites vous-même!

Marier mes gestes et mes pensées m'était très difficile. Je me sentais vidée de mes forces physiques tellement mon corps était contracté. Je mis plusieurs minutes à m'asseoir. Tout tournait autour de moi, tout valsait dans ma tête. Mon dos était si faible que je n'arrivais pas à me supporter. Je m'affaissai du côté gauche. Un infirmier voulut m'aider mais le docteur le lui interdit.

– Allez, Arianne, redressez-vous, vous êtes en mesure d'y arriver!

Que d'efforts, emplis de peine et de rage, je dus produire afin de parvenir à ce résultat. Et cette même voix de s'acharner:

– Allez, debout maintenant! Et faites quelques pas dans ma direction...

Sentant mes forces me quitter rapidement, j'en avertis mon tortionnaire mais cela ne sembla pas l'inquiéter, mis à part le fait qu'il insista plus que jamais afin que je me tienne debout.

L'infirmière se tenant à ma droite m'aida à soulever la poitrine et à balancer les jambes hors de la civière.

– Allez... maintenant... faites le reste vous-même!

Mes pleurs, mes sueurs, ma haute température, rien n'y faisait, rien ne semblait ralentir ce médecin. Alors, je décidai de faire ce qu'il voulait, ne sachant même pas si j'allais y parvenir.

Je réussis à placer mes jambes sur le petit marchepied mis à ma disposition puis, aidée, je parvins à en descendre et à faire quelques pas en direction du docteur Frankenstein...

Avançant vers moi, il me saisit les épaules. À l'expression de son visage, il semblait très satisfait et souriait. L'inquiétude que j'y avais lue quelques minutes plus tôt avait disparu. Il me dit:

– C'est bien, Arianne, vous avez marché...

Mais il n'eut pas le temps de terminer sa phrase que je m'évanouissais dans ses bras.

Je revins à moi mais recommençai à me tordre de plus en plus et perdis encore la vue. Il s'empressa de m'allonger en constatant qu'il était peut-être allé trop loin.

– Amenez-la en radiologie, dépêchez-vous!

Je sentis la civière avancer rapidement. Mes cris et mes hurlements devinrent plus fréquents. Je n'arrivais pas à trouver une position confortable.

Je ne voyais toujours pas mais, par contre, je sentais que l'on croisait d'autres civières. Un personnel sélectionnait la priorité des urgences. Une voix connue me rassurait: celle du docteur Tulli. Tout était prêt pour les tests. À peine étais-je arrivée au département de radiologie que je me retrouvai sur la table de travail et là, je m'endormis.

À mon réveil, j'entendis:

– Elle revient à elle, docteur...

J'étais de retour dans la salle d'examen du premier étage. Je reconnus, à travers une sorte de vapeur, le visage qui, se penchant sur moi, me souriait... c'était celui de mon instructeur, le colonel. À peine ce sourire était-il esquissé qu'il fut remplacé par des physionomies plus sévères. C'était le personnel médical qui veillait sur moi. Je me croyais arrivée au bout de ma route terrestre. J'entendis la voix de ma mère; elle était étouffée de sanglots. Pauvre maman! J'aurais voulu lui éviter ce spectacle.

Cette femme aux allures de mannequin révélait une beauté assez particulière. Racée jusqu'au bout des doigts, sa fierté n'avait d'égal que sa volonté. Rouquine, les yeux bleus, fine et élancée, rien ne laissait paraître les années difficiles traversées. Sa peau quasiment immaculée était décorée de mignonnes taches de rousseur. Un nez petit et carré s'harmonisait avec la forme triangulaire de son visage. Je savais que si Maude Mauriac, âgée de soixante ans, avait fait ce voyage, c'était en grande partie pour m'aider. Je traversais une période critique de ma vie. Maude n'était pas seulement ma mère mais une grande amie. Cette «excursion» de deux semaines lui avait permis de retracer ses origines françaises dont elle était si fière!

Je cherchai sa main et la prit dans la mienne. Au prix d'efforts inimaginables, je demandai celle de mon professeur:

– Monsieur Biroleau, s'il vous plaît, occupez-vous de maman... de son retour au Canada. Je n'osai ajouter: «...et de mon cercueil» tellement j'étais certaine de mourir. Et peu à peu, je revis en mémoire mon arrivée à Cannes.

* * *

J'avais dû me battre comme une forcenée pour venir ici et j'avais réussi. N'ayant pas d'argent pour entreprendre ma formation en voltige aérienne, j'avais obtenu une bourse gouvernementale. Je serais formée par le meilleur instructeur au monde, le colonel Marcel Biroleau.

Cela compensait pour les efforts et les peines vécus depuis les quinze derniers mois. Mais cet acharnement maintenu au cours des années pour réaliser ce rêve n'était rien comparativement à ce que je devais vivre en tant qu'étudiante.

Il s'acharnait ce colonel Biroleau. Grand, élancé, le regard perçant et observateur, il incarnait le modèle idéal du pilote. Châtain aux yeux noisette, il avait des gestes souples mais précis, dans lesquels on sentait la discipline militaire.

Il ne souhaitait que la perfection. Malgré sa sévérité envers les élèves, il se révélait presque un père dès que nous quittions le club d'aviation. Il voyait avec tact et diplomatie au quotidien de son groupe: diète, sieste obligatoire en après-midi, heure de coucher, études.

La présence formidable de mes collègues pilotes venus de partout à travers le monde égayait mes journées.

Malheureusement, quelques nuages planaient dans ma vie.

Je n'avais plus, depuis la veille et par ordre médical, le droit de voler. J'étais astreinte au repos complet suite à un examen de routine chez le docteur Tulli. Cette journée-là, lorsque je m'étais présentée pour l'entraînement, mon instructeur m'avait fait la surprise d'un second rendez-vous chez le médecin: «Vous devez vous tromper d'élève, monsieur Biroleau, car je n'ai aucun rendez-vous médical ce matin; j'y suis déjà allée il y a deux jours!» lui lançai-je très sûre de moi.

«Ce nouvel examen, Arianne, c'est moi qui l'ai programmé pour vous.» J'étais ahurie. Silencieuse, je cherchais quelque chose à dire. Il savait fort bien ce que pouvait signifier ce nouveau contrôle.

«Vous irez revoir le docteur Tulli, mais, si vous ne voulez pas, c'est très bien. Dans ce dernier cas, ne soyez pas surprise de vous voir tout vol interdit pour le reste de votre séjour.»

Comprenant que j'étais piégée, il enchaîna: «Le docteur Tulli vous fera passer de nouveaux tests et nous en aurons les résultats demain avant midi. D'ici là, je ne veux pas vous voir au club! Allez vous reposer, allez à la plage, dormez, mais ne pensez pas à l'aviation et ceci est un ordre!»

Le lendemain, ma petite voiture roulait vers Cannes et je continuai à m'inquiéter pour ces résultats médicaux. Je refusais de croire que pour quelques étourdissements, on en arrive à m'interdire le vol pour le reste du stage. Néanmoins, je tentai de me convaincre que tout rentrerait dans l'ordre après quelques heures de repos.

Je venais de terminer mon premier cycle de voltige et j'étais fière de mon classement: deuxième! Il s'en était fallu de peu pour que je sois première. Seule femme parmi neuf hommes et première! De plus, j'avais complété mon premier degré en huit heures de vol alors qu'habituellement il en fallait quinze. Il s'agissait d'un record! Cela me donnait ainsi plus de temps et donc plus d'argent pour le deuxième degré, lequel était non seulement beaucoup plus exigeant mais aussi décisif en vue des compétitions mondiales.

Je me devais donc d'être en parfaite forme physique et psychologique. Ce stage, j'allais le terminer. Je m'étais trop battue pour en arriver là. Cette bourse de treize mille dollars que j'avais gagnée, j'allais en profiter et la vivre en vol! D'ailleurs, il s'agissait d'une première dans ce domaine pour le Canada, le Québec et la France. C'était mon rêve, c'était mon cadeau! J'y avais droit! Représenter mon pays et ma province au niveau mondial, en voltige aérienne, me réénergisait.

Cependant, je me sentais malade, fatiguée, moins résistante, épuisée. En plus, deux petites bosses étaient apparues derrière mon oreille gauche: probablement des ganglions! Cela ne me plaisait guère. De nouveau, la peur que le docteur Tulli ne m'oblige à rester au sol durant plusieurs jours augmentait mon inquiétude.

Pendant que ma mère Maude profitait de ses dernières heures à la française, je pris la direction de la rue Faure où pratiquait le spécialiste.

J'avais l'étrange impression d'être une condamnée se dirigeant vers la potence. Plus je me rapprochais du cabinet du docteur Tulli, plus je me sentais angoissée par le résultat de ces tests. Je sentais la sueur rouler sur mon front. Ce corps, mon corps, je le sentais vidé d'énergie; il ne répondait plus aux exigences du métier: réflexes d'athlète, vision parfaite. Il fallait être en très bonne santé pour pratiquer cette spécialité: la voltige aérienne. On avait toujours dit que j'avais une santé exceptionnelle tout comme avait été souligné que mes yeux marron en forme d'amande donnaient une touche légèrement asiatique à mon visage. Mariés à de longs cheveux châtains et à une allure sportive, athlétique, ils attiraient l'attention. Mon mètre soixante-deux, mon sourire et un petit nez retroussé avaient toujours fait dire que j'avais l'allure d'une gamine, tout comme mon maxillaire carré était révélateur d'un caractère vif et pétillant! Mais, depuis ces dernières semaines, j'étais lasse et presque toujours épuisée. Extérieurement, j'offrais l'image d'un être dévasté. Je n'avais plus de joie de vivre...

Je savais que j'avais besoin de repos, de longues semaines sans rien faire, ce que je ne pouvais supporter. Je tenais absolument à terminer ces deux dernières semaines de stage en voltige.

Arrivée au bureau du médecin, la secrétaire me reconnut: «Si ce n'est pas la p'tite Québécoise! Allez vous asseoir, mademoiselle, le docteur Tulli vous recevra sous peu.» Aucune autre explication ne fut nécessaire.

Ce dernier était très sérieux, trop sérieux. Pourquoi ne me souriait-il pas? Cela était-il de mauvais augure? Pourtant, ce médecin semblait confiant lors de ma première visite. Ce grand blond aux yeux bleus, à la peau bronzée, au sourire ensoleillé frisait la cinquantaine. De par son tempérament détendu, le docteur Tulli donnait l'impression de pouvoir trouver des solutions magiques pour régler rapidement ce qui n'allait pas. En pénétrant dans son cabinet, je me sentais tendue. Savait-il tout ce que j'avais vécu au cours de cette dernière année? S'il le savait, peut-être comprendrait-il mieux! Peut-être serait-il moins sévère.

Mais qui, jusqu'à ce jour, à part Maude, ma mère, Emma et Myriam, mes sœurs, et mon frère François s'était donné la peine de me comprendre? Personne, absolument personne. Bien au contraire, que de déceptions!

Très poliment, il me pria de m'asseoir.

«Me permettez-vous de vous appeler par votre prénom?» J'acquiesçai d'un signe de tête tandis qu'il reprenait: «Arianne, je vois que vous portez vos lunettes de vol. J'aimerais à nouveau examiner vos yeux.»

Je ne bronchai point. Il savait fort bien qu'en deux nuits, mes yeux ne pouvaient redevenir aussi éclatants qu'ils devaient l'être car la vue, pour un pilote, est ce qu'il y a de plus important.

Mais depuis les dernières semaines, mes yeux étaient teintés de jaune, veinés de rouge et je devais porter mes lunettes de vol, lesquelles me protégeaient et me soulageaient de la lumière. C'était comme si mes yeux ne pouvaient plus supporter la clarté.

«Les résultats de vos nouveaux examens sont arrivés ce matin: Arianne, vous êtes anémique, à un assez haut degré. Vous êtes aussi atteinte d'une mononucléose depuis les dernières semaines. Je ne puis, pour l'instant, vous donner la permission de voler. Croyez-m'en vraiment désolé!» J'étais hébétée; je ne pouvais et ne voulais le croire.

Sans attendre, comme pour combler ce vide, il poursuivit: «J'ai déjà prévenu monsieur Biroleau. Il sera ici sous peu. Je regrette sincèrement que cela vous arrive, Arianne. Je sais que pour vous cela signifie l'impossibilité de terminer ce stage, de profiter pleinement de cette bourse d'études pour laquelle vous vous êtes tant battue. Votre instructeur, qui est un de mes bons amis, m'a tout raconté. J'espère que vous comprendrez que vous êtes retenue au sol pour les prochains mois.»

Auparavant, j'aurais accepté avec sagesse une telle situation. Mais là, c'était différent... d'ailleurs, tout était différent, à commencer par moi-même. Je ne me reconnaissais plus. Je ne savais plus vraiment qui j'étais.

Ce que l'aviation m'apportait en bonheur, seuls certains pilotes peuvent le comprendre. Voler était mon univers et j'y puisais toute mon énergie.

Je pris calmement la parole: «Vous êtes très gentil de vous occuper de moi, docteur Tulli, mais comprenez que je ne suis pas venue ici pour me faire dire que le vol m'est interdit. Je sais que si vous me donnez des vitamines en doses massives, je pourrai terminer mon stage. J'ai une force de récupération peu commune. Vous l'avez vous-même constaté. Je n'ai besoin que des deux prochaines semaines. Vous savez que cela est possible. Je m'accorderai plus de repos. Je mangerai plus de fruits, de légumes. Je ferai une sieste plus longue l'après-midi et je me coucherai plus tôt chaque soir.»

Les lèvres du docteur Tulli ne remuaient pas. Cependant, des paroles, une voix connue, faisaient écho dans la pièce. Que se passait-il?

Sans que je m'en rende compte, le colonel était entré dans le bureau. Bien que son ton de voix fut paternel, il se faisait ferme. Je sentis qu'il allait mettre un point final à ma tentative.

«Vous savez que le docteur Tulli ne peut accéder à votre demande, Arianne, et même s'il le faisait, c'est moi qui vous interdirais le vol. Vous êtes fatiguée, vous devez vous reposer.»

«Messieurs, s'il vous plaît, écoutez-moi.» Et, en regardant le colonel, je repris: «Vous-même, monsieur, m'avez aidée à décrocher cette bourse pour faire de la voltige. Je suis certaine que vous comprenez. Vous avez consacré votre vie entière à votre passion qui est la même que la mienne. Il est impossible que vous ne saisissiez pas ce que je vis actuellement et ce que représente pour moi la possibilité de terminer cet entraînement!»

Avant que je ne finisse de m'exprimer, mon instructeur avait posé ses mains sur mes épaules comme pour m'indiquer que quoi que je dise, quoi que je fasse, il en avait déjà été décidé. Je compris qu'il ne changerait pas d'idée. À cet instant je voulus me lever pour protester. Mais une pression plus importante se fit sentir sur mes épaules annulant du coup mon élan. Le colonel, par ce geste, me fit comprendre que je n'avais pas le choix. Après plusieurs minutes de silence, sachant que je ne pourrais y échapper, mais seulement à cet instant, j'abandonnai tristement en disant: «Très bien messieurs, que dois-je faire?»

«Demain, vous entrerez à l'hôpital Cannes-les-Broussailles, reprit le docteur Tulli. J'aurai en mains les résultats complets et finaux de tous les tests. Ainsi, nous serons davantage en mesure de vous aider. Mais il est certain que le repos est à la base de votre rétablissement.»

Sans que je m'en rende vraiment compte, mes forces psychologiques, ma dynamique de survie venaient de sauter. Je devins, avec la fin radicale de ce stage en voltige, une loque humaine. Comment en étais-je arrivée là?

Que de cauchemars, d'humiliations, de déchirements, de peines, d'abandons, de trahisons avais-je vécus depuis un certain temps.

Déjà, je n'étais plus de ce monde. Sans ma voltige, je me retrouvais face à ma vie, à mon drame, que personne ne voulait croire. Même mes avocats avaient peine à accepter ma version de la mort de Ian, mon mari, survenue quelques mois plus tôt.

Je m'interrogeais de plus en plus sur ce qu'étaient les véritables sentiments humains. Les miens différaient tellement de ceux avec qui j'avais partagé mon amitié depuis les sept dernières années.

En quittant le bureau, le colonel tenta de me réconforter en me promettant une nouvelle session de travail lorsque ma santé le permettrait. Au bout d'un moment qui me sembla une éternité, je prononçai: «Il n'y aura pas de prochaine fois, monsieur Biroleau. Si vous saviez!»

Personne, évidemment, ne pouvait se douter du sort que je me réservais à la suite de ce stage: quitter définitivement cette vie et oublier à jamais ce qu'elle m'avait réservé au cours des dernières années.

«En attendant, il faut vous occuper de votre santé et tant que vous serez ici, à Cannes, je m'occuperai personnellement de vous. Laissez-moi vous dire, Arianne, que je vous considère presque comme ma propre fille. Je suis si fier de vous!»

Des larmes commencèrent à rouler sur mes joues. Était-ce de la faiblesse, de la tristesse, du bonheur, de la souffrance, du désespoir, du chagrin, de la rage, de la colère, de la haine?... un peu de tout ça, je crois. Le colonel me conduisit juqu'à ma voiture.

Après son départ, mon corps fut assailli par une tension indescriptible. Un désastre se préparait. Je le sentais.

Mes paupières ne cessaient de bouger et je ne pouvais plus les maîtriser. Mes yeux cherchaient toujours la lumière. Je n'arrivais presque plus à les stabiliser.

Je perdis la vue partiellement. Tant bien que mal, je réussis à me rendre à l'agence de voyages afin d'y retrouver Maude. Je n'avais plus de force. De temps à autre, mes yeux se replaçaient à peine deux ou trois secondes et repartaient violemment en direction de la clarté. Cela devenait de plus en plus pénible. Je me demande encore comment j'ai pu conduire ainsi. J'étais bien guidée de là-haut, j'en suis convaincue maintenant.

J'entrai à l'agence de voyages. Ma douleur devint plus importante à cet instant, à cause de l'éclairage des néons. Et ce fut le coup de grâce.

* * *

— Ne parlez pas, Arianne, gardez vos forces...

Vaguement, j'entendais une voix... je ne savais plus où j'étais. De savoir ma mère et le colonel à mon chevet me réconforta légèrement. Cette fois-ci, pour moi, c'était la fin, c'était la mort! Comme c'est curieux de mourir!

Le paradis me parut bien reposant, si bleu. Je fus surprise de voir que même au paradis il y avait des chambres. La mienne était bleue. Une grande fenêtre ouverte me permettait d'entendre le chant des oiseaux, le vent dans les arbres, de voir les rayons du soleil et de constater la présence, non loin, d'un océan couleur turquoise. Exactement comme sur la terre, pensai-je.

Voulant me lever pour prendre contact avec mon nouvel environnement, une vive douleur au bras me fit tourner la tête: une aiguille était bien piquée dans une veine de mon avant-bras. Elle rejoignait un tube transparent, lequel était rattaché à un sac suspendu à la tête de mon lit.

L'émotion m'envahit rapidement. Des larmes de joie commencèrent à ruisseler le long de mes joues et je remerciai Dieu. Il n'avait pas voulu de moi! C'était bien cela... j'étais vivante... bel et bien vivante... Mon état de «coma» venait de se terminer. Je respirai profondément, pleinement, afin de remplir mes poumons de l'air de la terre... cette terre que je n'avais jamais cessé d'aimer!

Sans savoir pourquoi, l'image de mon père, décédé il y avait cinq ans déjà, revint à ma mémoire. Encore il me manquait.

Notre famille avait connu des années de pauvreté. Mais la forte stature physique de papa lui avait permis de travailler parfois dans des conditions que personne d'autre n'aurait acceptées. De caractère espiègle, sa grande sensibilité était par contre masquée par des yeux verts au regard lointain et par une chevelure noire. Visage et nez légèrement arrondis, il était bel homme. Mon père, qui s'était privé toute sa vie, avait osé endosser mon prêt de cinq mille dollars à la banque afin que je puisse poursuivre mes études en aviation. De sa part, ce geste en fut un de confiance et d'amour!

De ce lit d'hôpital, à Cannes-les-Broussailles, dans un moment de recueillement, je m'adressai à Dieu ainsi qu'à mon père et je leur jurai que l'idée du suicide ne m'habiterait plus dorénavant.

Avant même mon départ du Québec pour cet entraînement de voltige sur la Côte d'Azur, j'avais tout planifié concernant «mon but» de retour: mon suicide.

J'en avais marre de l'hypocrisie des gens: celle de certains membres de ma parenté, celle aussi de certains amis et amies, dont quelques-unes avaient été parmi les maîtresses de Ian. On avait comploté afin de me dépouiller de tout: maisons, meubles, terrains, argent et, même, mon chat Boussole. J'avais tout perdu au profit d'une de ses secrétaires. Le testament de Ian avait été modifié dix jours avant son décès, me déshéritant totalement. Ce qui me faisait le plus mal, c'était de comprendre que j'avais été complètement manipulée dans les dernières années de notre vie commune.

Mais compte tenu de ce que je venais de ressentir lors de ce réveil si unique, «réveil d'entre les morts», je savais que je devais vivre... et mieux encore, je «choisissais» de vivre. J'en conclus donc que j'avais en moi la force d'affronter le drame de ma vie. Je savais que la route serait longue et pénible mais déjà je relevais le défi.

* * *

J'appréhendais le voyage de retour. Les médecins m'avaient suggéré de passer une autre semaine à l'hôpital afin de refaire mes forces, mais l'argent commençait à manquer. Il ne me restait plus que le montant nécessaire pour défrayer les deux billets pour Montréal. Mon séjour à l'hôpital m'avait coûté la modeste somme de trois cents dollars par jour pendant huit jours.

Physiquement, je me fatiguais très rapidement. Mes os me faisaient souffrir et je ne pouvais demeurer assise plus de cinq minutes.

La lettre que le docteur Tulli écrivit afin de prévenir le personnel de l'avion à bord duquel je m'embarquerais fit son effet. J'eus droit à une attention toute particulière.

J'avais hâte d'être à la maison et de partager avec maman notre joli petit logement. Maude s'était toujours demandé pourquoi elle avait loué ce logement avec deux chambres à coucher. Elle avait eu, depuis, réponse à sa question: quelque temps avant la mort de Ian, ayant été entièrement dépouillée, maman m'accueillit chez elle.

Repenser ainsi à cette histoire, qui n'était toujours pas terminée, me rendit triste. Il me fallait faire face à la situation et je savais que si j'avais «craqué», dix jours auparavant, ce drame en était la principale cause; j'en étais persuadée.

À nouveau, je faiblis comme chaque fois que je repensais à toute cette affaire. Un jour, pourtant, il me faudrait y faire face.

Le 747 dans lequel Maude et moi étions passagères était rempli à capacité. Tout à coup, j'entendis mon nom; quelqu'un m'appelait. L'agent de bord, passant dans l'allée, s'approcha de moi et me dit: «Madame Mauriac Dublin? Le commandant Williams serait ravi que vous acceptiez d'être son invitée dans la cabine de pilotage!»

Sébastien Williams était donc le commandant de bord de cet avion. Cela me rassura. Je connaissais bien cet homme dont la réputation professionnelle n'était plus à faire. Malgré ses quarante-deux ans, ce qui est jeune pour un capitaine de 747, Sébastien possédait une connaissance et une expérience exceptionnelles en aviation. Par sa personnalité et son jugement, il était devenu le meilleur pilote de sa compagnie aérienne.

Chapitre 2

Mon patron était un homme public bien connu, animateur d'une émission «lignes ouvertes» pour la radio d'une station privée de Montréal. Il avait aussi, plusieurs années auparavant, été ministre au gouvernement fédéral.

Nous étions en 1971 et la politique québécoise inquiétait le milieu des affaires. La peur que le parti nationaliste prenne le pouvoir aux prochaines élections le hantait. Monsieur Beaulieu, mon employeur, fut alors approché par un autre groupe. Le sang de politicien qui dormait en lui commençait à bouillonner. La possibilité d'un retour dans ce domaine le faisait rêver et c'était la raison pour laquelle il rencontrait, ce soir-là, Ian Dublin.

Ce dernier était organisateur politique aux niveaux provincial et fédéral, en plus d'être un homme d'affaires prospère.

À la fin de leur première entrevue, Ian Dublin était convaincu d'avoir trouvé en Yvan Beaulieu le futur Premier ministre du Québec. Quant à moi, je terminais la mise en pages du journal dont j'avais la direction. Quoique mon travail était très exigeant, il me passionnait. Nous étions trois au bureau, y compris mon patron, pour écrire ce journal hebdomadaire de vingt-huit pages. Photographie, mise en pages ainsi qu'une partie de la rédaction des textes étaient sous ma responsabilité tout comme la correction d'épreuves. Il s'agissait d'une expérience fantastique en journalisme.

Yvan Beaulieu était tellement convaincu d'obtenir l'investiture du parti politique qui l'avait contacté qu'il m'avait même demandé de le suivre à Québec, à l'Assemblée Nationale, afin d'être sa secrétaire privée. Cela ne m'intéressait pas. J'aimais davantage le journalisme qui meublait ma vie six jours par semaine.

Comme trop souvent, le temps coulait entre mes doigts bien plus rapidement que je ne le voulais. Il était minuit et vingt lorsque je pensai à quitter le bureau ce fameux soir de première rencontre avec Ian. N'ayant pas de voiture et le métro étant fermé à cette heure tardive, je demandai si quelqu'un était en mesure de me déposer à la station Henri-Bourassa, afin que je puisse y prendre le dernier autobus en direction de Sainte-Thérèse.

Ian Dublin se porta volontaire.

Le temps de ramasser mes affaires et j'étais prête. Sa présence, quoique silencieuse, me plaisait. Arrivée à sa voiture, galamment, il m'ouvrit la portière. Il proposa d'aller «prendre un verre ensemble», question de pouvoir causer un peu et il ajouta qu'il me reconduirait ensuite chez moi. J'acceptai son invitation et ce fut très agréable. Nous dansâmes ensemble à quelques reprises. Vers deux heures trente du matin, il me déposa au logement où j'habitais avec mes parents dans le nord de la banlieue montréalaise. Il m'avertit qu'il m'appellerait le lendemain, car «j'ai beaucoup d'amis à abonner à votre journal», me lança-t-il. Nous nous quittâmes après une bonne poignée de mains. J'étais tout excitée. Ma mère, une couche-tard inconditionnelle, lisait son journal quotidien.

Elle écouta avec grand intérêt le récit de ma rencontre avec Ian Dublin, de cette étincelle en moi qui s'était allumée lorsque pour la première fois nos regards s'étaient croisés. Maude était aussi excitée que je pouvais l'être.

Ce soir-là, je me souviens, mon cœur était rempli de rêves et j'eus de la difficulté à trouver le sommeil. Quelques heures plus tard, à mon réveil, je n'avais qu'une hâte: celle de recevoir, à mon travail, l'appel de Ian Dublin.

La journée se passa dans l'attente. Je reçus enfin cet appel vers le milieu de l'après-midi. Ian Dublin avait déjà abonné trente personnes de son entourage au journal. Il saisit alors l'occasion de me lancer une invitation à dîner la semaine suivante. J'acceptai avec enthousiasme. Le temps n'en finissait plus de s'étirer en longueur jusqu'au moment de cette deuxième rencontre.

Et nous commençâmes ainsi à nous voir un peu plus régulièrement, à nous fréquenter. Les appels téléphoniques se firent plus nombreux si bien que, un mois et demi après notre première rencontre, nous dînions ensemble au rythme de trois à quatre fois par semaine. Je le connaissais maintenant un peu mieux.

Ian était un gentilhomme, d'une galanterie exceptionnelle. Il avait une belle prestance et était fort à l'aise en public. D'une élégance remarquable, il captait immédiatement l'attention dès qu'il apparaissait quelque part. Sa stature physique athlétique et son mètre quatre-vingt-quinze attiraient toujours l'attention. Sa chevelure abondante et cuivrée miroitait des accents «soleil» d'une façon veloutante. Au cours de nos premières semaines de fréquentation, je remarquai que toute femme rencontrant Ian Dublin pour la première fois se trouvait comme hypnotisée par son allure de chevalier. Son attitude ne l'était pas moins. Ses yeux bleus, un nez aquilin qu'on aurait dit taillé au couteau, des dents immaculées faisaient de ce visage à la forme carrée, un modèle assez exceptionnel. Ian était un très bel homme et il le savait. J'étais très fière d'être à son bras.

À l'une de nos premières rencontres, il m'avait laissé savoir qu'il était marié et père de trois enfants: un fils de dix-sept ans, Victor, et des jumelles de vingt ans, Julie et Léonie. Il m'avait aussi révélé qu'il cherchait une compagne depuis deux ans. Il voulait quitter son épouse mais, disait-il, «j'attends de trouver la femme idéale qui acceptera de partager ma vie.» Et en ce soir de novembre, il ajouta un autre détail: «Tu sais, Arianne, je dois t'avouer que Julie souffre de déficience mentale.»

Cet homme que j'aimais de plus en plus, au fur et à mesure de nos rencontres, cachait une peine épouvantable. Je décidai de le laisser parler et je posai doucement ma main sur la sienne, ce qui le rassura. Je voulais qu'il se sente enveloppé par ma compréhension.

— Tu vois maintenant pourquoi il ne m'est pas facile de trouver une compagne, car je voudrais emmener cette enfant avec moi. Julie est au courant de mon projet et en est heureuse.

Il était bouleversé. Je le sentais blessé.

C'est avec les larmes aux yeux qu'il me fit l'un de ses plus beaux et plus tendres sourires: «Laisse-toi aller, Ian... Calme-toi». Il me serra tendrement tout contre lui. Tout en remplissant nos verres de Bordeaux 58, pressant ma main dans la sienne, il me raconta cette triste partie de sa vie: «Je me suis marié jeune, Arianne, trop jeune. Je n'avais que dix-neuf ans. Je connaissais Marie, ma femme, depuis quelques années déjà.

»À peine étions-nous unis devant Dieu, qu'au cours de la réception, et de cela je me rappellerai toute ma vie, Marie me dit: "Je ne t'ai jamais aimé, Ian. Je t'ai épousé pour avoir ma liberté et seulement pour cela!"»

Et comme pour y puiser la force nécessaire de poursuivre, il prit une profonde respiration : «Je ne pouvais croire ce que je venais d'entendre, cela ne se pouvait pas. J'avais beaucoup de peine; je n'en ai jamais parlé. Tu es la première personne à qui je dévoile cette époque de ma vie. Il y a par contre un couple avec lequel Marie et moi étions sortis un soir. Il fut témoin de l'une de nos rituelles querelles de ménage, au cours de laquelle Marie répéta ces paroles humiliantes. Je comprends, aujourd'hui, que j'aurais dû, dès cet instant, mettre fin à notre union, mais... nous allâmes en voyage de noces et elle en revint enceinte.

»Je croyais que la venue de ce bébé nous aiderait, mais ce fut une erreur: cette grossesse, dès le début de notre mariage, la rendit très agressive. Elle ne voulait pas d'enfant, m'avait-elle dit. Elle faisait des crises chaque jour, si bien que je décidai d'en parler à ses parents. Ces derniers me révélèrent, en implorant ma pitié, que Marie était hystérique, presque folle par période. Pourquoi ne m'en avaient-ils jamais parlé? Il s'agissait pour eux d'une façon de savoir enfin leur fille en sécurité.

»À l'époque, je ne gagnais pas beaucoup d'argent, mais nous vivions bien. Marie n'acceptait toujours pas sa grossesse.

»Elle était suivie par un généraliste à qui je me confiai. Ce dernier me conseilla de lui faire prendre des tranquillisants afin de la calmer pendant cette période ainsi que des vitamines, car elle ne s'alimentait pas régulièrement.

»Je croyais en ce médecin. Quelle illusion! Marie avalait vingt pilules par jour en vitamines et en calmants. Inutile de te dire que cette grossesse fut très difficile pour elle et pour les bébés. Mais Marie est une personne physiquement forte et solide. Elle fait environ un mètre quatre-vingt. Son tempérament est extrêmement nerveux, ce qui occasionne des crises d'hystérie. Je sais fort bien qu'elle n'est pas bien dans sa peau. Mais, crois-moi, j'ai vraiment tout essayé pour l'aider et pour sauver notre union.

»Tu saisis ce que je veux dire, Arianne?» Il me regarda avec un air interrogateur. Et il poursuivit: «Blonde aux yeux bruns, ses cheveux courts lui donnent une allure sportive bien qu'elle ne le soit pas. Elle est jolie femme et présente très bien. Elle est plutôt du genre à passer ses journées à faire les boutiques, du lèche-vitrine.

»Toujours est-il que le jour de l'accouchement arriva une semaine plus tôt que prévu, et j'eus le bonheur de me retrouver père de magnifiques jumelles.

»Par contre, les infirmières avaient été obligées d'administrer de l'oxygène à la deuxième enfant qui semblait avoir un problème respiratoire. Elle était d'ailleurs plus petite que la première.

»Mes deux filles étaient superbes. J'étais maintenant convaincu que Marie, lorsqu'elle les verrait, ne pourrait faire autrement que de les désirer, les aimer, que de vouloir les protéger. Ce qui ne fut pas tout à fait le cas. C'est précisément sur Julie qu'elle se défoula puisque la petite demandait plus d'attention vu son état de santé.

»Ce que Julie a subi de la part de sa mère est incroyable et c'est la principale raison pour laquelle je veux maintenant quitter Marie. Jamais elle ne l'a acceptée. Cette enfant est le souffre-douleur de sa mère, tandis que les deux autres s'en tirent plutôt bien.

»Mes jumelles ont maintenant vingt ans, Arianne. Je me rends compte qu'il aurait été préférable que je quitte le foyer beaucoup plus tôt et que je parte avec les enfants.»

Il était à nouveau plongé dans ce drame qui était le sien.

«Julie est comme une petite bête sauvage. Elle est pure, naïve et ne ferait de mal à personne. Elle aime beaucoup sa mère, ce qui est assez curieux.

»La réaction de Marie au cours des cinq premières années de l'enfance des jumelles fut pénible. Elle laissait, et ce, à longueur de journée, Julie seule dans sa chambre. Par contre, elle s'occupait beaucoup de Léonie, jouait avec elle, l'habillait, lui parlait.

»Puis, quelques années plus tard, Marie fut de nouveau enceinte et donna naissance à un garçon: mon fils Victor!

»Victor et Léonie finirent par agir de la même façon que leur mère envers Julie. Quant à moi, je travaillais beaucoup et je m'occupais du mieux que je le pouvais de Julie lorsque je ne rentrais pas trop tard, le soir, à la maison.

»À l'époque, dix machines à coudre furent installées dans le sous-sol de notre demeure et quelques personnes travaillaient pour moi à confectionner des gants de travail et des habits de pluie que je vendais ensuite sur la route. Je prenais aussi des cours du soir à l'université. Je mis douze ans à obtenir mon baccalauréat en marketing.

»Les années passèrent et les querelles entre Marie et moi devinrent plus fréquentes au sujet de Julie.

»Tu peux comprendre plus facilement la tension que je vis chaque jour. Marie m'a toujours dit que si j'acceptais de placer Julie dans un foyer pour personnes aliénées, je retrouverais la paix à la maison. Mais je n'ai jamais voulu cela. Le médecin me l'a encore confirmé: Julie n'est pas folle, elle est seulement plus lente que la moyenne des gens.

»Voilà un bref portrait de ce que je vis, Arianne. C'est pourquoi je demanderai à la femme qui deviendra ma compagne de vie d'accueillir Julie... Mais, Arianne, je ne veux rien imposer. Tu as vingt et un ans, et Julie, vingt; tu pourrais être sa sœur. J'en suis conscient, tu sais. Vous êtes toutes les deux si différentes.» Ian fit une pause et reprit tendrement: «Julie a de longs cheveux roux, bouclés. Ses yeux bleus rendent son regard encore plus mélancolique. Elle est belle enfant, ce qui lui a valu, jusqu'à présent, d'être courtisée par les hommes. Mais dès qu'elle ouvre la bouche, n'importe qui peut constater son niveau de déficience. Physiquement, elle est légèrement plus petite que sa mère et elle est fragile. Mis à part cette fragilité, elle possède les traits des Dublin contrairement à Léonie, sa jumelle, qui, elle, est presque identique à Marie. Mon père a les cheveux de couleur rousse et les yeux bleus. Julie lui ressemble beaucoup. Voilà, Arianne! Tu as maintenant une bonne idée de qui est Julie.»

Après cette révélation, sans hésitation, j'étais prête à partir avec Ian et Julie. Je l'aimais, j'avais besoin de lui et je sentais qu'il avait aussi besoin de moi.

Nous avons donc convenu de vivre ensemble en juin. Nous avions choisi ce moment pour ne pas perturber l'année scolaire de Léonie et de Victor. Quant à Julie, elle n'allait plus à l'école depuis longtemps et travaillait au bureau de Ian à titre de commis.

Une nouvelle vie m'attendait hors de mon patelin familial et j'allais découvrir à quel point la sincérité des gens n'est pas toujours réelle, l'amitié, pas toujours vraie. J'allais découvrir aussi, bien malgré moi, que la fortune et les succès publics peuvent rendre jaloux et envieux les amis et même la famille. M'attendait aussi cette vérité: l'amour avec un grand «A» ne peut avoir le même sens pour tous et, plus souvent qu'autrement, n'est que pure illusion.

Chapitre 3

Notre vie sociale fut compliquée et douloureuse au début, surtout en raison des longueurs entourant le divorce de Ian.

Notre belle Julie avait vécu, en cet automne 1972, sa toute première sortie avec un garçon. J'étais très émue de la voir partir pour une soirée au bras d'un charmant jeune homme qui lui convenait parfaitement. La préparation du choix de ses vêtements pour cette circonstance fut un événement excitant. Je revivais ainsi ma première sortie d'adolescente avec un copain.

Cet hiver-là, nous devions, pour les vacances, nous envoler tous les trois vers le Sud. Julie en était heureuse au début, mais à la suite de sa rencontre avec ce garçon, elle ne voulait plus partir. Luc habitait l'appartement en face du nôtre. Nous n'osions laisser Julie seule pendant notre absence.

Elle était une jeune femme en pleine évolution. Je prenais de plus en plus conscience de son attirance pour les hommes. Elle téléphonait à Luc toutes les trente minutes, allait frapper à sa porte une dizaine de fois par jour, aboutissait chez lui pour un oui ou pour un non.

Elle devenait plus agressive. Elle faisait régulièrement des crises en demandant sa liberté, son indépendance. Cela m'inquiétait sérieusement, car Julie aurait malheureusement besoin d'une surveillance discrète tout au long de sa vie.

Son évolution, son épanouissement et sa métamorphose firent qu'elle nous demanda son autonomie: elle voulait vivre seule en appartement. Cette idée me hantait. Je doutais fortement qu'elle puisse y arriver.

Le jour du départ pour le Sud approchait rapidement et sa décision était incontournable: elle ne viendrait pas avec nous et désirait son propre appartement.

Ian était très tendu. Les visites à la cour des divorces étaient nombreuses et ne donnaient aucun résultat. Entre-temps, Marie avait «saisi et gelé» ses compagnies, son argent. Il était coincé et je sentais qu'il allait craquer. Il avait besoin de ce voyage pour se reposer. Je ne pouvais donc envisager de l'annuler à cause de Julie.

En dialoguant avec elle, nous nous entendîmes sur ce point: elle allait habiter chez ses grand-parents pendant notre absence. Nous finîmes par nous envoler vers les Bahamas.

Cet endroit allait devenir notre refuge; c'était calme, très paisible. Cette brise constante venant de la mer m'enveloppait tel un baume de fraîcheur. J'adorais cette île de Nassau. L'odeur des fleurs sauvages m'accueillait toujours dès ma première sortie de la journée; marcher des kilomètres sur la plage était extraordinaire! À la fin de ces randonnées, j'étais en union avec mon «moi intérieur»; j'étais en paix, en harmonie avec moi-même. Comme si je me révélais même à moi. Je revenais toujours transformée, nageant dans un calme exclusif, comme si je renouais avec mon âme. Une certaine sérénité m'habitait... À ce moment précis, j'aurais souhaité entrer en contact avec un vaisseau de l'espace comme cela s'était produit si souvent depuis ma tendre enfance. On aurait dit que mes amis du cosmos avaient jeté leur dévolu sur moi afin que je puisse les observer. Mais je n'eus pas cette chance lors de ce voyage.

Nous fîmes de très belles sorties. Comme toujours, j'étais très fière d'être au bras de Ian. «Tout ce que je veux, Arianne, c'est que tu sois heureuse. Tout ce que tu voudras, tu l'auras! Tu es la femme de ma vie!»

À notre retour de Nassau, une mauvaise nouvelle nous attendait: Julie avait fugué.

Toutes sortes d'idées me traversaient l'esprit: avions-nous vraiment été à la hauteur en la laissant à Montréal au cours de ce voyage? N'aurait-il pas mieux valu annuler ce déplacement afin de rester avec elle?

La sonnette d'entrée se fit entendre: c'était Julie en compagnie de deux policiers. Je la saisis dans mes bras. J'avais du mal à comprendre ce qu'elle voulait me dire, elle balbutiait. Je sentais une peur dans sa voix; oui, la peur de ce qu'elle avait vécu.

Que s'était-il donc passé?

Elle était dans tous ses états et ses vêtements étaient mouillés dans le dos. Un des policiers prit la parole:

– Alors que nous circulions à quelques rues d'ici, nous avons aperçu une fille étendue sur le sol qui tentait de se relever. La voyant en difficulté, nous nous sommes arrêtés pour l'aider et plus nous en approchions, plus elle semblait correspondre à la description que nous avions eue d'elle par sa grand-mère. Elle était vraiment mal en point.

– Viens, Julie, nous allons monter et tu pourras changer de vêtements, lui dis-je. Elle avait vécu quelque chose de terrible, je le pressentais.

En entrant dans la chambre, elle s'allongea sur le lit et me dit: «Arianne, j'ai peur d'avoir un enfant!» Voilà ce qui m'était passé par la tête avant de monter dans la chambre. Elle se jeta, tremblante, dans mes bras.

– J'ai eu si peur, Arianne! Il m'a forcée à m'allonger; je ne savais plus que faire. Je...

– Qui est cet homme, Julie? Le connais-tu?

– Je l'ai connu hier soir, il disait avoir besoin d'argent; je lui en ai prêté car il n'avait pas mangé depuis six jours.

– Combien lui as-tu donné?

– Ce que j'avais dans mon compte de banque: quatre cents dollars. Mais il m'a dit qu'il me rembourserait et c'est après lui avoir donné cet argent qu'il a voulu me remercier tout de suite.

Pendant que j'aidais Julie à changer de vêtements, je vis soudainement ses problèmes comme une montagne presque impossible à gravir; j'étais sous le choc. Quelque dix minutes plus tard, je descendis pour avertir Ian et mes beaux-parents des derniers événements. Les policiers étaient toujours là. Ian voulait à tout prix retrouver ce garçon afin de lui administrer une raclée.

Les policiers affirmèrent que ce n'était pas de son ressort mais bien du leur et que si Julie parvenait à identifier son agresseur, cela leur faciliterait la tâche. Ils suggérèrent de mener Julie à l'hôpital pour un examen et de recueillir son témoignage le plus tôt possible. Cette dernière nous rejoignit.

Ian commença à réagir, et ce, devant elle: «Je suis handicapé pour la vie, Arianne. Cette enfant me rendra fou, je n'en peux plus, je vais craquer, je n'en peux plus...»

Julie, les yeux hagards, se jeta à mon cou et se mit à pleurer.

Et pour la toute première fois, je saisis à quel point Ian était étouffé par le cas de Julie. Je compris, à le voir ainsi écrasé, que sa vie ne serait jamais harmonieuse s'il n'acceptait pas d'aide extérieure, non seulement pour Julie mais pour lui-même.

Nous embarquâmes tous les trois dans la voiture des policiers en direction de l'hôpital. Celui qui ne conduisait pas tenta de recueillir le témoignage de Julie... sans succès. Elle faisait semblant de ne plus se rappeler de son agresseur. J'étais persuadée qu'elle ne dirait rien. Nous ne saurions jamais qui l'avait ainsi appréhendée. Le médecin qui l'examina fut formel: il n'y avait pas eu pénétration. Il fut recommandé que Julie passe la nuit sous observation.

De retour à l'appartement, je me sentais si lasse, si fatiguée! J'avais aidé Julie, Ian et sa mère qui se sentait coupable de ce que sa petite-fille venait de vivre. Je sentais un urgent besoin de me détendre. Je décidai d'aller me plonger dans un bon bain chaud.

Je sentis l'effet du sel marin me piquer les jambes. Ça sentait bon, ça sentait la mer. J'avais l'impression que des mois me séparaient de notre voyage. Au moment où je me questionnais sur la meilleure attitude que je devrais avoir afin d'aider Ian, doucement, il entra. Il venait me rejoindre avec deux coupes de champagne à la main. La musique dont j'avais pris la peine d'augmenter le volume quelques minutes plus tôt enveloppait parfaitement cette douceur soudaine.

Je regardai cet homme que j'aimais profondément, que j'admirais et je compris, suite aux dernières heures vécues, qu'il restait un étranger pour moi. Il pouvait être si différent, avoir un comportement tellement inhabituel, comme si plusieurs inconnus l'habitaient.

Comment pouvait-il, après ce que nous venions de vivre, passer aussi rapidement de la colère, de la violence et de la rage sauvage qui le possédait trente minutes à peine auparavant, à une attitude tendre et affectueuse, comme si rien de tout cela ne s'était produit? Ses réactions me semblaient de plus en plus curieuses et surprenantes. J'en déduisis qu'il ne se connaissait pas et que, plus souvent qu'autrement, dans une situation critique, le personnage qu'il imposait n'était pas le vrai Ian Dublin. Mais je l'aimais; j'étais prête à tout pour l'aider.

Ian se révélait un parfait amant: douceur, attentions, baisers. Je finis par m'abandonner et presque à oublier le cauchemar que je venais de vivre. C'était merveilleux: quelle sensation excitante que de s'aimer dans l'eau.

Dès le lendemain, quinze heures, Julie était de retour et très en forme. Jamais elle n'avait été aussi dynamique. J'en étais très heureuse.

Au cours de la matinée, j'étais allée lui acheter un livre intitulé *La jeune femme et les secrets de son corps*. Elle fut très réceptive. Inutile de dire qu'elle refusait toujours de dévoiler le nom de son agresseur. Je pris donc comme résolution de ne plus lui en parler. Elle m'en parlerait d'elle-même éventuellement si elle le désirait.

Le temps reprit son cours normal. Le printemps pointait à l'horizon et Ian n'en pouvait plus de vivre en appartement. Nous commençâmes à regarder pour l'achat d'une maison. Le divorce n'étant toujours pas réglé, il ne pouvait acheter le château de ses rêves.

Entre les visites de maisons, nous nous retrouvions régulièrement au palais de justice. Durant l'une de ces journées, je dus à nouveau comparaître; je n'aimais pas ces rencontres. Tout le monde était prêt à se sauter dessus. Pour la première fois, je vis Victor: d'approche plutôt intellectuelle, ce beau jeune homme d'un mètre quatre-vingt-quinze, au teint de pêche, aux yeux bleu ciel et aux cheveux blonds reflétait une certaine douceur. Par contre, la dureté de son regard créait un contraste étonnant qui surprenait.

Ses gestes, très saccadés, étaient révélateurs de son tempérament.

Léonie vint me voir avant d'entrer en cour. Elle était très différente de Julie, non seulement physiquement, car elles n'étaient pas jumelles identiques, mais aussi de par son caractère. De tempérament bouillant et prompt, Léonie Dublin faisait belle figure, avec son mètre cinquante: yeux verts, cheveux blonds et courts, droits, allure sportive. Elle avait un chic assez spécial dans sa façon de s'habiller. Tout comme Ian, Léonie savait qu'elle attirait les regards masculins et parfois même, féminins. Elle ressemblait à sa mère. Elle était très sûre d'elle-même.

Après s'être placée devant moi, elle se mit à élever la voix et tout en me pointant de son index droit, me dit: «Tu le regretteras un jour, Arianne, tu paieras un jour pour ce que tu as fait!» Je ne pus dire mot; j'étais sidérée. Je vis Marie venir la rejoindre tandis que Victor arrivait de l'autre côté. Tous les trois se mirent à rire. J'aurais voulu réagir et fuir mais je ne le pouvais pas.

Malheureusement pour Ian, depuis les dernières semaines, Léonie et Victor avaient volontairement cessé de le voir. Lorsque je quittai la cour, cette journée-là, l'agressivité de ses enfants envers lui me surprit: de la haine sortait en paroles, en regards et en actes, des menaces verbales se changèrent en chantage. Léonie courut vers son père, se mit à le frapper à poings fermés tout en lui criant: «Pourquoi as-tu fait ça, papa? Tu vas trop loin, beaucoup trop loin.» Une fois dans notre limousine, Ian regardait Léonie par la fenêtre teintée et des larmes coulaient sur son visage. Sans se retourner vers moi, il prit son mouchoir de poche pour essuyer ses joues et ses yeux.

J'aurais aimé savoir ce que Léonie avait voulu dire. Je n'osai déranger Ian sur le moment. Je me contentai de poser ma main sur les siennes afin de lui faire sentir ma présence. Les paroles sont souvent superflues dans de telles circonstances.

Ses mains empoignèrent les miennes. Il se retourna et me dit:

— Arianne, je sais que je viens de perdre mes enfants, et ce, pour toujours. C'est incroyable ce que ça me fait mal, là, en dedans, si tu savais! Je crois qu'il est vrai que je suis allé trop loin. Léonie a raison, mais le mal est fait maintenant. Que puis-je faire?

Il reprit: «Tu sais, je ne t'ai pas tout dit: j'ai envoyé une lettre à tous nos amis et connaissances les avisant que Marie et moi étions séparés et qu'elle voulait tout me prendre: mon argent et mes biens matériels. Naturellement, dans cette lettre, je me défends et je l'accuse, elle, de bien des folies.»

Voyant mon expression changer, il se sentit obligé d'ajouter: «Comprends-moi bien, Arianne, il faut que je me défende. Il faut que les gens sachent que ne je suis pas comme elle le dit!»

— Mais ce divorce ne regarde que toi et elle. C'est votre affaire à tous les deux, répliquai-je sur un ton qui se voulait, bien malgré moi, en faveur de Marie.

– L'avocat de Marie vient de m'apprendre qu'elle n'en a plus que pour quelques mois à vivre. Je la savais atteinte d'un cancer avant de la quitter.

Je compris, en une seconde, la réaction de Léonie. À mes yeux aussi, il était allé trop loin. Ian savait fort bien que j'aurais été en parfait désaccord avec cette façon sournoise d'agir.

Je le regardai sans sourire, sans réagir. Que devais-je penser de toute cette histoire? J'étais déçue, désillusionnée.

Ian me déposa à l'appartement et Hugo, notre chauffeur, le ramena à son bureau. Je fus soulagée de me retrouver seule. J'avais besoin de ce moment de solitude. Et il fut court puisque Julie entra. Elle semblait troublée, tourmentée dans ses pensée.

– Il faut que je te parle, dit-elle en posant sur moi un regard trouble et violent. Cela semblait sérieux.

Elle avala gloutonnement deux gâteaux au miel et poursuivit comme s'il n'y avait eu aucune pause: «... je ne veux pas aller vivre là-bas.»

– Mais que veux-tu dire, Julie? Là où l'on aimerait acheter une maison?

– Oui! Je ne veux pas aller avec papa et toi vivre là-bas. Que vais-je faire moi à la campagne? Ce sera ennuyeux et tous mes amis sont à Montréal. Au moins ici je peux prendre l'autobus, le métro. Arianne, essaie de convaincre mon père. Il ne veut pas que je demeure seule ici. Je t'en prie!

– Ce n'est pas seulement ton père, Julie, qui serait inquiet de te savoir seule dans cette grande ville, mais moi aussi je le serais. Il te faudrait tenir un appartement et cela suggère qu'il faut avoir de l'ordre, se faire à manger, se laver sans que quelqu'un nous le dise. Il y a aussi les déchets à sortir, l'épicerie à faire afin de se nourrir et bien d'autres détails que pour le moment j'oublie.

– Je sais tout ça et je sais que je peux réussir.

Je la regardai, pensive.

– Je sais que tu en es capable Julie. Au début, c'est tout nouveau, c'est même amusant, mais lorsque tu en es à ton quinzième lavage...Tu te souviens l'autre jour, tu disais en avoir marre de faire ton lavage. Lorsque l'on vit seule, on se doit de faire son propre lavage même si cela ne nous plaît pas...

Je m'arrêtai, la voyant réfléchir.

– Je suis certaine que je pourrais y arriver toute seule.

– Écoute, ma chérie, si tu veux bien, on en reparlera. Pour le moment, j'ai passé une dure journée et j'aurais besoin de me reposer un peu.

J'étais à bout, je n'en pouvais plus. Je me voyais à vingt et un ans avec les problèmes d'une femme de quarante ans. Je constatais que je ne vivais pas comme toutes les filles de mon âge, j'avais besoin de changer d'air. C'était de plus en plus difficile, cela devenait pénible.

Le lendemain, Ian m'annonça que nous partions pour Paris, Londres et Rome «en voyage d'amour, disait-il, pour fêter tes vingt-deux ans».

Les jours qui suivirent furent consacrés à la préparation de ce voyage en Europe. Pour Julie, c'était une belle occasion d'expérimenter ce qu'elle désirait tant: être seule en appartement. Toutes les deux, nous préparâmes la nourriture pour sa première semaine. Elle s'exerça en faisant à dîner tous les jours jusqu'à notre départ. C'était son idée et j'étais d'accord. Cependant, durant notre absence, elle devait téléphoner régulièrement à grand-maman Dublin. La journée du départ arriva. Ce n'était pas sans inquiétude que nous la laissions.

Je n'étais jamais allée en Europe. Première ville: Paris, la journée même de mon anniversaire.

Je suis «tombée en amour» avec cette ville. L'hôtel où nous logions est, depuis ce temps, demeuré mon préféré; il s'agit de l'*Inter-Continental*. À chacun de mes passages dans la Ville Lumière, j'y habite.

Cet hôtel, situé face aux Tuileries, est majestueux. Il a connu les passages et péripéties de Victor Hugo et de

Napoléon, pour ne nommer que ceux-là. *L'Inter-Continental* fut témoin de l'histoire de la France.

Durant tout notre voyage, depuis notre départ de Montréal jusqu'à notre retour, et après être passés par Paris, Londres et Rome, nous nageâmes dans le champagne. C'était délirant! Mes vingt-deux ans furent fêtés chez *Raspoutine*! Il y avait là une dame d'un certain âge, aux cheveux blancs, gantée jusqu'aux coudes et vêtue telle une reine. Des artistes russes étaient autour d'elle et s'inclinaient sur son passage en lui baisant la main. On nous dit qu'il s'agissait de la princesse Anastasia, le seul membre de la famille royale russe qui ait survécu lors de la révolution d'octobre.

Nous étions en 1973 et bien des journaux soulignaient la présence de cette princesse russe à Paris. D'autres, par contre, étaient persuadés qu'il s'agissait d'un imposteur. Nous quittâmes Paris pour Londres.

Les Anglais sont des gens qui gagnent à être connus. Peut-être pas aussi chaleureux que les latins au premier contact, mais si gentils et si serviables.

Nous habitions l'hôtel *Britanicus*, celui que l'Ambassade canadienne nous avait recommandé. D'ailleurs, Ian me montrait tout ce qu'il fallait faire en voyage. J'apprenais des tas de choses intéressantes dans ce monde de richesse auquel je m'acclimatais depuis les derniers mois.

Il prenait un plaisir fou à tout m'enseigner jusque dans les moindres détails.

Nous avions rendez-vous à Londres. Ian y faisait des affaires et devait rencontrer un de ses agents britanniques. Otto, de son prénom, était fort charmant et son épouse, Maria, tout autant. Je passai, en compagnie de cette dernière, des heures exquises et enchanteresses dans la campagne londonienne. C'était simplement magnifique. Le «afternoon tea» à seize heures me fascinait.

Un soir, nous allâmes dans un restaurant où aimaient venir de grandes célébrités. Des vedettes de renommée internationale fréquentaient ce lieu quasiment royal. Ce restaurant était construit sur une petite île très discrète, dérobée aux yeux du monde. Otto était un ami de plusieurs grandes «stars» et nous eûmes ainsi la chance d'en rencontrer quelques-unes.

Quelques jours plus tard, nous nous envolâmes vers Rome où, grâce à un contact d'affaires, nous eûmes le grand honneur de rencontrer le Pape Paul VI avec quelques privilégiés.

Plus tard, nous visitions le Colisée. Je crois avoir revécu sur place une des nombreuses batailles navales de l'époque racontées par notre guide. Les Romains étaient des génies, c'est reconnu. En quelques minutes, l'eau entrait dans le Colisée, amenée par d'immenses tuyaux. Des bateaux grandeur nature y prenaient place afin de reconstituer des batailles navales, jusqu'à ce que disparaisse un équipage entier. Et, aussi rapidement qu'elle y était entrée, l'eau était évacuée. Incroyable! Quelle ingéniosité mais quelle barbarie!

Je revins transformée de ce voyage. Je n'étais plus la même. Tout ce que j'avais appris, tout ce que j'avais vu, tout ce que j'avais vécu était inimaginable. Mais, il fallait revenir à la réalité. Nous rentrâmes plus amoureux que jamais.

Julie était de plus en plus belle. Je la sentais s'éveiller davantage. Son univers s'agrandissait.

L'appartement était en bon état, elle s'était bien débrouillée.

Durant notre absence, Julie avait tenté de rencontrer sa mère. Pauvre Julie! Nous savions que Marie ne voulait plus revoir sa fille, mais comment dire à une enfant que sa mère ne veut plus d'elle? Alors on lui avait suggéré de ne pas communiquer avec Marie avant la fin du divorce. Mais en notre absence, il y eut rencontre et Julie en fut traumatisée.

Tout au long des jours qui suivirent notre retour, je surprenais souvent Julie à pleurer. Elle se cachait pour le faire. Cette enfant avait été détruite par sa dernière visite chez sa mère. Je l'incitai à m'en parler le plus souvent possible afin qu'elle puisse adoucir cette peine.

Nous avions, entre-temps, reprit la recherche de notre future demeure et le jour «J» arriva. Le terrain était situé à Rosemère à quelque dix kilomètres de chez mes parents. Il s'agirait d'une maison toute neuve. Je m'y voyais déjà.

Bien des acrobaties furent nécessaires à l'achat du terrain. Ian le plaça au nom de son père. Il devait se protéger, le divorce n'étant pas encore prononcé. Les travaux demandèrent beaucoup de notre temps. Julie ne voulant toujours pas venir avec nous, nous lui trouvâmes un petit appartement de trois pièces, elle en rêvait depuis si longtemps! Elle allait prouver aux gens qui ne croyaient pas en elle qu'elle était normale. C'était le but qu'elle visait.

J'étais tout de même inquiète de la laisser seule dans la grande ville de Montréal. Ses premières semaines s'écoulèrent tant bien que mal. Elle nous téléphonait chaque jour mais je constatai qu'elle ne s'alimentait pas toujours convenablement. Elle travaillait toujours au bureau de Ian et, parce qu'elle avait une bonne rémunération, elle pouvait être autonome financièrement. Elle avait de plus en plus d'hommes dans sa vie et pas nécessairement les plus recommandables. Cela devint problématique. Elle couchait souvent avec le premier venu, ce qui nous faisait craindre une grossesse ou une maladie vénérienne.

Je tentai de lui faire comprendre qu'elle serait tellement mieux avec nous à la maison, mais elle refusait d'en entendre parler, pas plus que de ces endroits où elle pourrait vivre avec des jeunes filles de son âge sous surveillance sociale.

Le téléphone commença à sonner la nuit: c'était Julie. Elle avait de plus en plus de problèmes mais persistait dans son refus de revenir vivre avec nous. Cinq à six fois par mois, nous étions réveillés la nuit. Et, chaque fois, nous quittions notre appartement à la hâte, souvent en robe de chambre, afin de nous rendre chez elle.

Parfois, elle venait d'être cambriolée: bijoux, télévision, tourne-disques avaient disparu; ou bien, il s'agissait d'un garçon ivre mort que nous devions sortir de son appartement, ou encore, une compagne qu'elle gardait pour l'aider et qui, subitement, se promenait avec un couteau à la main, menaçant de la tuer.

Nous constations que ses amis n'étaient pas très convenables et nous tentâmes de l'orienter vers un groupe de jeunes, tenu sous surveillance discrète par une spécialiste de la déficience mentale depuis des années. Mais sans succès. Ian en avait par-dessus la tête et décida de la placer contre son gré chez une travailleuse sociale. Cette dernière gardait sept jeunes filles chez elle. Elle leur imposait trois repas par jour et un couvre-feu. L'hygiène était surveillée.

Julie n'y resta que trois jours et deux nuits. Au cours de la troisième nuit, elle s'enfuit. Avertis, nous étions très inquiets. Au bout de quelques jours, nous la retrouvâmes chez ses amis: des garçons habitant au neuvième étage d'un immeuble à logements de Rosemont.

Julie ne voulut pas rentrer avec nous. Elle avait peur d'être placée à nouveau chez cette dame qu'elle n'aimait pas. Ian tentait de négocier, lui promettant qu'elle pourrait reprendre un appartement si elle le désirait, mais Julie ne le croyait pas. Je voyais qu'il n'en pouvait plus. Ce qui se passa par la suite se fit à la vitesse de l'éclair.

Ian saisit Julie par le bras et, la traînant avec lui sur le balcon, se mit à crier: «Je n'en peux plus, Arianne, je n'en peux plus! Je vais mettre un terme à tout ça!» Et je le vis enjamber le garde-fou clôturant le balcon de cet appartement. Je hurlai de toutes mes forces: «Ian... Ian que fais-tu? Mais qu'est-ce qui se passe?» Il répéta: «Je n'en peux plus, je suis à bout! Tu mérites mieux que tout ce désordre! Nous avons essayé, Arianne, ça n'a pas fonctionné; je n'en peux plus, je ne peux plus le supporter! Je te promets que tu n'auras plus de problèmes à l'avenir!»

Mais qu'arrivait-il? Quelques secondes avant ce drame, rien n'annonçait une telle réaction de la part de l'homme que j'aimais. Mon cœur battait de plus en plus fort:

— Ian, attends, mon amour... ne saute pas, ne saute pas! Je t'aime, j'ai besoin de toi!

Les amis de Julie étaient aussi saisis qu'elle pouvait l'être, suspendue ainsi dans le vide, maintenue à la vie par les bras de son père. Ian regardait toujours droit devant lui. Des perles de sueur ruisselaient sur son visage.

J'avais peur qu'un geste trop brusque de qui que ce soit ait un effet catastrophique. Je ne savais plus que faire.

Je n'arrivais plus à me concentrer, tout se bousculait dans ma tête. On aurait dit qu'une sorte de torpeur m'engourdissait peu à peu, m'empêchant de réfléchir.

La scène qui se déroulait sous mes yeux était horrible. Je risquais, à chaque dixième de seconde, de voir disparaître la personne que j'aimais le plus au monde.

Je me sentais si impuissante! J'étais si démunie devant ce drame, qu'une sorte de rage monta en moi. Les lumières de la ville de Montréal brillaient de tous leurs feux. La lune était pleine et le ciel totalement dégagé; les étoiles allaient être mes témoins.

Sans réfléchir davantage, je me précipitai à toute vitesse sur le balcon. Comme il avait plu quelques heures plus tôt, le jeu du reflet des lumières du building sur la galerie mouillée me donnait la sensation d'être au ralenti. Je dus battre un record de vitesse et je réussis à me jeter au cou de Ian. Ainsi, j'en étais persuadée, Ian n'oserait sauter du neuvième étage avec moi accrochée à lui.

Il ne pouvait m'agripper puisqu'il se devait de tenir Julie tout contre lui, suspendue dans ce vide effrayant. Là, je savais que je le tenais, du moins, je l'espérais. Il était vrai que s'il sautait, il y avait de fortes chances qu'il m'entraîne avec lui. Mes cinquante-cinq kilos contre les quatre-vingt-dix-huit de Ian ne valaient pas grand-chose. Je n'entendis même pas les policiers entrer dans l'appartement accompagnés d'un médecin. Un ami de Julie les avait alertés.

Et aussi soudainement qu'il s'était emporté, Ian se calma. D'une voix fatiguée et tremblante, il dit:

– Pardonne-moi, Julie! Ton père est à bout de nerfs...

Elle n'osait bouger. Je sentais qu'il cédait. Des policiers s'approchèrent; j'étais la seule cependant qui parlait à Ian.

– Ne bouge pas, Ian, mon chéri, ne bouge surtout pas! Je vais m'occuper de tout. Ne laisse pas tomber Julie, tiens-la très fortement contre toi.

Il se mit à trembler. Il était revenu à la raison mais toujours hors du balcon, face au vide, tenant Julie dans ses bras. Les policiers, tout doucement, l'empoignèrent. Je pus enfin lâcher prise, j'étais exténuée.

À peine quelques minutes plus tard, Ian se retourna vers moi, me regarda et me serra très fortement dans ses bras. Il pleurait abondamment. Quant à Julie, elle faisait une crise. Le docteur lui administra un calmant immédiatement et, étendue sur la civière, la fit transporter à l'hôpital le plus proche. Il la garderait quelques jours, question de bien la voir se rétablir. Pauvre Julie! Comme si elle n'en avait pas suffisamment vécu!

Je ne pouvais rien dire, je n'avais plus de force. Le médecin finit par intervenir et voulut examiner Ian; il insista pour qu'il aille passer la nuit à l'hôpital, sous observation, mais ce dernier ne voulut rien entendre.

J'étais découragée. Il avait besoin d'aide, j'en étais plus convaincue que jamais. Je ne lui en parlai pas tout de suite, mais j'avais en tête de lui proposer d'aller en thérapie. Cela ne pourrait que l'aider. Mais ce n'était pas le moment. Plus tard, j'aurais, pensai-je, l'occasion de lui en parler.

Les jours suivants, non seulement Julie sortait, en pleine forme, de l'hôpital, mais nous déménagions dans notre nouvelle demeure.

Mes parents qui habitaient non loin venaient presque chaque jour nous rendre visite. Notre union allait maintenant très bien, mis à part les quelques attaques dépressives de Ian. Il y avait huit mois qu'il n'avait pas fait de crise. D'après lui, il s'agissait simplement des conséquences de la pression qu'il subissait liée à un excès de fatigue. Il ne voulut pas entendre parler d'une thérapie avec un psychologue.

Il était à nouveau très occupé non seulement par son travail mais aussi par son nouvel engagement politique dans notre ville.

Ses affaires se développaient. Pour régler son divorce, il devait débourser d'énormes sommes. Julie travaillait toujours chez son père mais ne venait jamais nous voir à la maison. Elle avait repris un appartement. Le temps s'écoulait maintenant doucement dans notre vie de couple. Cela était bon à vivre.

Et un soir de mai 1974, où nous soupions avec des invités sur la terrasse à la maison, nous reçûmes un appel téléphonique.

Un policier de Montréal nous demandait de le rejoindre au plus tôt: Julie venait d'être violée! En vingt-cinq minutes, nous étions à destination. Elle fut immédiatement transportée à l'hôpital.

Nous apprîmes que ce soir-là, Julie était sortie avec un dénommé Paul, rencontré quatre jours auparavant. Ils allèrent au cinéma et décidèrent, après le film, d'aller «prendre un café» dans l'appartement de Julie. Quelques amis de Paul, à l'insu de Julie, attendaient le retour du couple.

Tout ce monde était bien caché. Lorsque Julie déverrouilla sa porte d'entrée, elle fut poussée violemment à l'intérieur de son appartement par Paul et cinq jeunes hommes entrèrent. Elle ne comprit pas vraiment ce qui se passait. Elle crut que les amis de Paul, qu'elle reconnut, se bousculaient pour jouer. Elle fut violée à six reprises.

Ce fut une voisine qui, ayant emprunté du sucre à Julie la veille et voulant le lui remettre, avertit la police, mais le groupe avait déjà quitté les lieux.

Quelques jours plus tard, Paul et sa bande furent arrêtés. Ils nièrent avoir violé Julie car, disaient-ils, «jamais ils ne se lieraient de quelque façon que ce soit avec une folle.»

Cette fois-ci, elle en eut pour son compte: non seulement psychologiquement elle replongea en enfer, mais la gonorrhée prit place et elle fut rasée au grand complet.

Grâce au travail d'une équipe de thérapeutes, elle finit par quitter l'hôpital quelques semaines après l'incident. Je ne voulais pas qu'elle retourne vivre seule en appartement. Elle y tenait plus que jamais. Je ne la comprenais pas. On aurait dit qu'elle aimait vivre dans l'angoisse. Ce que je savais par contre, c'est qu'elle avait démesurément besoin de sexe. Je suggérai à Ian de lui faire ligaturer les trompes. À ces mots, je crus que le ciel allait me tomber sur la tête.

– Jamais elle ne subira de ligature, jamais, car un jour ma fille sera complètement normale et pourra élever sa propre famille.

J'étais ahurie et j'osai: «Cette fois-ci, je ne me tairai pas, Ian. Julie ne sera jamais capable de prendre soin d'un enfant et le danger qu'elle se retrouve enceinte est grand, tu le sais pourtant. Elle ne mange presque rien lorsqu'elle vit seule, n'a aucune hygiène personnelle et vit dans la saleté. Elle ne peut pas, Ian, c'est trop lui demander. Comment peux-tu penser qu'un jour, si Julie se retrouve enceinte, elle puisse prendre soin d'un enfant? La solution serait vraiment de lui faire ligaturer les trompes, pour son bien et le nôtre aussi.

»Julie est au maximum de son évolution personnelle. Il n'y a pas de mal à se l'avouer. Il est fantastique qu'elle ait pu se rendre jusqu'à ce niveau de conscience, après tout ce qu'elle a vécu depuis sa naissance! J'ai l'impression que pour elle, tu vises un idéal trop haut. Tu ne l'acceptes pas telle qu'elle est. Je pense, Ian, que tu as honte de son état mental et qu'un jour, tu rêves qu'elle pourra redevenir «normale».

»Mais, si tu osais l'accepter telle qu'elle est, tu réaliserais qu'elle est presque normale. Nous savons fort bien, toi et moi, que Julie demeurera toujours déficiente. Sachant cela, il nous faut agir en conséquence et la ligature des trompes serait pour le bien de tout le monde.»

– C'en est assez, Arianne! De toute façon, Julie n'accepterait jamais de se faire ligaturer.

Toute tentative de discussion sur ce sujet par la suite fut inutile.

Malgré tous ces tracas, il fallait faire face à l'entrée de Ian en politique. Il avait été approché pour poser sa candidature comme maire de la ville. Je le voyais très bien dans ce rôle. Il aimait cela et y excellait! Et je découvris ce monde politique dans lequel il n'était pas facile d'évoluer.

Julie qui, depuis son viol, vivait avec nous, réclamait sa liberté, son indépendance. Ne lâchant pas son père d'une seconde dès qu'il apparaissait à la maison, elle le suppliait de lui permettre de retourner vivre seule.

— Papa, je suis prête. J'ai trouvé une amie qui vivra avec moi. Ainsi, nous serons deux pour diviser le montant du loyer et nous partagerons les dépenses. Je ne serai plus seule, donc il n'y a plus de danger.

Ian fut enchanté par l'idée et n'apporta aucune objection, ce qui me mit sous tension. Peut-être que mon intuition de femme m'avisait encore d'un danger.

Le temps qui passait nous mena à la veille des élections que Ian perdit. Cependant, il fut approché un peu plus tard par un ex-ministre du parti Conservateur qui voulait créer son propre parti. Joachim Cossette désirait Ian dans son futur parti en tant que bras droit et conseiller financier personnel. Ian en était heureux.

Entre-temps, nous nous préparions à effectuer un voyage en Tunisie. Ian devait y étudier la possibilité d'y établir une usine dans le domaine du textile. Nous le faisions suite à la demande du gouvernement canadien. Cela m'enthousiasmait car il nous avait été dit qu'éventuellement, nous aurions à parcourir le monde pour aider le Canada à installer dans différents pays des usines textile.

Enfin, le divorce de Ian avec Marie fut signé. Cette dernière était finalement partie avec la moitié de la part du gâteau et je pense que ça lui revenait de droit. Après quatre années de vie commune, j'épousai Ian Dublin au palais de justice de Montréal. J'étais heureuse de ce dénouement. Mes parents en déliraient, mes sœurs et mon frère célébrèrent avec nous ce grand bonheur.

J'abordai la venue de mes vingt-quatre ans avec un regain de vie. Cette année allait être la mienne, je le sentais.

Comme pour mieux souligner cette intuition, effectivement, cinq jours plus tard, dans le ciel de Montréal, une apparition de quatre «ovnis» dura quinze minutes au grand plaisir de deux personnes présentes et donc témoins de ce contact.

Cette rencontre très particulière me révéla des clefs afin d'obtenir certaines informations en ce qui me concernait. Ces dernières me bouleversèrent. Entre autres, celle qui capta le plus mon attention, disait: «Dans quelque temps, Arianne, tu auras un choix à faire: deux possibilités se présenteront, mais tu ne pourras accéder qu'à une seule. Cependant, quel que soit ton choix, il sera entièrement respecté. Ta route sera difficile dans les débuts. Souviens-t'en! Nous sommes avec toi! Que la Paix soit en toi et que la Conscience Absolue te guide!»

Chapitre 4

Financièrement, Ian avait le vent dans les voiles. Les nombreuses plumes qu'il avait perdues suite à son divorce repoussaient et il en était ravi. Notre vie sociale battait son plein. L'idée de lui parler de mes observations cosmiques me tiraillait. Mais connaissant son incrédulité face à ce phénomène, j'optai pour le silence.

Le temps était venu d'effectuer notre tout premier voyage en tant que représentants du Canada en Tunisie. Nous partîmes pour trois semaines, accompagnés de l'ambassadeur de Tunisie au Canada et ce fut une expérience exceptionnelle.

Une délégation officielle nous attendait à notre descente d'avion: limousines escortées par quelques policiers.

Les journées s'écoulaient fastueusement, toutes clôturées par un repas donné en notre honneur par l'un ou l'autre des membres du gouvernement tunisien. Pendant que Ian était escorté quotidiennement sur les sites possibles d'une future usine, j'en profitai pour faire des courses. Ian collectionnant les armes à feu, je voulais lui en offrir une pour sa vingtième année en affaires, qui approchait rapidement.

Le chauffeur mis à ma disposition pour la durée de notre séjour à Tunis n'était toutefois pas d'accord pour que je me rende dans la Kasba.

— Madame Mauriac Dublin, vous ne devriez pas aller seule dans cette ville; ce n'est pas prudent.

— Ne vous en faites pas, Antoine, il n'y aura aucun problème. Je dois trouver un cadeau pour monsieur. Je serai de retour dans une heure...

À vrai dire, j'avais un peu peur d'aller seule dans cette ville très mystérieuse mais je m'étais promis de ne pas m'éloigner et surtout, de ne pas m'aventurer dans les rues où la circulation automobile est interdite.

Peu à peu, sans m'en rendre compte, je m'éloignai de l'entrée principale par où j'étais arrivée. Je tentai de marchander. Les armes antiques que je trouvais étaient fort belles mais fort chères.

À un certain moment, je constatai qu'une foule s'était rassemblée autour de moi. Des hommes et des femmes aux visages masqués me déshabillaient littéralement des yeux. Je compris subitement que je m'étais trop éloignée. Les paroles du chauffeur me revinrent en mémoire: «Madame, avec vos cheveux blonds et longs, votre peau si blanche, vous risquez quelques ennuis si vous êtes seule, je vous préviens.»

Sérieusement, je commençais à penser que j'avais été idiote de ne pas tenir compte des conseils d'Antoine lorsque je sentis une main caressant mes cheveux. Je me retournai et fis face à un homme du désert: turban sur la tête, visage voilé jusqu'aux yeux et ces derniers étaient si noirs, si perçants.

Une femme passa sa main sur mon avant-bras droit; elle poussa un cri qui eut pour effet de resserrer davantage la foule autour de moi. Je ne savais que faire lorsque je sentis une main m'agripper le bras gauche et me serrer fortement. C'était le chauffeur!

– Antoine... mais comment êtes-vous...

– Madame, ne dites pas un mot et suivez-moi.

Sans me lâcher, il m'attira vers lui et m'y maintint; de l'autre bras, il dégageait la voie de chaque côté. Nous arrivâmes à la limousine et Antoine en ouvrit la portière. Connaissant tous les coins de cette ville, il nous en sortit sans embarras.

J'étais exténuée de peur. Il me dit que j'avais eu beaucoup de chance de m'en être sortie ainsi. Il semblait probable que j'aurais disparu et que j'aurais été utilisée pour la traite des blanches.

– Dorénavant, je tiens à vous dire que je ne vous laisserai plus seule, madame. Je suis désolé mais vous m'aurez sur les talons en tout temps.

– Mais, Antoine, vous parlez comme si vous étiez un garde du corps.

– Je le suis, madame, déguisé en chauffeur.

Le lendemain, je réussis à trouver un pistolet arabe âgé de quelques décennies.

Ce voyage fut un des nombreux que j'effectuai autour du monde au bras de Ian. J'adorais connaître des pays nouveaux, les gens, leurs mœurs et coutumes. À ce moment-là, je croyais vraiment que l'on accomplissait un travail utile et honnête pour notre pays et pour celui dont nous étions les invités.

À notre retour de Tunisie, Ian, tout heureux, se prépara encore une fois à vivre des élections à titre de député du fameux parti de monsieur Cossette.

Soudainement, il me semblait que la pratique d'un sport pour Ian lui aurait été vraiment plus profitable que l'arène politique.

Cela me fit prendre conscience que, depuis quelques années, je n'en pratiquais plus, moi qui avais été si sportive. À seize, dix-sept ans, je faisais partie de l'équipe d'athlétisme de la polyvalente. Nous nous entraînions entre vingt et vingt-cinq heures par semaine et chaque fin de semaine était consacrée aux compétitions. Quelle belle formation, quel idéalisme. Les cinq filles de mon âge avec lesquelles je m'entraînais devinrent ma famille. Ce fut une des plus belles périodes de ma vie; je visais les Jeux Olympiques de Montréal en 1976. Aurais-je été sélectionnée? Dieu seul connaît la réponse. Mais je devins récipiendaire de bourses d'études à Montréal. Tout mon temps, je devais le consacrer à mes études ainsi qu'au transport qui me demandait jusqu'à trois heures par jour. De doux souvenirs qui refaisaient surface.

Il y avait longtemps que j'étais sans nouvelles de Victor, Léonie et Marie. Cette dernière venait d'entrer à l'hôpital. Elle vivait la phase finale du cancer qui la rongeait. Ian ne démontra aucun sentiment. Il lui rendit visite plusieurs fois et ne m'en donna jamais de nouvelles.

Malgré tout cela, Ian réussissait à trouver le temps de se préparer aux élections. Nous étions de plus en plus occupés par les dîners d'affaires et par ceux liés à la politique, sans compter notre vie familiale. Mais j'avais vingt-quatre ans et je pouvais facilement mettre les bouchées doubles et même triples. Nous recevions en moyenne deux fois par semaine des groupes allant jusqu'à quatre-vingts personnes. Au début, notre vie privée n'en souffrit pas trop. Peut être ne prenions-nous pas conscience de la place qu'occupait la vie politique, tellement elle nous accaparait.

Des gens de tous les milieux entraient dans notre existence. Et plus il en entrait, moins nous avions droit à notre intimité. Ian devenait très ambitieux en politique et en affaires. Il visait haut et cela devint un véritable défi.

De mon côté, je prenais des cours de fine cuisine, de présentation et d'arrangement de table afin d'être à la hauteur des événements.

Nous recevions des ambassadeurs, des ministres de chez nous et d'ailleurs. Notre univers devenait international et j'aimais cela; c'était passionnant, je ne pouvais souhaiter mieux.

Un jour de printemps 1975, Ian devait survoler un certain territoire, question d'évaluer du haut des airs quelques routes qui demandaient à être réparées. La réfection de ces fameuses routes faisait partie d'une promesse électorale.

Arrivée à l'aéroport, je ne voulus pas monter à bord de l'avion Cessna 172 qui nous attendait. Je ne pouvais croire qu'il était possible de voler avec un si petit appareil; les ailes étaient trop minces à mon avis. Je ne voulais pas, j'avais peur. Mais Ian, insistant pour que je partage ses moments de joie, finit par gagner et j'acceptai de voler.

Quelle ne fut pas ma surprise de me retrouver assise à l'avant, à la droite du pilote. Cela ne me faisait pas trop sourire. Ian voulait s'asseoir à l'arrière car seul, il pouvait aisément bouger de droite à gauche pour examiner plus facilement les routes.

Je ne pouvais croire que j'avais accepté ce vol. De la folie pure. Et là, je me trouvais à mille mètres du sol, survolant le magnifique aéroport de Mirabel qui se trouvait sur notre parcours.

Le pilote, voyant à quel point ce vol me rendait malheureuse, décida de me laisser les commandes de l'appareil:

«Si vous tirez un peu sur le manche, madame, vous verrez le nez de l'avion monter au-dessus de l'horizon qui est cette ligne que vous voyez face à vous: ainsi nous grimperons en altitude... allez-y doucement, tirez vers vous, très, très doucement! Maintenant, si vous poussez sur le manche, toujours très doucement, le nez de l'appareil piquera lentement, et nous perdrons de l'altitude...»

Lors du retour sur terre, j'étais persuadée que jamais plus je ne remettrais les pieds dans un si petit avion... plus jamais.

L'été pointait le bout de son nez et je sentis le besoin de m'investir dans un milieu plus frais, moins malsain que celui de la politique. Ian était souvent en voyage d'affaires en dehors du Québec et je ne l'accompagnais pas toujours.

Un après-midi de plein soleil, je me souvins de cet aéroport où, par amour pour Ian, j'avais volé pour la toute première fois à bord d'un petit avion. Et je me dis: «Pourquoi pas?» J'enfilai des pantalons et un blouson en satin, sautai dans ma voiture sport et filai vers ce nouvel endroit qui allait devenir, sans que je m'en doute le moindrement, tout au long des prochaines années, mon deuxième chez moi.

Lorsque j'arrivai seule au stationnement de l'aéroport, l'idée de rebrousser chemin me vint immédiatement à l'esprit. Il me suffit de revoir ces petits avions bien alignés les uns à côté des autres pour avoir mal au ventre.

Je sentais que je n'étais pas tout à fait la bienvenue parmi ces gens. Cela ressemblait à un clan, à un cercle fermé comme celui d'un groupe d'élus, mais n'était pas élu qui le voulait.

Après avoir traversé la cafétéria, je me retrouvai enfin à la réception de l'aéroport. Quelques feuillets d'information sur les cours de pilotage traînaient ici et là. Une gentille voix masculine me demanda: «Je peux vous aider, mademoiselle?» Quelques minutes suffirent à obtenir les informations concernant la première licence. Cela m'attirait terriblement et je savais qu'un jour, je pourrais voler toute seule, «solo» comme l'informateur me l'avait dit: «... d'ici quelques semaines, si vous commencez vos cours aujourd'hui même!» Le «aujourd'hui même» fit battre mon cœur plus vite. Je ne m'attendais pas à voler cette journée-là, mais le contrôleur me présenta un instructeur qui était libre.

Depuis mon arrivée, il y avait vingt minutes de cela, tout se déroulait plus rapidement que je ne le désirais. L'instructeur qui venait de m'être présenté m'offrit la possibilité d'entreprendre immédiatement mon tout premier vol. J'acquiesçai.

Je sentais qu'en vol, je pouvais faire confiance à cet homme qui, après ce premier essai, allait devenir mon instructeur.

Son nom: Marc Dubois. De taille moyenne, d'allure disciplinée, il avait été pilote militaire français. Cheveux noirs, yeux bleus, viril, je lui donnais environ trente-cinq ans. Il avait vraiment le style «aventurier». Je ne sais pourquoi, mais je me suis dit que si la réincarnation existait, Marc était du genre «pilote de l'aéropostale française» du temps de Saint-Exupéry et de Mermoz. Un quelque chose de «passionné», de «vocation» l'habitait.

Il était un véritable instructeur, dans tout le sens du mot.

Nous partîmes dans un avion Cessna 150, un deux places encore plus petit que celui emprunté lors du vol avec Ian.

Assise dans l'avion, on aurait cru que j'étais paralysée; j'osais à peine respirer.

Marc, l'instructeur, me dit tout en roulant au sol: «Voyez-vous, madame Mauriac Dublin, vous pouvez diriger l'avion au sol avec les pédales qui sont au plancher et que l'on nomme palonniers.» Et il me montra que pour tourner à droite, je devais appuyer sur le palonnier de droite. Il en était de même pour la gauche, il me fallait appuyer sur le palonnier de gauche.

Une chose était importante entre autres: rouler très lentement au sol afin de toujours garder la maîtrise de l'avion et ainsi, pouvoir freiner rapidement si cela s'avérait nécessaire.

Malgré ma peur, je me sentais bien entre le ciel et la terre.

Ce premier vol pour l'obtention de ma licence privée dura de trente à quarante minutes. J'étais très excitée. Je savais que je devais combattre une certaine peur concernant l'altitude puisque je souffrais de vertiges même au niveau d'un deuxième étage.

Je quittai l'aéroport avec la hâte de révéler à Ian ce que j'avais fait au cours de la journée. Il était très heureux pour moi, et avoua qu'il en était fier.

Le vol m'apportait de plus en plus de bonheur. Les neuf premières heures furent les plus difficiles. Je combattais ma crainte de l'altitude et mes vertiges. Lorsque je descendais d'avion après chacune de ces premières heures, je me précipitais aux toilettes.

Le grand jour du vol en solo finit par arriver. Quel événement! Je crois que pour chaque pilote le premier atterrissage solo est toujours le mieux réussi. Comme c'était formidable: seule dans l'avion, personne pour me reprendre, me corriger. J'étais le maître à bord et lorsque, parallèle à la piste, je dus faire mes vérifications pour atterrir, c'est là que je compris vraiment que le siège normalement occupé par Marc était libre. J'en fus tout heureuse : j'étais le commandant de cet appareil!

C'était merveilleux, cette sensation de puissance, de liberté.

Marc et son épouse Gisèle étaient devenus de bons amis.

Septembre passa et les élections de Ian eurent lieu début octobre. À nouveau, il se fit battre; ce fut la dernière fois qu'il se présenta en politique. Dorénavant, il allait, par choix, devenir l'ombre grise d'un certain parti.

Julie se portait très bien. Il y avait longtemps que nous n'avions pas connu ce genre d'accalmie. Une paix semblait tourner autour de nous. Par un beau samedi après-midi, alors que nous avions des invités, un appel téléphonique nous avisa que Marie venait de mourir. Je me recueillis dans notre chambre à coucher et je priai pour elle. J'ai toujours pensé que, quelques jours après le décès, il était bon de parler à l'âme d'un défunt afin de l'aider à quitter son corps. Je lui dis donc de s'élever vers la Lumière divine, vers l'Être suprême, vers l'Énergie cosmique, vers Dieu.

Le temps continua à filer et bientôt ce fut l'approche de Noël et la préparation de mes examens en aviation. Tout en organisant la maison pour la réception des fêtes, entre nos sorties et les invitations, je réussis à passer mon examen de vol. Il ne me restait que l'examen écrit, qui fut aussi un succès, cinq jours plus tard. J'étais tellement heureuse d'être enfin un vrai pilote privé! Dorénavant je pouvais emmener des passagers, et ce, sans avoir besoin de l'autorisation d'un instructeur-pilote. Quelle belle victoire!

En cette si belle circonstance, j'eus droit à un présent de la part de Marc et de son épouse. Il s'agissait du livre d'une aviatrice française qui, je ne le savais pas encore, allait changer le cours de ma vie.

Je décidai de continuer en aviation. Je voulais accéder à la licence professionnelle et, par la suite, devenir instructeur-pilote.

Toutefois, Ian était en total désaccord avec mon projet et refusait même de le financer.

Je constatai qu'il ne correspondait plus à l'image de l'homme évolué qu'il cherchait à donner en faisant mine d'appuyer, devant mes amis, ma carrière. Je décidai de ne point répliquer et, comme je le faisais depuis quelque deux mois maintenant, je continuai à voler par plaisir mais aussi afin d'augmenter mes heures de vol dans le but d'obtenir la licence professionnelle.

Pendant cette période, je me sentis très fatiguée. Malgré un ralentissement que je m'imposai volontairement, j'étais toujours épuisée. J'allai voir le médecin et j'appris à mon grand bonheur que j'étais enceinte. Mais cette fatigue qui ne me quittait plus inquiéta le médecin qui me suggéra de garder le lit vingt-quatre heures sur vingt-quatre.

Ian était «fou de joie». Il y avait si longtemps que nous n'avions vécu un tel bonheur ensemble. Mais bien que j'aie gardé le lit tel que prescrit, le troisième jour fut celui de la fausse couche.

Après une anesthésie générale pratiquée à l'hôpital, on me fit un curetage. D'après le médecin, la fausse couche était due à la fatigue mais il n'en était pas certain. Nous eûmes beaucoup de chagrin.

Le temps passa, je me remis de ma peine et, quelques semaines plus tard, je reprenais mes cours de pilotage.

Depuis que j'avais lu *Vivre et Voler*, l'idée de voler sur jet militaire me fascinait. Je voulais connaître le vol à dix mille mètres d'altitude et passer le mur du son.

À la fin de cet hiver 1976, je décidai d'entreprendre les démarches nécessaires afin de voler sur chasseur militaire.

Au printemps de la même année, j'écrivis au colonel de la base militaire de Bagotville, au nord de Québec, afin de lui demander la permission d'être passagère sur un jet militaire.

Quelques semaines plus tard, j'obtins une réponse. Le colonel ne pouvait m'accorder cette permission pour les raisons suivantes: je n'étais pas militaire, j'étais une femme et j'avais besoin d'un accord venu du sommet de la hiérarchie militaire du Canada pour effectuer ce vol.

Cette permission ne pouvait m'être accordée que par le ministère de la Défense Nationale auquel j'écrivis.

Quatre mois passèrent avant que je ne reçoive une réponse de ce dernier à l'effet que «s'il fallait accorder une telle permission à toutes les personnes voulant voler sur jet militaire, il ne cesserait d'en accorder.»

La France avait eu sa première femme sur des avions de ce type. Les Américains avaient eu aussi la leur, au cours des mêmes années, tout comme les Allemands pendant la Deuxième Guerre mondiale avaient eu leurs propres femmes pilotes. Pourquoi donc le Canada, un jeune pays, plus moderne, plus avant-gardiste, n'arrivait-il pas à emboîter le pas dans ce domaine?

Mon cours de niveau professionnel avançait rapidement. J'y travaillais très fort et Marc était de nouveau mon instructeur. Mes soirées de célibataire étaient consacrées à l'étude de la météorologie, des instruments, de la mécanique, de la discipline de l'air et de bien d'autres sujets. L'aviation était vraiment devenue mon univers.

Après Noël, je commençai à manquer d'argent pour terminer mon cours. Ian refusa de m'avancer cet argent. Je lui suggérai alors un endossement à la banque pour une somme que je lui remettrais dès que je serais en possession de mon diplôme. L'idée principale était de ne pas interrompre tout le travail que j'avais accompli depuis presque un an maintenant comme élève-pilote commercial. Cette deuxième suggestion ne fut pas mieux accueillie.

Je savais fort bien qu'en me privant de cet argent pour terminer mon cours, Ian croyait me décourager de voler. Mes succès semblaient le déranger. Il m'avait encore réaffirmé son désir que je sois châtelaine et rien d'autre. Il n'était pas question que j'abandonne. Je visitai plusieurs banques mais la réponse était toujours négative.

Après deux semaines de recherches vaines auprès de plusieurs succursales, je posai ma candidature dans un grand magasin de la région. Je fus placée au comptoir pour faire la promotion des produits en vente. Il me fallait travailler tellement d'heures afin d'arriver à me payer une heure de vol avec instructeur, que je n'avais tout simplement plus le temps de voler, sans compter qu'il me manquait encore de l'argent. C'est finalement mon père qui accepta de se porter garant pour moi à la banque. Je le regardai, surprise et si heureuse. Il me dit: «J'ai foi en toi, Arianne; je sais que tu vas aller loin dans ce domaine. Ça me fait plaisir de pouvoir t'aider.»

Bien des choses avaient changé entre papa et moi. Nous nous étions beaucoup rapprochés au cours de ces cinq dernières années et avions développé une belle complicité.

J'étais très émue car jamais mon père ne m'avait démontré une telle confiance et ne m'avait parlé avec autant d'amour.

– Moi aussi, Arianne, j'avais des rêves lorsque j'étais jeune, mais pour certaines raisons que tu connais je n'ai pu les réaliser. On vieillit et peu à peu nos rêves passent. On se réveille un matin à soixante ans et lorsqu'on regarde en arrière, il n'y a aucune trace de ce que l'on voulait réaliser et ça fait mal, très mal. J'ai confiance en toi, Arianne. Tu sais que pour moi-même, je n'ai jamais voulu emprunter. Je l'ai fait pour ton frère et tes sœurs. Par contre, toi tu désirais devenir médecin et nos difficultés financières ne t'ont pas permis de le faire. J'espère te rendre aujourd'hui la pareille. Je ne veux même pas savoir pourquoi ton mari, qui possède une grande fortune, ne t'aide pas. Cela vous regarde. Mais je suis certain que le jour où Ian sera en mesure de constater ce que tu fais, il saura t'appuyer.

Je pleurais. Cet homme avait un cœur extraordinaire. Il était d'une sensibilité exceptionnelle. Je fêtai cet événement en allant donner ma démission au magasin où je travaillais.

Il n'était pas question pour le moment que je parle de cet emprunt à Ian. Il n'apprécierait pas et se sentirait sûrement offensé et gêné face à mes parents.

Le soir même, j'étais tellement débordante de joie que je décidai d'écrire au directeur de l'Organisation Civile Canadienne à Ottawa, toujours concernant cette possibilité de voler sur des avions à réaction militaires. On m'avait dit beaucoup de bien du responsable de cette association. Je me croisai les doigts le lendemain lorsque je postai la lettre.

Me retrouver à plein temps à l'aéroport me comblait de bonheur. Je travaillais comme une forcenée. Le patron pour lequel je volais m'avait déclaré que si je décrochais mon diplôme, il serait intéressé à avoir une femme instructeur parmi « ses» garçons, comme il le disait si bien.

J'étais anxieuse de partager cette bonne nouvelle avec Ian.

J'espérais qu'avec cet emploi qui m'attendait, il comprendrait que j'étais sérieuse dans mon intention de poursuivre mes cours. Il n'exprima pas vraiment de la joie mais il réussit à me dire:

– Si tu deviens instructeur-pilote, Arianne, tu seras un vrai pilote!

Mon examen en vol était prévu pour le lendemain, soit le trente juin. Je sentais Ian fier de moi puisque lorsqu'il me présentait, il enchaînait avec: «...ma femme sera sous peu pilote professionnel.»

Je ne comprenais cependant pas qu'une fois seuls, il essayât de me convaincre de rester à la maison, de ne plus voler. Mais je sentais un trop grand potentiel en moi pour quitter le milieu de l'aviation. La veille de mon examen, mon instructeur me dit:

— Arianne, tu sais qui est à l'aéroport de Lachute aujourd'hui afin d'y donner une démonstration de voltige aérienne avec un avion français? Le colonel Marcel Biroleau.

Je le regardai, il poursuivit:

— Son agent est un client et ce matin, avant que tu n'arrives, il a décollé vers l'aéroport de Mirabel afin d'aller y chercher monsieur Biroleau.

Marc, qui connaissait le colonel de réputation, savait à quelle heure était le spectacle. Il n'en fallait pas plus pour que, quelques heures plus tard, nous décollâmes en direction du petit aéroport de Lachute; sans le savoir, j'allais à nouveau rencontrer le destin.

Marcel Biroleau était un as de la voltige aérienne et il dirigeait une école de voltige, de renommée mondiale, sur la Côte d'Azur. Sa réputation de «maître» dans ce domaine débordait largement les limites de la France et de l'Europe: elle était de niveau internationale.

Arrivés à l'aéroport de Lachute, Marc me montra du doigt, dans la foule, le colonel Biroleau. C'était donc lui, l'as mondial. L'idée me vint d'aller me présenter. Après une de ses démonstrations, il était en train de discuter lorsque ma main droite tapota son épaule gauche.

Calmement, il se retourna. Je me présentai, lui expliquant que je serais bientôt pilote professionnel et qu'un vol avec lui serait pour moi un honneur.

Il jeta un coup d'œil rapide sur mon état physique et répliqua d'un ton de chef: «Vous avez déjà fait de la voltige?»

Là, je lui mentis, ne voulant pas rater la chance unique qui s'offrait à moi: «Oui, oui, monsieur, j'adore faire de la voltige.» Un merveilleux sourire illumina ce visage jusqu'ici sévère: «Le prochain vol est déjà prévu avec un client, mais si vous êtes patiente, le suivant est pour vous.» Je trépignais de bonheur.

Marc en eut le souffle coupé. Lui-même n'aurait jamais osé faire une telle demande. Il s'agissait de l'étoile mondiale au palmarès des acrobates aériens. En plus, le colonel, ex-militaire de guerre, avait plus de vingt mille heures de vol à son actif et une expérience incomparable. Impressionnant était le respect que les milieux de l'aviation civil et militaire lui vouaient. Mon tour de voler arriva.

Après m'avoir confié les commandes de l'appareil, mon nouveau capitaine de vol comprit que je n'avais pas une grande expérience en voltige. Il me le souligna doucement.

Je ne cachai pas au colonel mon admiration pour Janine Lugol, première femme pilote d'essai au monde et belle-fille du président français, Xavier Lugol.

En vol, le colonel m'annonça que Janine Lugol était une de ses amies et qu'il faisait, à l'occasion, les mêmes spectacles et démonstrations en voltige qu'elle. Il ne m'en fallut pas plus pour que je commence à toucher à l'irréel. Le temps venait de s'arrêter: l'intemporel prenait place.

L'homme assis à ma gauche dans cet avion connaissait bien mon héroïne. Cela amplifia généreusement mon élan, mon dynamisme, afin de réaliser un jour, un autre de mes rêves: devenir pilote de voltige pour spectacles et compétitions internationales.

Tant et si bien qu'une fois le vol complété, le colonel m'invita personnellement à son école de Cannes pour entreprendre un stage en voltige aérienne: «Arianne, je peux faire de vous une championne mondiale!» J'étais folle de joie et je savais maintenant, j'en étais convaincue, qu'un jour j'allais réaliser ce rêve: devenir pilote professionnel en voltige aérienne.

Le lendemain, je volai tel un «Johathan Livingston, le goéland», lors de mon examen en vol. Je me sentais différente. Je trouvais le vol facile depuis que j'avais fait des «pirouettes aériennes», la veille avec le colonel. J'eus un beau résultat pour cet examen d'une durée de trois heures. J'étais enfin pilote professionnel. J'en étais fière, oui très fière.

Par la suite, je ralentis le rythme. C'était juillet, les vacances de Ian et le temps était magnifique. Naturellement, le vol me manquait mais j'étais heureuse d'avoir pu terminer ma licence commerciale si rapidement grâce à la confiance de papa. J'avais tout l'argent nécessaire pour entreprendre, dans les prochaines semaines, mon nouveau cours: celui d'instructeur-pilote.

En cette nuit du quatorze juillet, nous dormions Ian et moi, lorsque le téléphone nous réveilla. Je décrochai assez nerveusement car je n'ai jamais aimé les appels nocturnes.

C'était maman...

– Arianne... ton père est mort!

Chapitre 5

L*ETTRE À MON PÈRE, ap*

Très cher papa,

Où es-tu? Que fais-tu? Je m'ennuie de toi. Si tu savais à quel point tu me manques. Malgré toutes ces années, je n'arrive pas à m'y habituer. Je crois que l'on ne s'adapte jamais à la perte d'un être que l'on aime.

Curieux comme à chaque anniversaire de ta mort, mon cœur replonge dans le même état que celui dans lequel j'étais au moment où tu es parti pour un autre monde. La peine est toujours aussi lourde à porter. Je regrette de ne pas t'avoir dit plus souvent que je t'aimais.

Lorsque maman te découvrit, «froid», en ce matin du quatorze juillet 1977, elle nous appela, Ian et moi. L'autopsie révéla un infarctus: c'était ton cœur... ta troisième attaque, la fatale, venait de t'emporter.

Un point cependant m'a soulagée: la façon dont tu es parti. Tu nous as quittés tout en douceur, dans ton sommeil. Pour toi, c'est merveilleux! Je me souviens à quel point tu avais peur de la façon dont, un jour, tu allais mourir. Peur de mourir brûlé ou dans un accident de voiture; peur d'une longue et douloureuse agonie. Mais, tu vois, papa, tu as été exaucé. Tu es «parti», d'après le médecin, sans t'en rendre compte.

En ce quatorze juillet, nous avions planifié une sortie tous les quatre: toi, maman, Ian et moi. Je me souviens comme tu en étais heureux. Nos deux couples sortaient très souvent ensemble. Quels doux souvenirs!

Souvent tu me répétais que c'était Ian qui t'avait initié à ces sorties et t'en avait donné le goût. Vous vous faisiez confiance tous les deux; une amitié s'était vite développée entre vous! Tu sentais que Ian te respectait et t'acceptait tel que tu étais. Une partie de l'argent dont maman dispose aujourd'hui provient de ce que Ian te donnait dès que tu faisais le moindre travail chez nous.

Le «lève-tôt» que tu étais attendait fébrilement six heures, le samedi, afin de se rendre dans notre jardin pour y travailler. Et même s'il n'y avait rien à faire, tu y venais.

Je m'étais familiarisée avec le bruit de tes pas lorsque tu franchissais la barrière menant à notre arrière-cour, si bien que les deux années qui suivirent ton décès, chaque samedi matin, je t'entendais entrer et marcher. C'était le bruit de tes pas: oui, papa, je te le dis, je n'exagère pas. Au point que la première année, je me précipitais, à six heures du matin, afin de vérifier si c'était bien toi qui entrais. Naturellement, il n'y avait personne, puisque tu n'y étais plus. Mais le bruit de tes pas, en moi, pourtant résonnait.

Tu avais toujours rêvé d'avoir ta propre maison et je te savais heureux avec nous; surtout avec ta retraite qui venait à grands pas. Qu'il était drôle de te voir compter les jours qui t'en séparaient; chaque journée de maladie était accumulée afin de te rapprocher de «ton instant de libération», comme tu aimais l'appeler.

Jamais je n'ai vu quelqu'un avoir aussi hâte de se dire «retraité». Tu préparais cet événement qui allait être pour toi une grande fête. Tu y rêvais même.

Ta vie, papa d'amour, n'avait pas été facile. Pourtant, son début en avait été bien positif mais la perte de ton père, à tes cinq ans, fit s'écrouler autour de toi ton univers d'enfant. Moi, j'eus la chance de te garder jusqu'à vingt-cinq ans. Vingt-cinq années dont les cinq dernières furent quasiment un conte de fée pour nous deux. Comme je t'aime papa, si tu savais à quel point je peux t'aimer!

Les années passèrent et tu rencontras Maude. Au début, entre vous, c'était l'amour. La flamme s'en éteignit doucement, la misère prenant sa place.

Étant la dernière, je n'eus pas à vivre cette pauvreté; mais Myriam, Emma, François, maman et toi l'avez connue. Passer d'un emploi à l'autre, sans sécurité du lendemain, de chauffeur de camion à couvreur de bardeaux, ce ne fut pas facile.

Je me souviens qu'à l'âge de cinq ans, comme j'étais menue, on me baignait encore dans l'évier de la cuisine. Un certain soir d'hiver, tu m'avais rapporté une éponge de toilette ayant la forme d'un canard jaune: je ne l'ai jamais oublié! Quelle belle surprise tu m'avais faite! Et la joie que ce geste venant de toi m'avait apportée était incomparable. Je me rendais compte qu'il t'avait fallu, avant de me faire cette surprise, «penser à moi». Cela m'avait profondément touchée. Je t'avais sauté au cou, embrassé et, comme à l'habitude, tu m'avais repoussée. Mais tu étais ainsi, car tu souffrais terriblement en ton cœur meurtri par la vie, par ta vie. Maintenant, comme je te comprends.

Je me souviens parfaitement de ce «goût» du bonheur, de ce «goût» de la victoire lorsqu'on pouvait enfin se procurer quelque chose qui nous était essentiel, car chez nous, il n'y avait pas de place pour les caprices. Ces mois de privations avant d'obtenir cet «essentiel» rendaient le moment de l'acquisition très exaltant.

Nous étions en 1963 lorsque tu achetas ta première voiture. J'avais alors douze ans. Quel changement de vie pour toute la famille! Ne plus faire de l'«auto-stop» ni marcher les vingt kilomètres qui te séparaient de ton travail était un grand luxe.

Tous les enfants avaient été heureux de faire leur part en apportant une pension hebdomadaire, même lorsqu'ils étaient étudiants.

Déjà Myriam, qui, dès l'âge de cinq ans, ressemblait étrangement à l'actrice américaine Shirley Temple, vendait des arbres de Noël au coin des rues, au mois de décembre. Cela nous permettait de retrouver dans nos bas de Noël soit une orange, soit une pomme ou encore une poupée ou un camion. Plus tard, elle remporta le titre de «reine de beauté». Grâce à elle, tu devins fonctionnaire pour le gouvernement, ce qui nous procura, pour la toute première fois, un revenu assuré. Nourriture, loyer, vêtements devenaient donc, aussi pour la toute première fois, garantis. Myriam devint un peu plus tard gérante de la plus importante chaîne alimentaire au Québec.

Quant à Emma, de physionomie presque identique à celle de maman, elle voulait devenir secrétaire. Tu empruntas à la banque et elle put étudier dans ce domaine. Elle se spécialisa par la suite en droit. François, notre seul frère, avait la même stature physique que toi mais il était blond, avec de grands yeux bleus en forme d'amande. Il avait un tel talent en géographie que les professeurs à l'école n'avaient jamais vu cela. De nouveau, un emprunt financier fut fait, malgré ta grande peur des dettes, afin de faire suivre des cours privés à François dans une école renommée.

Tandis que moi, de vingt à vingt-cinq ans, je me suis rapprochée de toi. J'ai réussi à te connaître davantage et nous sommes devenus de vrais amis. Tes cinq dernières années comptent parmi les plus belles de ma vie et j'espère qu'il en fut de même pour toi.

Tu sais papa, lorsque maman m'annonça ta mort par téléphone, après avoir raccroché et sans m'en rendre compte, je m'étais mise à frapper sur la poitrine de Ian. Il finit par me prendre dans ses bras et, en pleurant, je réussis à lui murmurer: «Tu vois Ian, je t'avais dit qu'il allait arriver quelque chose de terrible cette semaine. Je le sentais dans mon cœur, c'était la mort qui rôdait.»

C'était vrai, car une semaine avant ta mort, une odeur bien particulière me tournait autour. C'était la deuxième fois que cela se produisait dans ma vie. Je la reconnus de suite. Je savais que la mort allait frapper quelqu'un qui m'était cher mais j'ignorais qui.

Au salon funéraire, j'étais furieuse de voir les gens circuler devant ton cercueil. Tout le monde parlait des moments vécus avec toi mais personne ne comprenait que tu avais besoin d'être seul, toi, en tant qu'âme, avec ton corps, afin de te libérer de ce dernier pour continuer ton chemin de l'autre côté.

Chaque fois que j'entendais:

«Il était si bon!» ou «C'était un bon gars!», je sentais le fer se retourner dans la plaie. J'en devenais agressive. Et dire que de ton vivant, ces mêmes personnes te méprisaient! Quel mensonge! Tu étais devenu, à les entendre, presque un saint. Un vrai cirque!

En cette mi-juillet, il faisait une chaleur étouffante. J'avais peine à te reconnaître avec tous ces artifices sur ton visage. Ce n'était pas le «père» que j'avais connu, celui qui m'avait élevée, qui était là devant moi, couché dans ce cercueil.

Peut-être serait-il préférable de fermer ces «boîtes» mortuaires afin de garder en mémoire l'image de la personne lorsqu'elle était vivante?

Un de tes compagnons me dit que tu étais très fier de moi lorsque je survolais, en avion, ton lieu de travail. Paraît-il que tu disais à chacun que je venais te saluer. Je ne te savais pas fier de moi, papa, au point d'en parler à d'autres. Jamais je n'oublierai la journée où tu as osé endosser mon emprunt à la banque afin que je puisse continuer mon chemin en aviation. Merci de m'avoir tant fait confiance. Tu as cru en moi lorsque je doutais de moi. Ce geste de ta part m'a donné ma «liberté».

Tu étais un homme qui ne fut malheureusement pas toujours compris. Jusqu'à vingt ans, je faisais partie des gens qui ne t'accordaient pas toujours compréhension ni attention. Pardonne-moi, papa.

Ta grande sensibilité, tu la cachais derrière des paroles dures et froides. Cependant, avec l'âge, tu laissais s'exprimer ton cœur blessé, cœur que tu voulais tant camoufler.

L'homme que j'ai découvert au cours des cinq dernières années de sa vie était un homme de grande générosité mais au cœur rempli de peine, de chagrin et d'amertume. La tristesse habitait une grande partie de ta vie, papa.

Si j'avais su cela auparavant, si seulement je t'avais compris quand il en était encore temps, en t'acceptant tel que tu étais, il me semble que ça aurait été tellement différent. Je t'aime papa, je t'aime!

T'écrire m'a fait du bien. J'accepte maintenant ta mort!

Au nom de «ma» liberté, cette liberté que tu m'as permis de conquérir, un des plus beaux cadeaux de ma vie, je te dis papa un «merci d'amour»!

Arianne,

ta «fille», ton «bébé»!

Chapitre 6

J'entrepris mon cours d'instructeur-pilote en septembre, mais je dus interrompre mon entraînement pour un voyage précipité à Paris. Nous y passâmes quelque sept jours: Ian devait y rencontrer un ministre français pour l'installation éventuelle d'une usine textile, mais cette fois en Algérie.

Ce voyage n'en fut pas un de tout repos. À peine avions-nous le temps de changer de tenue vestimentaire, de nous rafraîchir que nous étions attendus pour des réceptions.

À notre retour, c'est avec une grande joie que je retrouvai mon univers: l'aviation. Au cours de la semaine qui suivit, je ne me sentis pas bien. Cette fois par contre, j'eus des symptômes qui me firent croire que j'étais de nouveau enceinte. Je sentais mon corps qui se transformait. Déjà, à l'intérieur de moi, un branle-bas formidable se manifestait. La nature était à l'œuvre, j'en étais persuadée.

Quel grand bonheur! Dès que j'avais perçu les premiers symptômes, je m'étais interdit le vol. Je demeurais bien tranquille à la maison. Le médecin confirma mes joyeux soupçons. Je prenais soin de moi comme jamais par le passé. Je voulais mettre toutes les chances de mon côté.

Un jour de début octobre où j'étais seule à la maison, je sentis des douleurs au bas du ventre. Je les reconnus: c'était le même type de douleurs que celles ressenties lors de ma fausse couche. J'eus à peine la force de soulever le récepteur du téléphone pour rejoindre Ian au bureau. Tout ce dont je me souviens est de l'avoir rejoint. Par la suite, je me réveillai à l'urgence de l'hôpital. Je venais de perdre mon deuxième enfant. Psychologiquement, j'eus énormément de difficultés à remonter la pente.

J'ignorais ce qui, chaque fois, provoquait cette rupture de grossesse. Ian était aussi attristé que je pouvais l'être.

Je n'avais plus de motivation. Peu à peu, mes forces physiques revinrent mais je demeurais blessée intérieurement.

Fin octobre, j'étais sur pied et la vie reprenait son cours normal. J'allais à nouveau à l'aéroport et je finis par reprendre ma vie aérienne. Je m'aperçus que j'avais toujours ce goût de voler, de me retrouver entre ciel et terre avec les oiseaux.

Une réponse négative à ma lettre envoyée au directeur de l'Aviation Civile Canadienne me parvint. Je décidai de tenter le tout pour le tout en écrivant au Premier ministre du Canada lui-même, le Très Honorable Pierre Élie Truffault.

Dans une lettre de trois pages, je lui expliquai mon rêve de voler sur avion à réaction militaire et précisai que personne ne pouvait ou ne voulait m'accorder cette autorisation. Je lui disais que la France avait Janine Lugol, tout comme les Américains avaient Janine Auriane et que j'avais des rêves dans le domaine de l'aviation même si j'étais une femme.

Une fois ma lettre terminée, je la lus à Ian. Ce dernier fut très surpris et me dit poliment:

– Monsieur Truffault a bien d'autres préoccupations que celle de t'accorder cette permission, Arianne. Ne t'attends pas à une réponse positive et en plus, il est probable qu'il ne te réponde pas. Mais moi, j'y croyais.

Mon rythme de vie était redevenu normal. Je volais à une cadence incroyable. Je voulais devenir le meilleur instructeur de la région.

Un soir que Ian et moi dînions à la maison, je le trouvai tourmenté. Il prit mille détours pour me dire qu'il s'agissait de Julie. Un long frisson parcourut mon corps. Plus il avançait dans son exposé et plus son visage se décomposait. Quelque chose de grave s'était produit et il m'apprit que Julie était enceinte.

Je fus littéralement assommée. Je ne voulais pas le croire même si cela ne me surprenait pas. Je l'avais pressenti lorsqu'elle avait réussi à convaincre son père de la laisser partir avec sa nouvelle amie.

Ian savait cela depuis plusieurs semaines et ne m'en avait rien dit. Julie était enceinte de quatre mois. Je compris enfin la raison pour laquelle il ne me parlait presque plus d'elle depuis un certain temps. J'étais furieuse que mon mari m'ait tenue volontairement en dehors de cette situation.

— Julie portera son enfant, elle enfantera dans la douleur de l'accouchement naturel et ainsi, elle aura une bonne leçon.

Je n'avais sûrement pas bien entendu... il continua:

— Il faut vraiment lui donner une leçon, et la meilleure est de lui laisser porter son enfant et de la faire enfanter sans aucune anesthésie.

— Tu n'es pas sérieux Ian, tu ne peux te servir de la venue au monde d'un bébé pour donner une leçon de vie à ta fille. Personne n'a le droit d'agir ainsi.

– Sois assurée qu'elle comprendra, à l'avenir.

– Tu sais pourtant que Julie ne pourra prendre soin de cet enfant. Comment ne peux-tu pas y avoir pensé, Ian?

– J'y ai pensé. Julie ne gardera pas son enfant. Il sera placé en adoption. Tu vois, tout est déjà planifié.

J'en eus le souffle coupé.

– Est-elle au courant de ce que tu veux faire de son enfant?

– Non, mais je lui ferai signer les papiers de circonstance en temps et lieu.

– Tu es cruel. Mais qu'as-tu à la place du cœur, Ian Dublin, tu peux me le dire?

Il resta d'un calme anormal pour me lancer: «Tu as une meilleure solution peut-être?»

– Si tu m'en avais parlé avant, nous aurions pu discuter avec Julie de la possibilité d'un avortement au début de sa grossesse. Il y a des exceptions très valables et c'en est une. Peut-être aurait-elle accepté?

J'étais bouleversée.

— Ça suffit, la décision est prise, cria-t-il.

— Non, je n'arrêterai pas parce que tu as peur de faire face à une discussion qui aurait dû avoir lieu il y a de cela trois mois.

Il me regarda et je compris qu'il me donnait raison. Il était renversé par cette situation.

J'en profitai pour tenter de le ramener à la raison:

— Comment peux-tu décider si froidement pour ta fille que tu aimes tant et pour ton futur petit-enfant? Il s'agit de ta famille, Ian.

J'aurais juré, au regard qu'il me jeta, qu'il venait de comprendre qu'il s'agissait de son petit-enfant, son tout premier.

— Tu as pensé à l'idée qu'on le garde? Nous pourrions engager les services d'une gouvernante et Julie resterait sûrement avec nous à ce moment-là. Tu serais moins inquiet de les savoir ici avec toi.

— Non, cet enfant a été conçu par un homme encore plus déficient que Julie. Tu as une idée du résultat que ça peut donner?

— Mais nous avons la chance d'être très à l'aise financièrement. Nous pourrions non seulement demander l'aide d'une gouvernante mais aussi celle d'une infirmière qui nous aiderait en s'occupant du bébé et de Julie.

– Non. Je ne veux pas prendre le risque de me retrouver avec un autre enfant déficient dans ma vie. Je me sens déjà condamné par la présence de Julie. Comment pourrais-je faire face à une autre situation comme celle-là?

– Ça ne veut pas dire que l'enfant sera déficient, tu le sais; si tu y pensais...

–Je te l'ai dit, tout est déjà organisé. L'enfant sera placé.

Cet homme n'avait rien compris à la vie, ni à l'amour. Je dus prendre une pause de quelques minutes afin de me contenir tant la peine et la colère grondaient en moi.

Soudainement, une sorte de désespoir envahit mon cœur. Je pensai à Julie et à l'enfant qu'elle portait et je compris qu'elle avait sûrement besoin de moi dans une telle circonstance.

– Que penserais-tu si je téléphonais à Julie et lui demandais de venir vivre avec nous jusqu'à la fin de sa grossesse?

Un silence se prolongea me laissant perplexe et j'entendis:

– Tu ne peux la rejoindre, elle n'est plus à Montréal. Elle vit à Trois-Rivières, chez une travailleuse sociale.

Ian avait tellement honte de cet événement qu'il avait placé Julie loin de nous, à environ deux heures de voiture. Il ne fallait pas que cette histoire soit découverte par quiconque.

L'homme qui me faisait face m'était de plus en plus étranger, malgré les années qui passaient. J'étais dans tous mes états. C'est parce que je pensais à Julie et à tout ce qu'elle traversait que je maîtrisai mes émotions. Je parvins à convaincre Ian que la place de sa fille, dans sa situation, était près de nous, avec nous.

– C'est trop te demander, voyons.

– Si je l'avais su au tout début Ian, c'est ce qui serait arrivé, il y a quatre mois.

Il me prit dans ses bras, il était soulagé. Il était d'accord.

– Ainsi je pourrai l'aider à mieux s'alimenter, poursuivis-je.

Après quelques appels téléphoniques, Julie sut qu'elle rentrait à la maison. Elle était heureuse d'être enceinte et de venir terminer sa grossesse avec nous.

Je continuai mon cours d'instructeur, interrompu temporairement par le retour de Julie. Les premiers mouvements de son bébé nous firent vivre des moments de bonheur intense. Je crois que je ne la vis jamais aussi heureuse, aussi épanouie. Elle était ravissante. Je n'osais penser au moment où son père lui annoncerait qu'elle ne pourrait garder son enfant.

Mais pour le moment, c'était le calme et la paix.

Début novembre, une nouvelle me remplit de joie: je me préparais à un décollage (j'allais à Oshawa, en Ontario, pour y passer un examen en aviation), lorsque je reconnus la voix de Marc à la radio me demandant de revenir immédiatement à la base.

Connaissant Marc, je crus que quelque chose de grave était arrivé, soit à Ian ou peut-être à Julie ou à ma mère??? À peine avais-je eu le temps de pointer le nez de mon avion près du hangar que Marc arriva en courant.

— Arianne, c'est le bureau du Premier ministre au téléphone; dépêche-toi.

Mon cœur fit trois tours, une vraie voltige. Je me précipitai au comptoir de la réception de l'aéroport pendant que Marc prenait les commandes de mon appareil.

— Bonjour, Arianne Mauriac Dublin à l'appareil.

La voix féminine au bout du fil se faisait autoritaire:

— Madame Mauriac Dublin? Je suis la secrétaire parlementaire du Très Honorable Pierre Élie Truffault.

La voix se fit plus dure encore:

– Madame Mauriac Dublin, il s'agit de la lettre que vous avez envoyée au Premier ministre, il y a trois semaines.

Dans mon grand bonheur, je la coupai:

– Voulez-vous dire que monsieur le Premier ministre m'autorise à voler sur jet militaire?

Elle reprit encore plus froidement:

– Madame, monsieur le Premier ministre a remis votre lettre au major Murray de la Défense Nationale. Ce dernier tente depuis trois jours d'entrer en contact avec vous mais en vain. Je vous appelle donc pour m'assurer que vous avez toujours les mêmes coordonnées car le major Murray aimerait vous rejoindre.

Quel bonheur! Marc entra et je lui annonçai la nouvelle. Il était tout aussi heureux et excité que je pouvais l'être. J'annulai mon voyage à Oshawa.

Je téléphonai à Ian afin de lui annoncer la bonne nouvelle; il n'en revenait pas. Il me demanda de le rappeler dès que j'aurais du nouveau.

Toute la journée, j'attendis dans le bonheur cet appel que je reçus à seize heures trente exactement.

– Madame Mauriac Dublin, ici le major Murray de la Défense Nationale. Le Premier ministre lui-même m'a remis votre lettre en me disant: «Il faut que cette femme

116

vole sur jet militaire. Organisez un programme, mais faites-la voler. Qu'en pensez-vous, chère madame?»

Ce major était, au premier abord, très gentil et sympathique.

– C'est merveilleux, major; que dois-je faire à présent?

– Je dois connaître les raisons pour lesquelles vous voulez voler sur les avions militaires.

– C'est par amour du vol, major. Que...

– Madame Mauriac Dublin, peut-être travaillez-vous pour les Soviétiques?

Je fus si surprise de cette possibilité que j'éclatai de rire. Ce qui, je crois, ramena la situation à la normale. Et le major enchaîna:

– Écoutez, madame, l'ordre venant du Premier ministre lui-même, vous pouvez être assurée que votre désir deviendra réalité. Cependant, comme nous n'avons jamais fait voler une dame, il se peut que cela prenne un peu plus de temps que désiré. En attendant, il vous faut remplir les conditions légales et, une fois ces dernières complétées, il vous faudra subir un examen médical militaire. Par la suite, vous serez admise à l'entraînement de survie en haute altitude. Donc, commençons par l'étape numéro un: le côté légal.

»Puisque vous êtes déjà dans le domaine de l'aviation, madame, vous savez qu'un accident est possible lors de votre futur vol avec nous. Les Forces Armées Canadiennes doivent se protéger advenant cette possibilité. Il nous faudrait donc une copie de votre testament personnel ainsi qu'une lettre de vous et une autre de votre mari, dans lesquelles...»

– Mais que voulez-vous dire, major?

– Je m'explique plus clairement: s'il y avait un accident au cours de votre vol et que vous restiez par la suite paralysée, aveugle ou quelque chose du genre, il faut que nous soyons certains que vous et votre mari n'intentiez pas de poursuites légales. Vous saisissez?

Et il m'expliqua ce qui était demandé.

– Oui, je comprends. Je vous ferai parvenir dès cette semaine une copie de mon testament ainsi que les deux lettres requises.

– D'accord, nous attendons votre courrier. Dès que cette première étape sera complétée, je vous téléphonerai. Je tiens à vous dire qu'il me fait vraiment plaisir, madame, de collaborer à cette toute première au Canada, car vous savez, si vous réussissez, vous serez la première femme pilote civile à voler sur jet militaire au Canada. Je vous le souhaite sincèrement.

J'étais au «septième ciel». Une heure passa avant que je ne quitte l'aéroport pour me rendre à la maison.

La distance qui séparait cette dernière de l'aéroport était d'environ dix kilomètres. Par cette journée très ensoleillée, en cette fin d'après-midi de novembre, j'étais seule sur la route. Une voiture, de temps à autre, croisait mon chemin.

Par habitude, je regardais toujours le ciel, enfin, presque toujours. Même lorsque je conduis, je jette sans arrêt un coup d'œil vers le haut. Et là, je vis dans le ciel de la zone de contrôle de l'aéroport de Mirabel, un engin en forme de disque, tout lumineux, à environ sept cent mètres du sol. Je ralentis et arrêtai ma voiture.

Le disque était seul dans le ciel bleu. On aurait dit qu'il dansait, qu'il était heureux. Je regardai autour afin d'avoir des témoins de cette nouvelle scène formidable qui complétait l'extase de cette journée.

Et là, subitement, cet objet circulaire s'immobilisa et un plus petit disque en sortit, aussi brillant que le premier. On aurait dit l'accouchement d'un petit vaisseau. Ensuite, le petit et le grand disques se mirent à valser, côte à côte. Ils semblaient s'amuser comme s'ils célébraient quelque chose. Lorsque le plus grand gagnait de l'altitude, le petit le suivait et il faisait de même lorsqu'il y avait perte d'altitude. Ils disparurent en un clin d'œil, à la vitesse de l'éclair. Cela dura environ dix minutes.

Comme j'aimais ces objets volants! Je me sentais si bien en leur présence et je me rappelais spécifiquement de mon dernier contact ainsi que de son message. Sans perdre de temps, je retournai immédiatement à l'aéroport afin de savoir si quelqu'un avait localisé cette observation. Le réceptionniste me dit que oui. Nous téléphonâmes par la suite à l'aéroport de Mirabel, plus exactement au contrôleur de la tour. Il n'avait rien aperçu sur son radar mais avait reçu plusieurs appels du public l'avisant de ce qui se passait. C'était merveilleux. Je sautai dans un avion et je filai vers la zone de contrôle de Mirabel. Malheureusement, il n'y avait plus de traces du passage de ces vaisseaux.

Sur le chemin du retour, j'imaginai que ces derniers étaient venus me dire «Bravo, Arianne! Enfin, la femme canadienne prend sa place en aviation.» Cela me fit sourire et je me dis que si quelqu'un savait à quoi je pensais à ce moment-là, on n'hésiterait pas à me traiter de folle. Mon bonheur était vraiment complet.

À la maison, Julie n'a pas semblé comprendre de quoi je lui parlais lorsque je lui racontai ce qui m'était arrivé au cours de la journée, mais je ne mentionnai ni à elle ni à Ian ce que j'avais vu. À l'intérieur de moi pourtant, je ressentais un contact avec une dimension supérieure. C'était sublime!

Ian arriva à la maison et, en écoutant mon récit, il délirait d'enthousiasme. Il ne pouvait croire que j'avais réussi à décrocher cette fameuse permission. Cela m'avait demandé dix-huit mois avant de l'obtenir. Je ne savais pas encore qu'il m'en faudrait quatorze autres avant de pouvoir m'asseoir, pour la première fois, dans le cockpit d'un avion de chasse.

Tous les deux, nous écrivîmes donc les lettres nécessaires pour que je puisse les faire parvenir au major Murray, complétant ainsi la première étape: l'étape légale. Une aventure extraordinaire m'attendait. Après ces derniers temps de peine et de tristesse, j'avais enfin le cœur à la fête.

Les semaines s'écoulaient et Julie tout doucement s'arrondissait davantage; comme cela lui allait bien! Je continuais à étudier en vol et au sol. Mes heures en tant que commandant de bord s'accumulaient.

Première semaine de décembre: Ian me téléphona à l'aéroport; il était très fatigué et avait en sa possession deux billets d'avion pour Paris. Nous partions le lendemain. À peine quelques heures pour boucler les valises.

Cela ne faisait pas tellement mon affaire car à nouveau, il fallait que je cesse de voler pour une dizaine de jours. Je ne lui en soufflai mot, connaissant son besoin de repos et, de toute façon, j'adorais Paris. Cela nous donnait la chance de vivre en amoureux pendant dix jours.

Julie était heureuse pour nous et nous la confiâmes à ses grands-parents Dublin.

Le voyage fut sublime. Ian ne lésinait sur rien afin de me gâter, de me dorloter. Il n'y avait rien de trop beau pour me faire plaisir. Les grands hôtels, les grands couturiers, les grands restaurants, chauffeur et limousine... rien ne manquait!

Au retour, nous étions reposés. À peine avions-nous franchi le seuil de la maison qu'un appel téléphonique m'avertit du décès de ma grand-mère maternelle. Ma mère en fut très affectée.

Le temps des fêtes fut triste; mon premier Noël sans papa. Ce n'était pas la même chose, ce ne serait plus jamais la même chose.

Début janvier 1978, je reçus un appel du major Murray. Il me confirma que la première étape était terminée et qu'il me fallait maintenant passer l'examen médical:

– Cela ne devrait pas être trop long, madame Mauriac Dublin. Voyez-vous, il faut que tous les papiers vous concernant soient lus et acceptés par plusieurs personnes en poste dans l'aviation militaire, et ce, à travers le Canada. Tout ce que je peux vous dire, c'est de vous tenir en forme. Je devrais vous rappeler sous peu.

Je décidai de commencer à m'entraîner.

Fin janvier, Julie commença ses cours prénataux. Elle voulait absolument vivre un accouchement naturel et je pensai de nouveau à la leçon que Ian voulait lui donner. Il était incroyable de voir à quel point Julie était consciente et désirait son enfant. Penser seulement une seconde à ce qui devait lui arriver par la suite me rendait presque malade.

En février, les affaires de Ian nous conduisirent dans les Îles Vierges. Nous combinâmes le travail et les vacances sous forme d'une croisière. C'était majestueux, quelle vie grandiose! Après ces trois semaines dans le Sud, j'étais bien heureuse de rentrer à la maison.

Suite à ce voyage, Ian connut encore une expansion majeure en affaires. Il acheta d'autres compagnies en Ontario, ainsi qu'au Québec. Quant à moi, je poursuivais mon cours d'instructeur et mon entraînement physique.

La grossesse de Julie et son accouchement qui approchait rapidement me préoccupaient plus que je ne le voulais: tout allait bien mais c'était la conclusion que je craignais.

Souvent, je m'évadais en contemplant une photo du petit chasseur canadien CF-5 qu'un copain de l'aéroport m'avait donnée. Je m'y voyais assise aux commandes. Cette photo, je l'accrochai au miroir de mon bureau, dans la chambre à coucher. Chaque matin et chaque soir, depuis maintenant vingt-deux mois, je la regardais tout en me voyant à bord. J'y croyais, tout comme je croyais à mon cours de voltige avec le colonel Biroleau, un jour, à Cannes. Je ne savais pas comment j'allais y parvenir, mais j'étais désormais convaincue d'y arriver. À l'intérieur de moi, je me disais que si j'avais réussi à décrocher la permission de voler sur chasseur, il en serait de même pour l'acrobatie aérienne.

Début mars, le major Murray m'appela afin de m'avertir que le capitaine Duranleau me contacterait sous peu concernant le «médical» que je devais subir. Il conclut en disant:

– En attendant, madame Mauriac Dublin, j'espère que vous vous entraînez, car ce «médical» est un point crucial pour l'acceptation de votre demande. Il aura lieu vers la fin du mois de mars. Si vous le réussissez, je vous prendrai en mains pour la suite de votre entraînement. Je vous souhaite bonne chance et je suis certain que nous nous reparlerons pour la fin de la préparation de ce vol.

Deux choses m'agaçaient après avoir raccroché: la première était que la date du «médical» correspondait vaguement avec celle de l'accouchement de Julie. Le deuxième point était que je ne m'étais pas régulièrement entraînée physiquement. Avec mon horaire chargé de réceptions, de voyages, de préparatifs pour la fête de Noël, de cours pour Julie, j'avais à peine le temps de regarder mes notes d'aviation, ce qui me valait d'ailleurs à l'occasion les foudres de Marc. Par contre, je me savais en parfaite santé et d'une solide endurance.

Le capitaine Duranleau me téléphona quatre jours plus tard. Il n'avait pas le tact ni la gentillesse du major Murray, bien au contraire:

— C'est donc vous qui voulez jouer au soldat? Je tiens à vous dire que votre examen médical aura lieu à l'aéroport de Saint-Hubert, à notre base militaire de l'endroit. Le chirurgien en chef, le lieutenant-colonel Poudrier vous examinera.

Un court temps d'arrêt marqua la fin de ce premier contact; il poursuivit:

—J'espère que vous vous entraînez, madame, car vous allez constater qu'il ne s'agit pas du petit examen médical pour pilote civil mais bien d'un examen médical militaire et il durera toute une journée.

— Je suis en grande forme, capitaine et il n'y aura aucun problème, croyez-moi.

— Dès maintenant, vous êtes considérée comme un pilote militaire.

— Mais... capitaine... je n'ai pas suivi d'entraînement militaire, je suis un pilote civil et...

— Vous avez voulu jouer au soldat, madame Mauriac Dublin, vous serez donc traitée comme tel à l'avenir. Quant à la date du «médical», vous serez prévenue une semaine à l'avance.

Je n'aimais pas cet homme à cause de la façon dont il me traitait. Je le sentais heureux à l'idée que je puisse rater cet examen.

C'était la première fois, depuis le début de toutes ces procédures, que la nervosité m'envahissait. Je réussis à me calmer en me répétant des paroles positives, lesquelles influenceraient mon subconscient. Au bout de dix minutes environ, le tour était joué. J'ai toujours cru à la pensée positive et au rôle du subconscient.

Même si j'avais voulu me coucher tôt et mener une vie de couventine afin d'être en pleine forme pour ce fameux examen médical, la vie avec Ian me l'interdisait. Je me devais d'être à son bras, d'être près de lui. Je l'aimais et je refusais de le décevoir.

Le vingt mars, j'étais à l'aéroport en train d'étudier. Comme le temps était grisâtre, Marc et moi en profitions pour réviser la théorie de mon examen écrit. Un appel de Ian me prévint que Julie était à l'hôpital et qu'elle allait accoucher dans les prochaines heures.

– Mais pourtant, elle allait bien ce matin!

– Je sais, mais j'avais décidé qu'elle passerait les derniers jours à l'hôpital avant l'accouchement.

Je sentais la colère monter en moi:

– Franchement, tu nous traites comme si nous n'avions pas le droit d'être consultées. Ton attitude est très vexante. En attendant, je vais aller la voir à l'hôpital. Elle aura besoin de moi.

– Non, tu ne verras pas Julie avant son accouchement.

— Ian, tu vas trop loin, cette fois; Julie a besoin de moi et j'irai la voir.

— De toute façon, tu ne sais pas où elle est.

Et il raccrocha sans plus attendre.

J'étais très perturbée. Marc se rendit compte que ça n'allait pas, car je n'arrivais plus à me concentrer. Je lui racontai ce qui venait de se passer. Pour m'être confiée à lui à quelques reprises, il connaissait la situation délicate dans laquelle je me trouvais.

Je me sentais vidée et fatiguée. Je désirais tellement être près de Julie pour cet événement, elle-même me l'ayant demandé quelques semaines auparavant. Elle allait être grandement déçue.

Je quittai l'aéroport et en arrivant à la maison, Ian m'appela pour me dire que Julie avait eu son bébé, que c'était un garçon, que tout s'était bien déroulé et qu'il allait rentrer plus tard.

J'éclatai en pleurs: Julie avait besoin de moi. Elle avait été entourée d'étrangers au moment de son accouchement, au moment où, justement, il lui aurait fallu sentir l'amour des siens.

Et maintenant qu'allait-il se passer? Savait-elle qu'on allait la séparer de son fils, avait-elle signé les fameux papiers qui éloigneraient d'elle son enfant pour toujours? J'aurais tant voulu la voir. Mais à quel hôpital était-elle?

Ian rentra ce soir-là très fatigué. Julie ne voulait pas signer les papiers permettant de placer son enfant en adoption. Tout cela me fit passer une nuit sans sommeil. Je la comprenais et je savais aussi par contre que Ian avait peur de se retrouver avec un autre enfant déficient.

Le lendemain à l'aéroport, j'avais peine à travailler. Nous étions le vingt et un mars, jour d'anniversaire de ma grande amie Lucie et je lui avais organisé une fête pour le soir même, à son insu, et avec la participation de son mari qui pilotait au même aéroport que moi.

Malgré la grande fatigue due à ma nuit précédente et à toutes les émotions concernant Julie et son bébé, je ne pouvais me désister à la dernière minute car cette fête, je l'avais moi-même orchestrée. Je savais que l'on comptait sur moi et j'étais responsable de cette soirée. Je me dis qu'à partir de maintenant, je devais m'accorder plus de temps de repos, puisque mon examen médical approchait à grands pas. Quelques jours suffiraient pour bien récupérer.

En cette fin d'après-midi, je reçus un appel téléphonique du capitaine Duranleau:

– Madame Mauriac Dublin, je vous appelle pour vous annoncer que votre «médical» aura lieu demain matin. Le docteur Poudrier vous attendra dans son bureau de l'hôpital de la base militaire.

Je n'en croyais pas mes oreilles:

– Mais vous m'aviez dit que je serais avisée au moins une semaine à l'avance.

– Je sais, madame, mais ce sont des choses qui arrivent, vous savez. Bonne chance pour votre examen, car ce ne sera pas facile.

Il ne manquait plus que ça.

J'allai voir Marc et lui demandai son avis; il me suggéra d'aller me coucher. Mais j'étais si nerveuse et fatiguée que je n'aurais pas pu dormir et de toute façon j'étais incapable de dormir le jour. Donc, me sachant stressée, il me suggéra: «Va voler, essaie de te détendre. Tu sais à quel point le vol peut te redonner de l'énergie.» Oui, il avait raison. Il y avait longtemps que je n'avais volé pour mon propre plaisir. Ce vol me fit un bien incomparable. J'atterris complètement remise et prête à affronter non seulement la soirée mais le «médical» du lendemain. Par la suite, je quittai l'aéroport afin de me rendre chez moi.

Ian me téléphona pour m'avertir qu'il serait en retard, car il devait passer à l'hôpital prendre les papiers que Julie avait, volontairement, insista-t-il, accepté de signer, pour les donner à la travailleuse sociale.

Pauvre Julie! L'envie de pleurer me reprit à nouveau. Ian en parlait comme s'il s'agissait d'une voiture; je ne le comprenais plus. Je devais me ménager à cause de l'examen du lendemain. Je saisis par contre l'occasion pour dire à Ian que je voulais voir Julie. Il n'était pas d'accord.

Peu à peu, je finis par savoir où elle était hospitalisée et d'un commun accord, nous décidâmes qu'il viendrait me chercher à la maison, plus tôt, afin de m'amener lui rendre visite.

À l'hôpital, mon cœur battait très fort lorsque je reconnus les cris de Julie: «Non, papa, c'est mon enfant, c'est mon fils, il est à moi. Je ne veux pas que tu me l'enlèves, je ne veux pas qu'on me le prenne...»

Dès que je la vis, je courus vers elle et l'entourai de mes bras. Elle éclata en sanglots et cria encore plus fort: «Toi, Arianne, tu me comprends. Tu sais ce que c'est que de perdre son enfant. Je veux garder mon petit garçon, Arianne, dis-le à papa.»

Chapitre 7

Cette nuit-là, je n'arrivai pas à trouver le sommeil. Je ne pensais qu'à Julie. Je la revoyais à l'hôpital, quelques heures plus tôt, me suppliant de convaincre son père qu'elle devait garder son enfant, son fils.

J'avais toujours cultivé, depuis mon enfance, cette capacité de me «mettre dans la peau des gens» afin de mieux les comprendre et de mieux les aider. Je me suis donc appelée pendant quelques minutes, Julie Dublin:

Âgée de deux ans, je suis dans ma chambre qui est mon seul univers puisque je n'ai droit à aucune autre pièce de la maison.

Seule toute la journée, n'entendant aucune parole humaine, sauf quelques-unes lorsque maman veut bien, je m'imagine peu à peu que pour tout le monde la vie se résume à une chambre, un lit, deux ou trois poupées, des oursons et une lampe pour éclairer lorsqu'il fait noir.

Je pleure lorsque ma couche est mouillée et envahie par cette espèce de matière brune qui ne sent pas bon et qui me brûle les fesses pendant des heures.

La seule personne que je vois, deux ou trois fois par jour, est ma mère. Elle ne me parle presque pas. J'aimerais qu'elle me prenne dans ses bras, qu'elle me permette d'appuyer ma petite tête tout contre son épaule. Il me semble que je m'y sentirais en sécurité, tout au chaud.

Je ne sais pourquoi je ressens cela, mais j'ai l'impression qu'elle ne m'aime pas. Elle me fait mal lorsqu'elle change ma couche. Pourquoi me donne-t-elle presque chaque jour la fessée?

De temps à autre, je peux remarquer ma sœur jumelle Léonie dans le coin de ma chambre. Elle grimace lorsque maman me tape. On dirait qu'elle souffre aussi. Elle aimerait entrer, Léonie, mais maman lui défend de m'adresser la parole.

Je pleure, je pleure beaucoup; je m'ennuie. J'ai hâte que papa arrive. Lui au moins vient me voir, le soir, quelques minutes dans ma chambre lorsqu'il n'est pas en voyage. C'est le seul qui me donne ce qu'on appelle de l'amour.

Lorsqu'à l'occasion je braille trop à cause de mes dents qui percent, car ça fait mal, maman, le soir venu, me laisse dans la noirceur et j'ai peur dans l'obscurité. Je hurle donc pour que quelqu'un vienne: j'ai si peur dans le noir!

Alors, très fâchée, maman entre et crie tellement fort après moi que je ne comprends pas ce qu'elle veut. Pour me faire taire, elle m'applique de temps à autre un oreiller sur le visage.

Je me sens étouffer, j'ai encore plus peur. Je comprends qu'il faut que j'arrête de pleurer car j'ai peine à respirer. J'ai si peur, je tremble de partout.

Pourquoi est-ce que Léonie se pend à la robe de maman et essaie, à ce moment-là, de la distancer de mon lit? Oh! Léonie! Aide-moi!

J'aimerais tant apprendre à marcher comme tu le fais Léonie; à colorier aussi et à parler comme toi. Tu prononces déjà plusieurs noms: papa, maman, mais jamais le mien. Pourquoi Léonie? Julie ne me semble pas si compliqué à dire. Il est vrai que pour moi, qui ne peut qu'exprimer «gue... gue...», Julie est peut-être plus difficile à prononcer que je ne le crois.

Toi, Léonie, tu portes de jolies petites robes et parfois des pantalons aussi. Pourquoi suis-je toujours en couche?

J'ai si froid lorsque maman ouvre grand la fenêtre de ma chambre et me laisse nue dans mon petit lit, sans couverture.

Est-ce que tous les enfants ont froid comme moi, Léonie? As-tu froid, toi aussi, la nuit, Léonie?

J'aimerais que maman s'assoie à mes côtés comme elle le fait avec toi en te prenant dans ses bras. J'aimerais tant qu'elle me prenne tout contre elle: je me ferais si petite!

Pourquoi ne le fait-elle pas? Pourquoi?

Que veut dire «folle», «je te hais», «je voudrais que tu sois assez folle pour t'envoyer à l'asile»? Dis, Léonie, qu'est-ce que cela veut dire? Lorsque j'entends maman te parler, elle n'emploie pas les mêmes mots; ça ne sonne pas pareil. Est-ce ça l'amour, Léonie?

J'aimerais beaucoup marcher dans ma chambre, car j'ai des plaies aux fesses et au dos à force de rester long-temps couchée. Ça brûle beaucoup, ça chauffe, ça me fait mal.

Je crois bien que c'est ça, l'amour, après tout. Alors, à mes poupées, je leur en donne de l'amour: je les bats, je les étouffe avec mon oreiller. Le soir venu, je les désha-bille pour qu'elles dorment nues et sans couverture, comme moi.

Je leur répète dans mon langage de bébé qu'elles sont folles, que je les hais, que je voudrais qu'elles soient assez folles pour les envoyer à l'asile. Au fait, c'est quoi l'asile? Ce doit être un mot semblable à «amour», je suppose.

Chaque fois qu'elle vient dans ma chambre, maman me répète que tout ce que je fais, je le fais mal.

Le mot qui revient le plus souvent, ces derniers temps, est le mot «laide»: «Comme tu peux être laide!» me dit souvent ma maman. «Aucun homme ne voudra de toi, de toute façon tu seras à l'asile». Encore ce mot «asile» qui revient; je crois de plus en plus qu'il fait partie de «amour».

Maman me le répète si souvent et il est normal qu'une mère répète un mot d'amour à son enfant.

J'ai remarqué que depuis deux ans, on fait une fête à Léonie. On a maintenant quatre ans. Les gens se promènent avec des chapeaux en papier sur la tête. Je peux les voir de ma chambre. Tout le monde rit et chante «Bonne Fête, Léonie»... c'est quoi une fête, Léonie?

J'aime lorsque la porte de ma chambre est ouverte; c'est toujours papa qui l'ouvre. Comme je l'aime mon papa, il est si gentil avec moi!

Il me semble que je pourrais parler si quelqu'un dans la maison m'adressait la parole au lieu de me crier après.

Il y a un nouveau bébé chez nous: il s'appelle Victor! Curieux que Léonie n'ait pas eu de difficulté à prononcer son nom, elle en a tant pour le mien. J'ai hâte de revoir Victor.

Papa m'a dit qu'il a maintenant treize mois et quelquefois il me fait une grande surprise: il amène Victor me voir.

Il dort bien Victor. Pourquoi a-t-il une couverture sur lui? Il porte aussi un pyjama; il a de la chance, Victor.

J'ai droit à cinq minutes par semaine pour regarder dormir Victor.

Maman l'a toujours dans ses bras. Léonie le promène en «poussette» dans la maison.

Pourquoi suis-je toujours seule dans ma chambre? Souvent j'ai soif et comme on vient de moins en moins me voir, je ne peux pas boire.

Je bats davantage mes poupées; je leur crie encore et encore qu'elles sont folles, laides et qu'elles iront à l'asile un jour.

J'ai si peur maintenant quand maman entre dans ma chambre que je lâche toujours ce que j'ai dans les mains et cela me vaut de passer les après-midis seule dans la cave.

Maman m'y attache maintenant sur une chaise; elle dit qu'il faut qu'elle me punisse. Il y fait tellement noir et j'y suis toute seule. J'ai si peur dans le noir, j'entends toutes sortes de bruits.

Souvent, Léonie se déguise en fantôme et vient me faire encore plus peur. Alors je crie fort, trop fort.

Et maman redescend, tenant un oreiller dans ses mains; comme je suis attachée à une chaise, je ne peux bouger.

J'ai beau tourner la tête, elle m'applique tout de même l'oreiller sur le visage. Mes pleurs, mes cris diminuent en intensité: à nouveau, j'étouffe.

«Non, maman, arrête! Arrête, maman!» crie Léonie.

Il me semble que cette fois-ci elle applique l'oreiller plus fort que la dernière fois, plus longtemps aussi. Si elle ne le retire pas bientôt...

Je me sens partir... je me sens perdre peu à peu conscience... j'entends encore Léonie crier: «Maman, cesse, cesse!» et Léonie pleure.

Pourquoi pleures-tu Léonie? Maman doit sûrement te faire la même chose à toi et comme je suis toujours dans ma chambre, je ne peux aller te défendre comme tu le fais pour moi... merci Léonie de me défendre... merci de m'aider... je t'aime, Léonie!

Tout cela semblait incroyable! Et pourtant, c'était la plus stricte vérité.

Comment Julie allait-elle réagir maintenant suite à la perte de son fils? Allait-elle revivre en son cœur, sans l'exprimer, les atrocités de son enfance et de son adolescence? Cette jeune fille que je connaissais bien depuis quelques années ne cessait de vouloir s'améliorer. Je l'admirais pour tous les efforts qu'elle faisait et elle savait que je la respectais.

Pourquoi fallait-il que, de nouveau, elle vive un drame de la sorte? Cela n'allait-il pas cesser?

Sa métamorphose, depuis ces dernières années, avait été magnifique. Allait-elle tenir le coup, après ce qui venait de se produire dans sa vie?

Chapitre 8

L'hôpital militaire ne fut pas difficile à trouver.

La gentille secrétaire du médecin me fit entrer dans son cabinet en m'avisant qu'il ne devrait pas tarder.

Pendant cette attente, la soirée précédente me revint en mémoire.

Je n'avais pas pu fermer l'œil de la nuit et il n'était pas surprenant que mes yeux soient veinés de rouge et expriment ma fatigue.

Soudainement, j'entendis la porte s'ouvrir derrière moi; c'était le docteur Poudrier. Il était charmant et serein. Il devait avoir environ quarante ans. Ses cheveux noirs et luisants étaient très fournis et ses yeux couleur prune, plus vifs que ceux d'un chat, scrutaient le moindre de mes mouvements.

Il s'assit et s'empara d'un dossier renfermant déjà un certain nombre de renseignements à mon sujet. Nous échangeâmes quelques commentaires et il m'exprima sa joie qu'une femme puisse enfin voler sur un avion à réaction; il était en faveur de la femme pilote.

Il s'empara ensuite du questionnaire installé sur la table de travail et me regarda durant quelques secondes, droit dans les yeux; ces secondes me parurent des minutes entières. Il dit tout simplement:

— Manqueriez-vous de sommeil, madame Mauriac Dublin?

— Effectivement, docteur Poudrier, je suis un peu fatiguée. La fête d'une grande amie, hier soir, ne m'a permis de dormir que quelques heures la nuit dernière.

Il pinça les lèvres comme s'il le regrettait. Il semblait si sincère.

— Si vous me le permettez, comme nous allons passer la journée ensemble, j'aimerais vous appeler par votre prénom.

— Avec plaisir, docteur, il n'y a pas de problème.

— Écoutez, Arianne, à votre âge, je pense que ce

manque de sommeil ne devrait pas influencer l'examen médical. Qu'en pensez-vous?

Cela eut sur moi l'effet de la dynamite:

– J'en suis convaincue, docteur.

Je n'allais pas laisser passer cette occasion unique. J'y mettrais toutes mes réserves de vie, de santé, de force, d'énergie. Je sus à cet instant même que je réussirais cet examen.

Une fois les questions préliminaires terminées, l'action commença: prises de sang, test d'urine, rayons X, électro-cardiogramme au repos et avec effort, à nouveau prises de sang.

La première partie de l'examen consistait en un test sur le vertige. Assise sur une chaise, mes poignets, chevilles et poitrine furent reliés par des électrodes à une machine. Cette chaise était mobile. L'on m'y attacha solidement et l'on me banda les yeux. La chaise fut mise en fonction et se mit à tourner de plus en plus rapidement sur elle-même. La seconde partie consistait à injecter de l'eau glacée dans les oreilles.

L'équipe médicale était formidable et cela m'aida énormément. La journée s'écoula à un rythme incroyable: tests, pause, repas, tests à nouveau, questionnaire et, pour finir, le dernier examen de la journée, celui du système respiratoire.

Après toute cette série d'expériences, je comprenais les paroles du capitaine Duranleau; mais je venais de passer ce «médical» avec un excellent résultat, j'en étais certaine. Le médecin était très satisfait et même heureux de mes performances:

– Au moins, Arianne, lorsque vous monterez à bord du jet, vous serez certaine d'avoir toutes les capacités physiques de votre côté. Vous êtes catégorie «un» (meilleure performance ou 10/10) du médical militaire que vous venez de passer. Je suivrai votre évolution. D'ici là, si jamais vous avez des questions ou même des problèmes d'ordre physique, cela me fera toujours plaisir de vous aider.

Il était dix-sept heures quinze lorsque je pris place dans ma voiture; enfin je pouvais me détendre. Ma joie était tellement grande que je ne sentais même plus la fatigue qui m'habitait. Sur le chemin du retour, j'eus le temps de revivre chaque instant de cette aventure.

Peu à peu, la fatigue reprit le dessus. Dès mon arrivée, je pris un bain afin de me relaxer et je m'endormis ainsi dans la baignoire. Une douce chaleur sur mes lèvres me sortit tendrement de ce sommeil. J'ouvris les yeux et je croisai le regard envoûtant de Ian. Il regarda sensuellement mon corps allongé dans l'eau, tendrement il l'en retira et, me portant dans ses bras, il m'allongea sur le lit où nous fîmes l'amour. Il y avait longtemps que nous ne nous étions emportés de la sorte. Ce fut merveilleux: une impression de facilité, de légèreté nous tint compagnie tout au long des heures qui suivirent. Nous étions comme enveloppés d'un baume d'amour physique, mental et spirituel.

Le lendemain matin, malgré mon lever matinal, Ian était déjà parti. J'aurais aimé lui parler davantage de ma journée d'hier. Un petit mot m'attendait sur la table de la cuisine: «Arianne chérie, bravo et encore félicitations pour la réussite de ton examen médical!»

Le lendemain, Julie sortit de l'hôpital, sans son petit garçon. Elle était triste et agressive tout à la fois. Je la comprenais et je voulais demeurer avec elle lors des premières journées, mais elle me dit qu'elle avait plutôt besoin d'être seule. Elle ne faisait que pleurer. J'aurais aimé qu'elle revienne à la maison, mais plus que jamais elle souhaitait vivre sa vie de femme. Cela me rendit inquiète à nouveau. Je réussis, au fil des heures passées avec elle, à la convaincre de se faire poser un stérilet. Ainsi, elle n'aurait plus à penser à prendre la «pilule», qu'elle oubliait trop souvent.

La semaine suivante, je repris mon entraînement. Quelques semaines plus tard, j'étais enfin prête pour mon examen écrit d'instructeur-pilote. Je m'y présentai et le réussis.

Un appel du major Murray me confirma le succès de l'examen médical militaire et il me précisa que je devrais aller m'entraîner soit à Vancouver, soit à Cold Lake en Alberta ou à Trenton, Ontario, pour la survie en haute altitude. Cette nouvelle décupla la joie que me procurait déjà la réussite de mon examen écrit.

Ian en était très heureux et en parlait maintenant à son entourage. Malheureusement, il ne comprit pas qu'en parlant ainsi de certains détails de notre vie privée à ses secrétaires, il risquait d'éveiller en elles de l'envie, de la jalousie.

Ses affaires ne cessaient de prospérer. Une grosse multinationale américaine était intéressée par l'achat de ses entreprises, mais il refusa. Il disait qu'il avait travaillé toute sa vie sans relâche et que ses compagnies représentaient beaucoup plus que les quelques millions de dollars offerts. Effectivement, les Américains connaissaient bien la situation de panique qui régnait dans le monde des affaires québécois en cette période de crise politique; ils lui firent une deuxième proposition, mais à peine plus élevée que la première. Pour les mêmes raisons, Ian refusa à nouveau.

Il commença à vivre dans une tension permanente. Il se savait cloisonné par la politique provinciale. Aucun encouragement n'était donné aux entreprises du textile. Il fallait, d'après certains ministres, se concentrer sur les industries de pointe, de haute technologie. L'industrie de la «guenille», comme on appelait souvent celle du textile, n'avait aucune importance. Pourtant, cette industrie donnait de la main-d'œuvre à coups de milliers d'emplois au Canada et apportait des investissements de plusieurs milliards de dollars.

Au cours du mois d'avril, nous nous envolâmes pour le Sud. J'avertis le major Murray que je partais pour les Îles Vierges durant les deux prochaines semaines. Il ne prévoyait rien d'important avant mai.

À mon retour de Saint-Thomas, un nouvel appel d'Ottawa me confirma la date de mon entraînement de survie en haute altitude: les deux dernières semaines de mai, à la base militaire de Trenton en Ontario.

Depuis mon «médical» militaire, j'avais entrepris un sérieux entraînement physique auquel je ne dérogeais pas un seul jour.

Chaque matin à cinq heures trente, j'étais debout et je courais dix kilomètres. Je me sentais pleine d'énergie, non seulement physiquement mais mentalement et spirituellement.

Je me savais gagnante au départ en ce qui concernait ces examens pour le vol sur jet militaire, car j'y croyais plus que jamais. La photo du petit CF-5 était toujours accrochée à mon miroir et, chaque jour, je me concentrais sur lui au point de me voir assise aux commandes. Au bout de quelques minutes, je ressentais un tel bonheur, une telle joie!... tout comme si j'étais vraiment à bord du CF-5. C'est le secret que j'ai expérimenté et que les grands philosophes nous ont toujours livré comme message: vivre le bonheur de la réalisation de notre rêve et maintenir dans notre esprit cette joie en garantit le succès. Ce que nous cherchons à accomplir, nous recherche aussi... donc, il y a attirance réciproque.

À chacun de prendre les moyens pour y arriver. S'accorder du temps chaque jour afin de visualiser son désir, se relaxer quelques minutes en le visualisant et vivre la joie intérieure que sa réalisation procure comme si la chose désirée était dans notre vie.

Le bonheur, tout comme l'amour, est une flamme qui s'entretient, à chaque seconde de chaque heure, chaque jour de notre vie; c'est une attitude de pensée. L'homme devient ce que sont ses pensées. Le prix à payer pour cela: s'accorder quotidiennement, au lever de préférence, trente minutes de silence, de méditation, prendre le temps d'emplir son subconscient de pensées positives. Et la suite nous appartient, car il y aura «suite».

Début mai, il fut confirmé que le quinze du mois je devais me rendre à la base militaire de Trenton pour le stage de survie.

Malgré le bonheur qui m'habitait, le matin même de mon départ, je quittai Ian avec un pincement au cœur. Chaque fois que l'on se séparait pour quelques jours, cela m'était pénible. Je lui promis de l'appeler quotidiennement.

Une fois à l'aéroport, je préparai l'avion, un Apache de la compagnie. Il s'agissait d'un petit bimoteur d'entraînement, répondant à l'appellation de BNE et pouvant accueillir trois passagers en plus du pilote. Le plan de vol écrit, je mis les moteurs en marche. La pression d'huile et la température de la tête des cylindres étant bonnes, je fis les vérifications d'usage avant le décollage. Deux amis m'accompagnaient et Marc était aussi de la partie pour ramener l'avion de Trenton à son point de départ.

Nous survolâmes Ottawa et à mi-chemin entre cette ville et celle de Trenton, un contrôleur de la tour d'Ottawa nous contacta.

– Apache Golf Charlie Bravo Novembre Écho, bonjour, ici la tour d'Ottawa.

– Tour d'Ottawa, bonjour, ici Apache Golf Charlie Bravo Novembre Écho.

– Novembre Écho: après vérification de votre plan de vol, vous n'avez pas la permission d'entrer dans la zone de contrôle de Trenton.

– Mais, je suis attendue là-bas pour mon HAI (High Altitude Indoctrination: Survie en haute altitude).

Le contrôleur fut surpris:

– Novembre Écho: qui est votre contact pour cet entraînement?

— Le major Murray de la Défense Nationale à Otta-wa.

— Vous savez où le rejoindre?

— Affirmatif, répondis-je.

Quelques secondes de silence et le contrôleur reprit avec une gentillesse peu commune:

— Écoutez, mademoiselle, vous êtes le commandant de l'appareil?

— Affirmatif, monsieur.

— Vous êtes donc Arianne Mauriac Dublin?

— Affirmatif.

Sur chaque plan de vol émis avant les envolées, le nom du commandant est inscrit.

— Si vous vouliez me donner les coordonnées du major Murray, je tenterais de le rejoindre pour vous.

— D'accord, c'est très gentil à vous, monsieur.

Je lui donnai donc le numéro de téléphone de mon relais et nous reçûmes l'ordre, entre-temps, d'effectuer des virages de trois cent soixante degrés; je m'exécutai. Quelques minutes plus tard, le contrôleur revint sur les ondes:

— Apache Golf Charlie Bravo Novembre Écho, ici la tour de contrôle d'Ottawa.

— Tour de contrôle d'Ottawa, ici Apache Golf Charlie Bravo Novembre Écho.

— Novembre Écho: le bureau du major Murray nous informe que ce dernier est en congé aujourd'hui et personne ne connaît suffisamment ce dossier pour répondre à votre demande.

Je demeurai silencieuse: je ne savais plus que faire. On ne pouvait tout de même pas tourner en rond ainsi jusqu'au lendemain matin. Sans plus tarder, l'idée me vint d'aller me poser à Ottawa, à l'aéroport qui était maintenant derrière nous et de tenter de rejoindre moi-même le secrétariat du major.

— Tour de contrôle d'Ottawa, ici Novembre Écho: demandons les instructions pour un arrêt complet à votre aéroport.

— Très bien, Novembre Écho: prenez le cap 050 et appelez-nous dix kilomètres avant d'entrer dans la zone de contrôle. La piste en usage est la trente-deux, les vents sont de trois cent quinze degrés, à quinze nœuds avec raffales à vingt nœuds.

Direction 050 degrés et nous entrions à Ottawa. Je ne pouvais croire que je ne pourrais me rendre aujourd'hui même à Trenton. Pourtant, le major Murray était avisé de mon arrivée à la base. Que se passait-il? Nous nous posâmes sans difficulté et j'en profitai pour faire le plein d'essence.

J'appelai au bureau du major et un secrétaire me dit que, comme par hasard, le major Murray venait d'appeler pour une affaire personnelle et qu'il était maintenant informé de mon problème. Mon interlocuteur me dit de ne pas m'en faire, que mon relais revenait immédiatement au bureau afin de régler cette histoire. Il me conseilla de rappeler dans trente minutes.

En attendant, nous allâmes au restaurant de l'aéroport. Au bout de trente minutes, je rappelai le bureau du major et lui-même me répondit, toujours avec son habituelle bonne humeur.

Ce petit accrochage provenait de ma propre erreur car j'avais oublié d'envoyer un avis à la tour de contrôle militaire de Trenton. Lorsqu'un avion civil veut atterrir sur un aéroport militaire, il faut toujours émettre un avis spécial afin de recevoir cette permission tout aussi spéciale.

Et nous redécollâmes dans l'enthousiasme. En quittant la zone de contrôle d'Ottawa, le contrôleur me dit qu'il venait de parler au contrôleur de Trenton et que ce dernier demandait à ce que je fasse moi-même les communications. Depuis le dernier décollage, c'était Marc qui faisait les communications aériennes avec la tour de contrôle d'Ottawa. Je demandai au contrôleur s'il y avait une raison spéciale à cela:

– Les contrôleurs de Trenton n'entendent jamais de voix féminines sur leur radio. Ils aimeraient entendre la vôtre.

J'éclatai de rire tout en étant flattée. Et le contrôleur d'Ottawa revint en ondes:

– Il paraît que c'est le Premier ministre du Canada qui vous envoie là-bas, madame Mauriac Dublin?

Il trouvait cela passionnant et se disait heureux qu'une femme se batte pour ouvrir la voie à toutes celles qui seraient désireuses de voler sur chasseur. Cette remarque me fit chaud au cœur.

Je contactai la tour de contrôle de Trenton, quelques minutes avant de pénétrer dans la zone:

– Tour de Trenton, bonjour, ici Apache Golf Charlie Bravo Novembre Écho.

– L'avion qui appelle la tour de Trenton, voulez-vous répéter, s'il vous plaît.?

Une main se posa sur mon épaule droite. Mes amis me dirent: «Arianne, il veut simplement entendre à nouveau le timbre de ta voix.»

– Tour de Trenton, bonjour, ici Apache Golf Charlie Bravo Novembre Écho.

– Novembre Écho: bonjour! Ici la tour de contrôle de Trenton et il me fait plaisir de vous accueillir, car vous êtes attendue, mademoiselle.

La voix qui me parlait se faisait douce et diplomate.

– Novembre Écho: mille mètres vertical Newburg. Demande les instructions pour l'atterrissage.

– La piste en usage est la trente et un; les vents sont de deux cent quatre-vingt-dix degrés à quinze nœuds.

Quelques minutes plus tard:

– Tour de Trenton, Novembre Écho: entre en vent arrière pour la piste trente et un.

– Novembre Écho: vous êtes le numéro trois pour l'atterrissage. Il y a un Hercule, numéro un et un Buffalo, numéro deux.

– Bien compris, Novembre Écho: numéro trois et avions en vue.

Après un silence de quelques secondes, j'entendis, à tour de rôle, les commandants du Hercule et du Buffalo m'offrir la possibilité d'atterrir la première. Le contrôleur revint sur les ondes pour confirmer si j'acceptais d'être maintenant le «numéro un» pour l'atterrissage. En volant parallèlement à la piste, je vis que les deux mastodontes dégageaient devant moi afin de libérer le passage. J'acceptai cette manœuvre chevaleresque. C'est ce qu'on appelle de l'«airmanship» ou de la «galanterie aérienne». Je la savourai. Regardant au sol, je vis des dizaines d'avions militaires, et cela m'enthousiasma.

L'aéroport militaire de Trenton est un aéroport de «secours», c'est-à-dire que si un avion est en difficulté, l'équipe de vol est aussitôt avisée et le secours organisé. Des avions tels le Hercule et le Buffalo entreprennent alors les recherches.

Suite à mon atterrissage, pendant que je dégageais la piste trente et un afin de permettre aux deux avions derrière moi d'atterrir, j'entendis à la radio et en langue anglaise: «Fantastic landing, miss», et j'appris par le contrôleur que cette voix était celle du commandant du Hercule qui nous suivait. Le Buffalo répliqua en français:

– Mademoiselle, vous avez de quoi être fière de vous.

Les applaudissements de mes amis dans l'avion complétèrent cette ovation. À peine le bruit des moteurs du BNE avait-il fait place au silence, qu'une «jeep» approchait de notre avion. Marc m'en fit la remarque.

Un capitaine du nom de Bruce McLeod se présenta et avoua qu'il était l'un des deux «gardes du corps» qui devaient veiller sur moi tout au long de mon séjour ici.

Je lui dis, après présentation:

– Vous savez, capitaine, c'est très gentil à vous mais je n'ai pas besoin de «garde du corps» comme vous le dites si bien.

– Désolé, madame, ce sont les ordres.

Je présentai mes amis au capitaine, grand gaillard aux cheveux d'ébène, et lui dit qu'ils aimeraient voir les chambres de décompression, la centrifugeuse et peut-être quelques jets militaires. Il acquiesça avec un sourire qui dévoila une dentition parfaite. Ses yeux pers étaient rieurs. Non seulement sa présence nous était agréable mais en plus, nous avions en sa personne le plus qualifié des guides.

Après une courte visite des quartiers d'entraînement, mes trois copains décollèrent pour le retour à Saint-Exupéry Aviation. Il était quinze heures trente. La mélancolie m'envahit: j'étais la seule civile sur cette base de plusieurs milliers de personnes.

Je m'installai dans la petite chambre mise à ma disposition et qui me plaisait avec son allure de pensionnat: un évier blanc, une salle de bain, un lit simple, un petit bureau et une lampe meublaient cette mini «cellule». J'aimais l'atmosphère monastique dans laquelle cette chambre me plongeait.

Mon «garde du corps» m'attendant dans le corridor, je rangeai rapidement mes quelques effets personnels et je sortis le rejoindre en prenant soin de verrouiller derrière moi.

Nous nous dirigeâmes vers le mess des officiers où, exceptionnellement, j'allais être admise pour la semaine. Mon deuxième «garde du corps» m'y serait présenté. J'appris que je ne devais jamais me retrouver seule où que je sois sur la base. Je ne tardai pas, une fois arrivée au mess, à demander la raison de ces règles de sécurité à mon égard, et la réponse suivit:

— Il faut que vous compreniez que les quelques femmes sur cette base sont les infirmières et les secrétaires vêtues de l'uniforme de l'armée; elles ont les cheveux courts ou attachés et aucune d'entre elles ne porte de vernis sur les ongles. Bien des hommes sont seuls depuis plusieurs mois, loin de leur famille et de leur épouse. Voilà la raison pour laquelle vous serez surveillée vingt-quatre heures sur vingt-quatre. Mais ne soyez pas inquiète sur ce point, concentrez-vous seulement sur votre entraînement. Nous nous occupons du reste.

Paul Dupuis était mon deuxième «garde du corps» et il était fort gentil. Il avait comme devoir de surveiller médicalement mon état de santé. Il faut dire qu'il était médecin. Il allait alterner les heures de garde avec le capitaine McLeod. Moins costaud que ce dernier, ce capitaine était plus détendu, plus calme. Son sourire espiègle me faisait du bien, m'apportait une détente psychologique. Son regard brun de la même teinte que ses cheveux était doux.

Plusieurs officiers se présentèrent d'eux-mêmes au bar du mess. Au bout de quinze minutes, j'étais entièrement entourée de pilotes. À leurs nombreuses questions, je racontai la raison de ma présence parmi eux. Tous ceux que j'ai connus cette semaine-là étaient en faveur de la femme pilote en aviation militaire.

De retour à ma chambre, le capitaine McLeod vint me chercher afin de m'accompagner à la salle à dîner. Je fus placée à la droite du colonel de la base, lequel était très sympathique.

Le premier soir se passa merveilleusement bien et je regagnai ma chambre vers les vingt heures; je voulais me coucher tôt. D'après le capitaine Dupuis, je devais me coucher à vingt-deux heures au plus tard si je voulais être en forme pour la suite. Cela correspondait parfaitement à ce que je m'étais fixé comme programme et discipline.

Avant de me coucher, je téléphonai à Ian. Le silence qui me répondit me peina. J'avais besoin de lui parler, de lui raconter toute cette aventure. Inconsciemment, c'était mon moyen de le faire participer à ce que je vivais. Je me couchai à vingt et une heures trente. Au petit matin, je me sentais éreintée: mes règles étaient maintenant de la partie. Six heures du matin:

– Madame Mauriac Dublin, c'est l'heure du jogging.

C'était le capitaine Dupuis. Heureusement que j'avais maintenu mon entraînement physique pendant les

156

deux derniers mois, car courir trente minutes lorsque vous n'en avez pas l'habitude peut devenir une corvée. Le capitaine était agréablement surpris de ma forme; cela aiguisa ma fierté. Nous convînmes de nous appeler par nos prénoms sauf lors de circonstances officielles.

Paul allait m'accompagner chaque matin dans ma course. Il veillait aussi à ce que mes repas soient le plus équilibrés possible quant aux protéines, vitamines, fruits, légumes, produits laitiers.

— Vous allez apprendre aujourd'hui que vous devez dormir allongée sur le dos. Nos pilotes ne doivent jamais dormir sur le côté ou en position fœtale, afin de permettre à leurs muscles d'être le plus détendus possible.

Au déjeuner, j'étais affamée, mais je n'eus droit qu'à quelques fruits. Le café me fut interdit toute la semaine. Heureusement que j'aimais le lait car je n'en manquais pas dans mon nouveau régime. Nourriture légère et protéinée. On faisait attention à ma personne et ce n'était pas une sensation désagréable, car tous ceux qui suivaient et participaient à ma formation étaient très gentils et voulaient que je réussisse.

J'arrivai en retard au tout premier cours; j'en étais mal à l'aise. Le capitaine McLeod était persuadé que le cours commençait à neuf heures et non à huit heures trente. Il le comprit une fois rendu sur place et s'excusa non seulement auprès de moi mais aussi auprès de mon professeur qui avait pris la peine de me réserver le premier pupitre à l'avant de la classe, cette dernière étant uniquement composée de garçons.

Le cours traitait des réactions de notre corps à la nourriture que nous ingurgitions avant un vol à haute altitude. Je me sentais mal d'avoir dérangé tout le groupe à cause de mon retard, d'avoir raté les trente premières minutes et surtout, de ne pas être plus familière avec la langue anglaise, car mon cours ainsi que mon entraînement allaient se dérouler dans la langue de Shakespeare.

À la pause de quinze minutes, je fus entourée par l'équipe entière qui m'offrit son aide. Cela me fit tant plaisir que je réussis à me détendre pour la deuxième partie et donc, à mieux en saisir le contenu.

Je compris lors de ce cours à quel point il faut être discipliné dans le choix des aliments et des boissons que l'on prend avant un vol. Les réactions qu'engendre une mauvaise alimentation une fois à dix mille mètres d'altitude peuvent être mortelles. Ce qui me rendait plus attentive sur le choix de ma nourriture c'était la possibilité de vomir en haute altitude. Même si nous étions entraînés à agir en conséquence, ce n'était pas à souhaiter car il faut retirer rapidement et efficacement le masque à oxygène, retenir son souffle pendant que l'on nettoie d'une main ce que l'on a vomi dans le masque et ensuite le replacer avec son odeur de vomi, tout en continuant à piloter. Ce détail fut celui qui marqua le plus notre équipe. Au mess, mes deux «gardes du corps» m'attendaient pour le dîner. Voyant un franc sourire sur mon visage, ils comprirent que tout s'était bien déroulé.

Le rire était de mise à notre table où prenaient place dix pilotes. J'aimais cette atmosphère de fraternité et de camaraderie sans mesquinerie que faisaient régner mes confrères.

L'après-midi fut plus agréable. Nous passâmes à l'action en nous familiarisant avec le matériel de survie: combinaison, parachute, masque à oxygène, boîte de survie... Nous apprîmes, lors de la projection de films, quoi faire en attendant du secours en cas d'accident.

Il fallut apprendre, entre autres, à conditionner certains réflexes en sautant d'une table de un mètre de hauteur sur laquelle nous étions assis avec notre parachute au dos, et en atterrissant comme il faut sur le sol... répéter, répéter et répéter.

Dans la boîte de survie, il y avait des allumettes, du fil de métal, un sac de couchage et tout un tas de trucs nécessaires à la survie en forêt, dans le désert et dans la neige.

À la fin, nous rencontrâmes les médecins qui allaient dès le lendemain s'occuper de nous dans les caissons de décompression. Nous étions seize pilotes à l'entraînement. Il y avait cinq médecins et cinq infirmières.

Je regagnai ma chambre, toujours à l'ombre de mes deux «gardes du corps» et je fus heureuse de me plonger dans un bain chaud et réconfortant.

Là, je m'imaginai sur une belle plage dorée, au sable chaud... j'entendais les vagues de la mer qui venaient s'étirer près de moi. Juste avant d'aller au lit, je téléphonai à Ian dont je m'ennuyais énormément. Il était très heureux. Il me dit que Julie allait bien quoique triste de la perte de son enfant et qu'elle se jurait de le retrouver un jour.

Le réveille-matin marqua d'un bruit strident les cinq heures trente. Au programme, les chambres de décompression. Il y en avait deux, la première logeant huit fauteuils. Huit pilotes de notre équipe pénétrèrent dans ce caisson. J'étais heureuse de faire partie du deuxième groupe: cela me permettrait d'observer les huit premiers à travers la vitre du caisson. Mais je n'en eus malheureusement pas le temps, car il fallut que je suive le major en charge de l'équipement afin de trouver un casque à ma taille, tous ceux essayés auparavant étant trop grands.

À mon retour dans le groupe, l'altitude baissait au rythme de cent soixante-cinq mètres par minute pour nos compagnons qui étaient dans le caisson... Et ce fut notre tour.

Une fois à l'intérieur, nous reçûmes les mêmes directives que la première équipe:

— Vous allez prendre place à votre banc numéroté: Arianne, vous êtes le numéro huit. Installez-vous le plus rapidement possible et branchez votre masque sur votre visage: respirez calmement et attendez les ordres.

Avant que je ne prenne place, deux médecins me firent comprendre qu'ils étaient inquiets pour moi. Il y avait deux points: ils ne me connaissaient pas autant que les autres puisque je n'étais pas un militaire et ils me trouvaient petite avec mes quarante-cinq kilos et mon mètre soixante-deux. J'avais en effet perdu du poids malgré moi suite aux tensions que j'avais subies. Ils craignaient que je ne résiste pas. Je les rassurai par un sourire et leur dit:

«Je suis en parfaite condition physique, messieurs, ne vous en faites pas.»

— Si quelque chose ne va pas, n'hésitez pas à lever la main; vous avez compris, n'hésitez surtout pas, me répétèrent-ils, sincères.

Dès que je fus prête, le docteur Peale, le responsable de l'expérience, prit la parole:

— Chacun de vous respire bien? Numéro un, levez le pouce droit si tout est parfait... ainsi de suite jusqu'au numéro huit. Maintenant, vous voyez le bouton bleu sur le bras droit de votre siège? C'est pour l'oxygène pur à 100 %. À tour de rôle, en commençant par le numéro un, pressez ce bouton, respirez quelques minutes et revenez à l'oxygène normal en pressant sur l'autre bouton, le vert.

Le docteur Peale poursuivit:

– Bon, ça va! Maintenant, comme chacun est bien installé, nous pouvons commencer et fermer la porte du caisson.

Ce caisson était tout en longueur, comme ceux utilisés pour la plongée sous-marine. Plusieurs petites fenêtres permettaient à tout le personnel médical de nous observer afin de pouvoir agir en cas de nécessité.

À la fermeture de la porte métallique, on aurait dit qu'une succion venait de vider notre cage de métal.

Il était impressionnant de voir le caisson nous indiquer graduellement le changement d'altitude. Nous pouvions sentir sur notre peau l'abaissement de la température qui diminuait de deux degrés centigrades pour chaque trois cents mètres d'altitude gagnés.

Tous les habitants du caisson donnant des signes positifs, on nous avertit que nous allions maintenant grimper jusqu'à cinq mille quatre cent cinquante mètres d'altitude. Plus la température se refroidissait, plus l'oxygène se raréfiait.

Pour monter jusqu'à notre premier point en altitude, cela nous avait demandé vingt-quatre minutes. L'état physique de chacun était bon.

— Numéro 1, vous pouvez me mentionner un des symptômes du manque d'oxygène?

— Les ongles deviennent bleus, monsieur.

— Très bien: la demi-lune de vos ongles deviendrait bleue. Numéro 4, vous en connaissez une autre?

— Affirmatif, docteur: il y aurait des étourdissements.

— Parfait, numéro 4! Numéro 8, nommez-m'en une autre.

— Notre vision serait diminuée et pourrait devenir très limitée. Notre champ de vision pourrait s'en trouver si affecté que l'on pourrait perdre conscience.

— Parfait, numéro 8. Numéro 5, qu'est-ce qui serait le plus grave dans ce dernier cas?

— On pourrait même se retrouver dans le coma si cela persistait trop longtemps.

— Bien, numéro 5! Je vois que vous connaissez vos leçons. Donc, vous allez apprendre, chacun à tour de rôle, à connaître l'apparition de ces symptômes.

À cet instant, on nous demanda de retirer notre masque à oxygène.

J'eus vraiment des réactions au manque d'oxygène et je fus heureuse de pouvoir les vivre, car en tant qu'instructeur, je pourrais, dans l'avenir, non seulement l'expliquer plus facilement à mes élèves mais aussi mieux les surveiller sur ce point.

Ma vision fut envahie de points gris. Mes ongles commencèrent à devenir bleus. Je me sentais comme dans un carcan tellement chaque mouvement devenait pénible à effectuer.

Le numéro 5 lut un texte sur l'entraînement que nous vivions. Quant au numéro 6, son visage devenait de plus en plus enflé. Pauvre Terry! Bien qu'il reçût l'ordre de se masquer immédiatement il refusa, ne voulant pas compromettre sa carrière. Alors, les deux médecins intervinrent en maintenant son masque sur son visage bleui. Comme sa situation se détériorait, on lui administra des gouttes spéciales dans les yeux, les oreilles, les narines. Soudain, on entendit un cri de douleur qui eut pour effet de nous faire réfléchir davantage aux dangers qui nous guettaient.

Nous vîmes, après ce cri, couler du sang de l'oreille droite de Terry. Son tympan venait d'être perforé. À le voir grimacer, cela devait être très douloureux; c'en était fini de sa carrière en tant que pilote. Son visage était si enflé, sa peau si distendue, qu'au moment où les médecins lui fixèrent à nouveau son masque, on aurait dit qu'ils l'enfonçaient dans une pâte à tarte. Ses yeux étaient vitreux, il souffrait et ça se voyait.

Cet événement nous traversa d'un courant d'émotion glacial, d'autant plus qu'un autre confrère eut à subir le même sort.

La deuxième partie de l'entraînement était un peu plus délicate, tout se déroulant beaucoup plus rapidement. On nous laissa moins de temps pour nous préparer. C'était à nous de nous débrouiller comme si nous étions dans l'avion.

Le deuxième caisson était plus petit et seulement quatre personnes à la fois pouvaient y prendre place. À peine entrés, nous n'avions que quelques secondes pour nous asseoir, nous brancher à l'oxygène et nous masquer. Ce caisson nous propulsait mécaniquement à sept mille cinq cent quatre-vingt mètres d'altitude en moins d'une seconde.

Je vis, par les fenêtres du caisson, les capitaines McLeod et Dupuis. Ils étaient venus me voir à l'entraînement.

À ma sortie du caisson dit «explosif», mes deux «gardes du corps» me félicitèrent. Naturellement, les médecins s'affairaient plus longtemps autour de moi puisque j'étais, toujours d'après le major Murray, la première femme à subir ce genre de tests au Canada.

À nouveau, un de mes confrères vécut l'éclatement d'un tympan en pleine ascension; je fus peinée pour lui.

Le lendemain, le chant des oiseaux me réveilla aux petites heures du matin. J'aimais beaucoup cette base militaire située sur les bords du lac Ontario. Le campement était imposant. La nature y était à son plus beau. J'entendais le ronronnement de certains moteurs d'avions, un peu plus au loin. Déjà on s'affairait autour de ces oiseaux d'acier et cela me remémora ces vols matinaux que, de temps en temps, je me permettais lorsque Ian était en voyage.

Il n'y avait rien de plus beau. Vers les cinq heures trente du matin, je décollais tout en douceur vers l'Assomption, petite ville qui serpente le long d'une rivière du même nom. Du haut des airs, c'était une ville magique. Tendrement, le ciel se colorait de rouge, d'orange et, peu à peu, il baignait dans des flots d'or, comme pour mieux accueillir l'entrée quotidienne de l'astre du jour. Chacun de ses levers était émouvant et si différent. Je ne m'y suis jamais habituée: tout semble si pur, si doux, si chaud. J'ai toujours aimé de tels moments: j'ai l'impression que j'y puise une énergie divine.

Ce matin-là, au bord du lac Ontario, j'eus la chance d'être témoin du plus merveilleux des levers de soleil. Ses reflets s'étirant davantage sur l'eau rendirent ce moment inoubliable. Au cours de cette troisième journée, un autre examen physique m'attendait ainsi que trois vols: c'était magnifique.

Avec tout ce que j'avais sous les yeux à la base militaire, je compris où allait une partie de nos taxes et j'en déduisis qu'elles étaient bien dépensées. J'étais ravie de voir à quel point le Canada était bien équipé dans le domaine du secours aérien. J'inscrivis dans mon journal personnel que si tous les Canadiens avaient la chance de voir ce dont j'avais été témoin, ils seraient rassurés à bien des niveaux et seraient fiers de leur aviation militaire.

L'après-midi, j'eus droit à un vol sur Buffalo et je me suis retrouvée suspendue dans le vide à neuf cents mètres du sol, retenue seulement par un cordon dans le dos. Les garçons de l'équipe avaient parié que je serais malade, ainsi suspendue dans le vide, mais ils ont perdu leur pari.

J'étais heureuse de ma journée; j'avais été maîtresse de mes émotions.

Ian était impatient de me parler ce soir-là. Il disait avoir une surprise pour moi dès mon retour et il ajouta qu'il s'ennuyait de moi. J'avais tellement besoin d'entendre cela. J'«étais aux anges» et, cette nuit-là, je récupérai merveilleusement bien. Au matin, je me sentis en forme comme cela ne s'était pas produit depuis mon arrivée. Les derniers jours seraient consacrés au simulateur de vol. Ce fut très enrichissant.

Je pris beaucoup de notes pour mes dossiers personnels afin d'aider mes futurs élèves.

Les trois dernières soirées furent des plus agréables. J'avais laissé l'uniforme de vol pour la robe du soir et j'acceptai en toute camaraderie d'accompagner quelques pilotes pour fêter leur réussite. Ils étaient tous très beaux et fiers d'eux-mêmes.

La dernière soirée se termina, à ma grande surprise, autour de moi. L'équipe leva un verre à ma santé, à la première femme pilote civile qui ait vécu cet entraînement. À ma grande émotion, je reçus les «ailes» du pilote militaire. Tandis que tous les participants se tenaient au garde-à-vous en me saluant, le capitaine McLeod épingla la décoration sur ma poitrine.

Il ajouta alors:

– Vous les méritez, pilote Mauriac Dublin!

La salutation terminée, les casquettes volèrent en l'air et tous me félicitèrent en levant, à tour de rôle, leur verre à ma santé.

Je n'en revenais pas. Jamais je n'aurais pensé à une telle démonstration d'amitié et de loyauté. J'étais dorénavant des leurs et au comble du bonheur.

N'ayant pas à m'entraîner le lendemain, je pus regagner ma chambre beaucoup plus tard, vers minuit. Je fus raccompagnée par mes deux «protecteurs» pour la dernière fois. J'avais l'impression qu'ils étaient un peu mes grands frères.

Je trouvai trop rapide l'arrivée du matin. Dans quelques heures, le petit Apache BNE allait survoler cette zone militaire afin de venir me chercher.

Je vivais, avec passion, mes dernières heures à la base. Je savais que ce que je venais d'accomplir au cours de cette dernière semaine, était unique pour un pilote civil féminin. J'avais toutes les raisons d'être fière de ma réussite.

Chapitre 9

Après mon retour de Trenton, Ian et moi décidâmes de nous unir religieusement même si nous étions déjà mariés civilement.

L'idée d'avoir à renouveler nos vœux l'un vis-à-vis de l'autre nous plaisait.

Quelques jours plus tard, une surprise attendait Ian à son bureau. Ses deux enfants, Léonie et Victor, avaient décidé de revenir près de leur père. Ian était au comble du bonheur. Sans attendre, dans un élan d'enthousiasme, il leur annonça notre mariage religieux. Il ne se rendit pas compte du choc qu'il leur donna.

Léonie n'avait jamais accepté ma présence au bras de son père. Sa jalousie était aiguisée au maximum.

J'allais donc servir de «souffre-douleur» à cette jeune femme et payer pour toute la rage qu'elle éprouvait. Il était tellement plus facile de manifester contre moi cette agressivité accumulée depuis l'enfance puisque, après tout, je n'étais qu'une belle-mère.

Malgré tout, je fus heureuse pour Ian du retour de ses enfants. Après leur première rencontre, il me demanda ce que j'en pensais. Je réfléchis quelques secondes avant de lui répondre car la situation était délicate: «Tu as raison d'être fier d'eux: Léonie a eu son diplôme en sciences politiques l'an dernier et Victor a terminé cette année son bac en administration. Mais que penses-tu de leur attitude envers Julie?»

– Envers Julie? Mais ils n'ont rien fait à Julie! Voyons, que vas-tu chercher là?

– C'est bien cela: ils n'ont rien fait à Julie. Comme si elle n'existait tout simplement pas. Curieux qu'après tant d'années de séparation sans l'avoir revue, ils ne la regardent même pas.

– Tu exagères, Arianne, tu es probablement jalouse du retour de mes enfants.

– Comment puis-je être jalouse de tes enfants? L'amour que tu me portes n'est pas du tout le même que celui que tu leur donnes. Ma place dans ton cœur n'est pas la même que celle qu'ils occupent. Tu n'es pas sérieux quand tu me dis des choses pareilles.

Ian qui dégustait son cognac 1952 leva les yeux.

– Mais pourquoi t'arrêter ainsi...

– J'ai peur de dire ce que tu ne veux pas entendre et, sincèrement, ce que je te dirai, tu n'en tiendras pas compte.

Un moment, je crus vraiment qu'il savait ce que je voulais insinuer. Il poursuivit: «Mais puisque je te demande ton opinion.»

Je décidai donc de lui révéler franchement, avec douceur et tact, ce que je pensais et ressentais.

– D'accord, mais sois assuré avant tout que je suis heureuse du retour de Léonie et de Victor dans notre vie, même... même...

– Même quoi?

– Même si je ne les crois pas sincères!

Je vis de la foudre dans ses yeux. Je venais de dire ce qu'il redoutait et ce qu'il voulait se cacher. Déjà, il était sur la défensive avant que je ne reprenne la parole.

– Je comprends leur rancœur à mon égard, mais pas celle qu'ils manifestent à l'endroit de Julie. Elle était si heureuse de les revoir et le leur a bien démontré tandis qu'eux sont demeurés froids. Écoute Ian, je leur donne crédit car je comprends qu'il était difficile pour eux de revenir ici te voir à la maison. Cela a dû raviver bien des douleurs.

– Ce qu'ils ont compris, Arianne, c'est que leur mère et moi ne pouvions plus vivre ensemble! Voilà ce qu'ils saisissent maintenant qu'ils sont adultes.

Je demeurai silencieuse car je ne voulais pas que mon opinion, si différente de la sienne, puisse le perturber davantage.

– Avez-vous abordé ce sujet entre vous trois déjà? Tes enfants t'ont-ils dit eux-mêmes qu'ils comprenaient la situation?

Il se faisait attendre pour répondre. Il ne m'en fallut pas plus pour saisir que rien de tout cela n'avait jamais été discuté. Il s'agissait donc d'une déduction qui lui était personnelle et surtout qui le rassurait. J'insistai sur ce point: «Dis-moi: comment peux-tu savoir s'ils reviennent avec une attitude de paix et d'amour?»

– Leur retour auprès de moi le prouve: ils m'ont pardonné!

Voilà, il venait de mettre le doigt dessus: le besoin de se faire pardonner son départ de la maison, cinq ans auparavant. Je n'aimais pas ce que je ressentais à la suite de cette première rencontre. Léonie et Victor étaient, à mon avis, revenus avec une idée de vengeance en tête: celle de faire payer à leur père ce qu'il leur avait fait subir à eux et à leur mère. Je n'avais senti chez eux aucune affection, aucune joie à retrouver leur père. Ian eut cependant le courage de me demander la raison pour laquelle, selon moi, ses enfants étaient de retour.

— Tu veux vraiment que je te dise ce que j'en pense?

— Oui, je veux le savoir.

— Sans vouloir te peiner, je crois qu'ils sont revenus tous les deux pour se venger et...

— Comment oses-tu tenir de tels propos?

— Je t'ai pourtant demandé si tu voulais vraiment savoir ce que j'en pensais. Si tu n'acceptes pas ce que j'ai à te dire, alors pourquoi me demander ce que j'en pense?

— D'accord, Arianne, d'accord. Dis-moi donc alors pourquoi ils seraient revenus se venger?

— D'après moi, il y a trois raisons: la première, c'est qu'ils t'en veulent de la façon dont tu t'es séparé de leur mère. La deuxième, c'est que tu aies entrepris les procédures du divorce au moment où elle était gravement malade. Enfin, la troisième, c'est qu'ils ont peur que tu me laisses ton argent. Voilà; selon eux, tu les as abandonnés. Pour cela aussi, ils t'en veulent; tout comme d'avoir remplacé leur mère par une autre femme. Je me permets d'ajouter que les questions de Léonie concernant tes compagnies et ton argent étaient, pour elle, très importantes; je dirais même trop importantes. Il me semble qu'un retour sincère auprès de toi, qu'ils n'ont pas vu depuis cinq ans, et dont ils disent s'être ennuyé, ne devrait pas avoir pour objet de discuter de ton argent, de tes avoirs et de ta succession surtout lors de la première rencontre.

– Leur mère leur a laissé presque un million de dollars, capital qu'ils ne pourront toucher avant leurs trente-cinq ans. Donc, les intérêts vont fructifier et ils seront plusieurs fois millionnaires lorsqu'ils y auront accès. Jamais, m'entends-tu, Arianne, jamais mes enfants ne seraient de retour à cause de mon argent. De toute façon, je ne veux plus en parler. Nous en avons assez discuté.

J'étais déçue de cette fin de conversation. Je ne voulais surtout pas qu'elle se termine ainsi. Il avait peur de ce que je venais de lui dire. Je me dis que si Ian avait peur c'est qu'au fond de lui, il craignait que je n'aie raison: que ses enfants soient vraiment revenus avec une certaine intention de vengeance.

Malheureusement, nous n'en reparlâmes plus jamais. C'est la raison pour laquelle, aujourd'hui, je ne laisse plus passer une occasion où une explication s'imposerait.

Quelques semaines plus tard, notre mariage fut célébré. C'était le premier juin. Ian demanda à Victor d'être son témoin, maman était le mien.

Victor refusa. Il suggéra Léonie. Bien que réticente au tout début, celle-ci finit par accepter. Lorsqu'elle vint nous chercher à la maison afin de nous conduire à l'église,

Léonie n'avait pas oublié d'apporter un cadeau pour son père. Personnellement, je n'eus droit ni à un regard ni à un sourire. Cela me peina car c'était un jour de bonheur pour moi. Léonie était l'ombre devant le soleil.

La cérémonie terminée, nous avions invité quelques amis à la maison. Tel que prévu, nous quittâmes la maison pour l'aéroport de Mirabel d'où nous nous envolâmes pour Nassau, cette petite île qui nous était devenue si familière ces dernières années.

La nuit fut douce, chaleureuse, tendre mais surtout amoureuse. Pour la première fois, à l'occasion de ce deuxième mariage avec le même homme, l'apparition de ses deux enfants sur la scène de notre vie semblait obscurcir l'avenir. La semaine que nous passâmes fut très relaxante, mis à part les quelques appels téléphoniques de Ian à ses usines et au siège social.

Dès notre retour à Montréal, il décida de vendre notre maison de Rosemère. Cette fois, il voulait réaliser le rêve de sa vie. Ses finances le lui permettant, il souhaitait un vrai domaine.

Juillet arriva, amenant avec lui les vacances. Je ne volais jamais durant ce mois estival; c'était notre mois. Depuis mon retour de Trenton, fin mai, et suite à notre mariage, je n'avais presque pas volé. Nos vacances se déroulèrent dans l'est du Québec. C'était la première fois que j'allais en Gaspésie et je trouvai magnifique cette région du Québec.

De retour de voyage, je m'étais mise à la recherche de notre futur domaine. Durant cette période, je ne volai pas suffisamment. Les quelques vols effectués par-ci, par-là me valaient plus souvent qu'autrement la colère de Marc, car mon examen pour le grade d'instructeur, prévu pour août, approchait à grands pas.

Nous n'avions pas de nouvelles de Victor ni de Léonie. De son côté, Julie m'appela à la maison; elle était en pleurs. Elle avait contracté de nouveau une maladie vénérienne. Il fallut que je m'occupe de faire désinfecter son appartement et de la faire soigner. Cela prit le temps qui devait être consacré à une révision générale en vue de mon examen.

Le vingt-sept août au matin, je me présentai devant les inspecteurs du ministère des Transports et j'échouai à mon examen d'instructeur-pilote. Inutile de décrire ma tristesse lorsque je retournai à la maison où Ian m'avait préparé une petite fête.

Je ne cessais de penser à mon père. C'était comme si je l'avais trahi, comme si je lui avais menti en échouant à cet examen.

Les jours passèrent et septembre arriva. Ian venait d'être accepté à l'université de Harvard, à Boston, pour un cours d'économie. Il allait étudier les dossiers des entreprises qui étaient devenues les plus prospères au monde.

Quelques jours après son départ pour Boston, je trouvai un mignon petit manoir qui, me semblait-il, nous conviendrait parfaitement. Il s'agissait d'une prestigieuse habitation en pierre, construite sur l'Île Bizard. Elle venait d'être entièrement rénovée mais avait gardé tout le charme des maisons du début du siècle. On aurait dit qu'une âme l'habitait. Il y avait quatre salles de bain, six chambres à coucher, un immense salon adjacent à une rallonge vitrée surplombant la piscine et faisant face au lac des Deux Montagnes. Une salle à manger imposante communiquait avec la cuisine de style entièrement européen et aux tuiles orangées. Tout y était merveilleux. J'aimais ce manoir. Trois immenses chênes très âgés transperçaient la galerie extérieure en bois. Le panorama était magnifique: le lac des Deux Montagnes, la ville d'Oka et ses environs. Sur le terrain d'une dimension de vingt-sept mille mètres carrés, s'élevait, un peu plus loin, une très jolie maison pour les amis. J'étais certaine que ce domaine plairait à Ian.

Venu exclusivement de Boston pour voir ce «manoir et son domaine», Ian eut, comme je le pensais, le coup de foudre pour cette résidence unique. Cependant, une première offre avait déjà été déposée. Mais Ian, avec son talent de négociateur et sa dextérité en affaires, réussit à l'acheter. La propriétaire nous aimait bien et elle désirait que ceux qui prendraient possession de «sa» demeure puissent apprécier tout le travail qu'elle y avait fait.

Ian retourna à Boston à la fin du week-end et j'entrepris de m'occuper de Julie qui sortait tout juste de l'hôpital. Je commençai également les prépararifs du déménagement à l'Île Bizard. Quelques jours avant le retour de Ian, Victor téléphona. J'étais fort surprise de l'entendre; il semblait si heureux.

– Arianne, je suis très heureux, je me marie; elle s'appelle Nicole Buisson. J'avais hâte de le faire savoir à papa.

Jamais je n'avais senti Victor déborder d'enthousiasme; comme l'amour pouvait transformer une vie!

Le mariage fut fixé pour janvier. Ian vibrait de bonheur. On aurait pu croire que Victor avait vraiment changé. Il était souriant, aimable, il ne m'ignorait plus et m'adressait même la parole.

Le jour du déménagement arriva: incroyable tout ce que nous avions accumulé en cinq ans!

J'avais le cœur gros de laisser cette maison, ma toute première. Nous n'avions toujours pas réussi à la vendre et cela me faisait presque plaisir. Nous avions tellement travaillé à l'embellir; elle était notre refuge d'amoureux. Elle avait grandi avec nous. Nous l'habitions lorsque tout semblait s'écrouler autour de nous, dans notre vie. J'y étais très attachée, du moins plus que je ne le croyais. J'aurais pu aisément y passer ma vie.

Par cette journée de fin septembre où l'automne commençait à répandre ses odeurs grisantes, nous nous installâmes dans cette somptueuse résidence au bord du lac; un autre rêve de Ian devenait réalité.

Ces dix-huit pièces demandaient beaucoup de temps pour les entretenir mais, comme je n'étais pas encore retournée à l'aviation, je faisais tout moi-même. En quelques semaines, nous fûmes complètement installés. Et nous replongeâmes encore plus que jamais dans notre vie sociale. Cette situation commencait à m'agacer de plus en plus. Nous n'avions plus de temps à nous.

Julie, qui vivait avec nous depuis sa dernière sortie de l'hôpital, demanda son retour en appartement. Elle gagna son point.

À nouveau, le goût de voler refaisait surface. Le temps étant le meilleur ami de l'homme, la blessure de mon échec à l'examen d'instructeur se cicatrisait lentement.

Finalement, je me retrouvai dans un avion. Le rythme du moteur, tel un battement de cœur, me rendait heureuse. Je n'avais donc pas perdu l'étincelle qui faisait de l'aviation ma passion.

Mais je dus faire une promesse à Marc, plus exigeant que jamais à la veille de cette nouvelle période de réentraînement: celle de diminuer le rythme de ma vie sociale. J'acceptai tout en sachant fort bien qu'il y aurait des étincelles avec Ian, car ses affaires prospéraient à une vitesse vertigineuse. Cette expansion le mettait sous pression et il buvait davantage, pour compenser.

Peut-être était-ce une impression, mais il me semblait qu'il changeait; il n'était plus le même. Cela commença à m'inquiéter; que se passait-il?

Victor était avec nous la plupart des fins de semaine à l'Île Bizard. Sa fiancée venait l'y rejoindre et je l'aimais bien. Elle était charmante et sincère. Toute menue, elle ressemblait à une petite poupée. Durant la semaine, Ian et moi, nous nous voyions de moins en moins. Le soir, le dernier rentré voyait l'autre dormir et le matin, nous nous croisions au petit déjeuner. Les fins de semaine nous ramenaient Victor et Nicole.

Les fêtes de Noël approchaient à grands pas, lorsque je reçus un appel de la Défense Nationale: la date de mon vol était retenue pour le neuf janvier.

L'année commencerait donc en force pour moi: le cinq janvier, le mariage de Victor et de Nicole; le sept, ma reprise des vols pour l'examen d'instructeur et le neuf, mes vols sur avions de chasse, à Bagotville.

Nous avions décidé, avant que je ne prenne tous ces engagements, de recevoir à Noël. J'avais juste le temps de faire face aux préparatifs de cette grande fête. Entre la mise en œuvre de chaque repas, j'étudiais. Je révisais mes notes théoriques tout comme je révisais mon cours d'entraînement de survie en haute altitude. J'étais dans un tel état d'euphorie. J'étais avec mes invités mais sans y être mentalement. Je leur préparais des promenades en calèche, du patin sur glace les après-midis et, tandis qu'ils s'amusaient, moi, j'étudiais. Je renouvelais l'énergie nécessaire pour faire face à ce rythme infernal en me recueillant quotidiennement et en me concentrant sur le bonheur que j'éprouverais lors de mon futur vol sur avion de chasse.

Le cinq janvier vit s'unir devant Dieu et les hommes Victor et Nicole; un beau mariage avec quatre-vingt-dix invités. Victor semblait transporté de bonheur et Nicole était belle comme une princesse. Julie pleurait, tellement elle était heureuse pour son frère.

Lundi matin six heures, j'étais fraîche et dispose. M'étant couchée tôt la veille, j'étais d'attaque et convaincue que j'allais enfin réussir cet examen d'instructeur en vol.

J'étais beaucoup moins nerveuse que la première fois. Je me sentais sûre de moi. Les explications que j'allais donner seraient claires, nettes et précises. De retour du vol, j'étais exténuée mais fière. J'étais enfin «instructeur-pilote professionnel».

À partir de cet instant, c'était comme si j'avais atteint un niveau d'extase conscient et contrôlé tellement je me sentais bien, détendue et maîtresse de la situation; le calme en moi reprenait enfin place... jusqu'au vol sur CF-101 deux jours plus tard.

J'arrivai à l'aéroport de Saint-Exupéry Aviation où mes patrons m'attendaient. Ils étaient ravis de mon adhésion à leur équipe d'instructeurs. À la maison, j'eus droit aux félicitations de mon mari. J'aurais tant aimé qu'il vienne avec moi à Bagotville, pour mon tout premier vol sur chasseur, mais Ian me répétait que je devais vivre sans lui cette expérience.

L'aube du huit janvier pointait à l'horizon et, déjà, malgré la noirceur prolongée des matins d'hiver, j'étais debout. Les derniers préparatifs terminés, je quittai seule l'Île Bizard au volant de ma voiture sport. Je pris le chemin menant chez le photographe professionnel qui venait avec moi à Bagotville, question d'avoir des souvenirs de cet événement si important dans ma vie. Ce brun aux yeux bruns qui se prénommait Roger était un copain. Venu de Vancouver, en Colombie-Britannique, il vivait dorénavant à Montréal. Il se révéla un bon compagnon de route. Il avait un sens de l'humour très développé et réussit à me forcer à penser à autre chose qu'à mon vol du lendemain.

Il était presque dix-sept heures lorsque nous arrivâmes à la base militaire, située au nord de Québec et il faisait déjà noir. L'idée de me plonger dans un bain chaud m'obsédait. Les muscles de mon cou étaient tendus et les heures qui passaient me rapprochaient de mon vol qui, je l'ignorais à ce moment-là, allait faire couler beaucoup d'encre au Québec et dans le Canada tout entier.

Je fus à nouveau reçue comme une reine. Le capitaine Alain Duque devait me guider. Fort agréable, il respirait la précision. Sa voix et sa gentillesse sympathiques se reflétaient dans le brun chaud de ses cheveux et de ses yeux. Il portait la barbe et je compris que mon «hôte», cette fois-ci, ne pouvait être pilote, la barbe étant défendue aux pilotes militaires à cause du port du masque à oxygène. Ce grand bonhomme était «assigné» aux missions spéciales et le rôle qu'il jouait en imposait à son entourage.

Je fus conduite à ma chambre qui était celle des VIP. Elle était plus grande et plus luxueuse que celle de Trenton. J'étais ravie. Un papier m'avait été remis par le capitaine Duque quant à la diète à suivre. Je l'avais déjà commencée à la maison, une semaine auparavant, ainsi que mon entraînement physique.

Roger et moi nous rendîmes au mess; il commençait déjà à prendre des photos. Tout le monde était gentil. Par contre, un officier se permit certaines remarques désobligeantes. La discipline était stricte et je m'y conformais.

À vingt heures trente, j'avais regagné ma chambre; je voulais téléphoner à Ian afin de lui faire savoir tout ce que je vivais ici mais aucune réponse à l'autre bout du fil et là, en une fraction de seconde, je me sentis toute petite face à cette préparation pour le vol. Une tension en moi grandissait.

J'avais besoin de l'entendre. Où pouvait-il bien être? J'essayai à son bureau; même résultat, personne. Je lui avais pourtant dit que je l'appellerais ce soir, comme il me l'avait d'ailleurs demandé. Peut-être n'avais-je pas laissé sonner assez longtemps? Je recomposai le numéro, mais en vain.

Je fis couler de l'eau chaude et, même plongée dans mon bain, j'étais parcourue de frissons. Je ne réussissais pas à me détendre. Je sentais tous mes muscles se crisper. Je me couchai mais ne pus m'endormir. Je ne faisais que penser à ce que le major Wilson m'avait dit un peu plus tôt:

– Connaissez-vous, madame, l'importance de votre mission pour les femmes du Canada? Si vous réussissez, vous pourrez peut-être permettre à plusieurs jeunes pilotes féminins canadiens de concrétiser leur rêve.

Je me contentai de lui répondre par un sourire et cela sembla le rassurer. Lorsque le major quitta notre table, un officier assis face à moi répliqua sur un ton sarcastique:

– Vous croyez sérieusement que vous réussirez à tenir le coup demain en vol? Il se mit à rire.

Voyant que je ne voulais pas entrer dans son jeu, il ajouta:

— Je ne manquerais pas cela pour tout l'or du monde. Je serai là demain, madame, et je vous observerai! D'ailleurs, je dois recueillir tous les paris qui courent sur la base depuis ce matin à votre sujet: tiendra-t-elle ou ne tiendra-t-elle pas! Il y en a qui donnent jusqu'à vingt-cinq dollars, madame, car d'après eux, vous ne résisterez pas!

Ne voulant pas lui montrer que ses paroles me perturbaient, calmement je rétorquai:

— Alors, cher lieutenant, vous pourrez donc être témoin, ainsi que vos compagnons, du succès de ce vol!

Le capitaine Duque en profita pour intervenir:

— Lieutenant, si vous permettez, il faut que madame Mauriac Dublin se retire pour aller se reposer afin d'être en forme demain.

D'une galanterie exceptionnelle, les officiers assis à ma table se levèrent tous en même temps et me saluèrent. Il y avait désormais une rivalité entre ce lieutenant et moi. Mais j'allais tout faire afin de relever ce défi.

Jamais, à Trenton, je n'avais senti un tel esprit de compétition. Il était vrai que certains jeunes pilotes masculins refusaient les femmes en tant que pilotes militaires; je venais d'en avoir la preuve flagrante.

Le capitaine Duque se révéla un excellent psychologue. Il comprenait ce que je pouvais ressentir. Je trouvai en lui un ami, un réel support. Il était formidable.

– Vous savez, Arianne, je suis au courant de votre entraînement à Trenton. Beaucoup de gens d'ici attendaient votre venue et pas nécessairement pour vous féliciter de votre succès, mais pour voir si une femme pouvait résister à une telle tension. Personnellement, je crois que c'est possible et ma femme est du même avis. Elle m'a aussi demandé de vous saluer. Si quelque chose ne va pas, n'hésitez pas à m'appeler. Ne restez pas avec un doute ou une crainte avant votre vol. Soyez convaincue que la majorité des gens de la base sont en faveur des femmes pilotes. Vous n'êtes pas seule, Arianne.

Je poussai un profond soupir:

– J'apprécie beaucoup ce que vous venez de dire. Je vous avoue bien humblement que les paroles du lieutenant ont ajouté à ma tension. Je n'avais pas réalisé l'importance de l'impact de ce vol pour les femmes qui, comme moi, rêvent de piloter des avions à réaction. C'est une énorme responsabilité; je ne m'y attendais pas. Vous comprenez, je crois.

– Oui, Arianne, je comprends. Dites-moi, comment vous sentez-vous?

– Beaucoup mieux! je ne me sens pas seule et cela est tellement réconfortant.

– Je connais votre dossier sur le bout des doigts, Arianne, et laissez-moi vous dire que vous avez absolument toutes les qualités pour que ce vol soit un succès.

Ne vous en faites pas, tout se déroulera merveilleusement bien!

J'acquiesçai d'un signe de tête tout en lui souriant.

– Maintenant, ce qui importe, c'est que vous passiez une bonne nuit. Prenez un bain chaud. Soyez au lit à vingt-deux heures au plus tard et n'oubliez pas de vous coucher sur le dos. Demain matin, debout à cinq heures: course à cinq heures trente. Je vous attendrai ici même. À six heures dix, nous serons de retour et le déjeuner sera servi à sept heures. À sept heures cinquante, nous passerons chercher votre équipement de vol. Vous avez un rendez-vous à neuf heures avec le colonel de la base à son bureau. À neuf heures trente, réunion de l'escadrille 452 pour le choix du capitaine de vol. À dix heures trente, vous êtes inscrite sur l'horaire du simulateur de vol. Le dîner sera servi à midi. À treize heures trente, vous rencontrerez votre commandant de bord et à quatorze heures trente, vous décollerez sur CF-101. Comme vous le constatez, tout a été planifié. Ne laissez aucune émotion négative envahir votre esprit. Tout ira très bien, j'en suis convaincu!

Je me sentais à nouveau très forte. Les paroles du capitaine Duque avait porté fruit. Il avait raison, j'allais réussir!

Voilà, c'était parti: pour chasser ma peur, je me réfugiai derrière un mur de tension qui devint ma survie pour la nuit. Je me répétai les dernières paroles du capitaine, à savoir que tout irait bien.

La réalité n'était pas aussi simple: l'entraînement personnel que je m'étais imposé lors des dernières semaines avait été fort difficile à maintenir. Tous ces invités à la maison pendant les dix jours de Noël, ces couchers tardifs, cette nourriture lourde, la boisson des soirs de fête, tout cela avait perturbé mon entraînement. J'en étais bourrelée de remords, à quelques heures à peine de ce vol historique.

Je dus m'endormir vers les quatre heures; le réveil fut long et pénible. Je pris une bonne douche chaude avant ma course et je repensai à la surprise de mon entraîneur lorsque, adolescente, je courais: ma force de récupération était, selon lui, assez exceptionnelle. C'était mon côté fort et je le savais. Je ne fumais ni ne buvais et cela aussi était un bon point. Malgré la grande tension que je subissais, la fatigue et les peines accumulées, cette «force» en moi allait de nouveau jouer en ma faveur. Je venais de le décider. Je basculai donc ainsi, psychologiquement, du côté gagnant. La victoire était assurée.

À la sortie de l'immeuble, le capitaine Duque m'attendait. Je le vis s'attarder sur mes yeux rougis mais il ne dit mot, ce que j'appréciai. Tout le long de la course, il ne cessa de me parler. Il me fit un véritable lavage de cerveau de paroles positives. Tant et si bien qu'après cette course et malgré ma courte nuit de récupération, je me sentais propulsée telle une fusée, prête à monter encore plus haut, toujours plus haut.

Le colonel me reçut avec une rigidité toute militaire mais il se révéla plus souple vers la fin de notre entretien. Il était d'un grand professionnalisme. À ma sortie du bureau, quelle ne fut pas ma surprise de me retrouver face à face avec le major Wilson qui se rendait à la réunion de l'escadrille 452, soit celle des CF-101.

À mon arrivée sur l'estrade aux côtés du chef du groupe, j'eus droit aux applaudissements de l'assemblée. Par la suite, le commandant en chef de l'escadrille 452 expliqua l'entraînement de la matinée et, s'adressant aux pilotes, leur demanda si l'un d'entre eux se portait volontaire pour m'accompagner en vol. La réaction fut générale et instantanée: les quatre-vingt-cinq pilotes présents se levèrent et se portèrent tous volontaires. Ce fut impressionnant de voir ce groupe d'hommes se lever en même temps... flatteur et légèrement gênant tout à la fois.

Le commandant de la «452» leva les bras au ciel:

– Messieurs, j'ai bien mentionné un volontaire et non quatre-vingt-cinq. Vous me voyez donc dans l'obligation de choisir moi-même ce volontaire parmi vous.

Il promena son regard de vautour sur son équipe au garde-à-vous et finit par déclarer:

– Capitaine Ouimet, vous êtes l'heureux élu pour ce vol. Je regardai ce capitaine et je sentis que je ne lui étais pas sympathique.

Là-dessus, le capitaine Duque demanda notre congé et nous disposâmes.

– Comment avez-vous aimé votre première rencontre avec l'équipe, Arianne?

– Pour être franche, il me semble que j'aurais préféré un autre pilote comme commandant de vol.

Cette réflexion ne sembla pas le surprendre.

– Ne vous en faites pas, je connais bien Jacques; c'est le meilleur pilote de l'escadrille. Il est certain qu'il est du type «Saint-Thomas» au sujet de la femme pilote et il vous mettra à l'épreuve, mais vous êtes prête Arianne, croyez-moi, je sais ce que je dis. Lorsque vous reviendrez de votre vol, toute souriante, tout heureuse de votre succès, ce n'est pas seulement le respect de Jacques Ouimet que vous aurez gagné mais celui de toute l'aviation militaire masculine au grand complet.

Je me devais de réussir cet exploit, non seulement pour moi, mais également pour toutes les futures femmes pilotes militaires et civiles.

Une caresse amicale sur l'épaule droite me tira de mes pensées. C'était le capitaine qui m'avisait de notre rendez-vous au centre d'entraînement des simulateurs de

CF-101. Je disposais de deux heures pour me familiariser avec cet appareil. C'était passionnant. Roger ne cessait de prendre des photos. Dès que je m'installai sur le siège du pilote dans la cabine de pilotage du CF-101, je me crus vraiment en vol. Il est possible de tout reproduire dans ces simulateurs: les conditions météorologiques, les turbulences ou les feux de moteur.

Treize heures trente: j'étais au poste tel que prévu. Je fus présentée au capitaine Ouimet. Nous étions entourés par une trentaine de pilotes de la même équipe qui, à ma grande surprise, assisteraient à l'exposé au sol avant le vol. Cela m'agaçait. J'aurais préféré être seule avec «mon» capitaine comme tout copilote l'est avec son commandant avant un vol. Les garçons ne cessaient de faire des blagues sur les trucs du métier.

Mais j'étais prête à affronter le capitaine Ouimet et son escadrille entière s'il le fallait.

L'exposé dura vingt minutes et il fut question de tout ce qui se déroulerait pendant l'heure de vol.

Il y eut un éclat de rire général lorsque je demandai:

– Quel genre de décollage allons-nous effectuer, capitaine?

– Décollage «profil 1», madame.

Ces termes militaires m'étaient inconnus. Les rires fusaient mais je refusai de m'en formaliser.

– Que veut dire décollage «profil 1», capitaine?

– Il s'agit, ma chère dame, d'obtenir le meilleur taux ascensionnel en une minute, c'est-à-dire d'aller chercher le plus grand nombre de mètres en altitude à la minute au décollage.

Les militaires autour de nous commençaient à parier entre eux. Les mises allaient de cinq à vingt dollars. Pour certains, je tiendrais le coup et pour les autres, je ne résisterais pas longtemps physiquement. Peu m'importait leur réaction: je voulais garder toute mon énergie pour le vol, je me concentrai donc entièrement sur ce point essentiel.

– Madame Mauriac Dublin, vous a-t-on prévenue que vous ne porteriez pas la combinaison anti-g?

Je sentis une tension supplémentaire parcourir mon corps. Je croyais vraiment qu'on m'habillerait aussi avec l'anti-g.

Je songeai alors à l'inconfort et aux risques qui m'attendaient sans elle. Elle protège contre le reflux sanguin vers les pieds lorsque que l'on capte ce qu'on appelle des «g» positifs; à ce moment-là, on ressent une pression très forte qui nous enfonce dans notre siège. Elle agit de même contre les «g» négatifs lorsque le sang monte vers le cerveau.

Un «g» est un facteur de charge, ou la gravité écrase le corps du pilote ou bien elle le soulève. L'anti-g a pour mission de rendre la vie plus supportable au pilote.

C'est une combinaison complète avec boudins gonflables aux endroits stratégiques du corps; elle permet d'empêcher le sang de quitter la tête ou d'y affluer, et au cœur de maintenir un rythme cardiaque adéquat. Mais cette combinaison n'est pas essentielle pour certains vols. Pour mon premier vol, je savais que j'allais être testée physiquement sans cette combinaison spéciale. Je n'étais pas en position d'exiger ou de refuser quoi que ce soit.

Il faisait très froid cette journée-là à Bagotville. Pendant que nous marchions vers le hangar où se trouvait l'avion, je vis encore des officiers miser sur ma performance.

Plus j'approchais de cet avion numéro 004, plus je l'aimais et plus mon cœur battait fort. Cet oiseau de métal, ce rapace des airs, j'allais le conquérir dans quelques minutes. Mon bonheur grandissait au même rythme que le faisait la tension dans tout mon être.

Je m'installai dans cette cabine qui allait devenir mon univers durant la prochaine heure.

Pendant que les techniciens me ficelaient au siège éjectable par des courroies de toutes sortes, le capitaine Duque tentait de maintenir mon moral à son meilleur. J'avais l'impression que l'on me ligotait. Je me sentais coincée sur ce siège et j'avais peine à bouger.

Mes hanches et mon bassin étaient immobilisés à angle droit avec le siège éjectable sur lequel je prenais place. Ces précautions étaient nécessaires car si je recevais l'ordre de m'éjecter, la puissance qui me projetterait hors de la cabine serait tellement grande que je pourrais capter jusqu'à «+22g», c'est-à-dire que pendant une fraction de seconde, je pèserais vingt-deux fois mon propre poids. De quoi perdre conscience et me casser la colonne vertébrale, ce qui, malheureusement, était déjà arrivé à certains pilotes.

Le capitaine Ouimet s'installa à son tour et on le «fixa» tout comme moi. Les moteurs démarrèrent et un signal du technicien au sol nous fit comprendre que nous étions prêts à rouler.

Un bruit sec annonça la fermeture électrique de la cabine. Assise sous la verrière transparente, je ressentis aussitôt une pression. Sur ordre du capitaine, je fixai le masque à oxygène sur mon visage.

Le capitaine Ouimet devint mon instructeur et, finalement, malgré son ton ferme et autoritaire, je l'appréciai au plus haut point. Je voyais en lui un chef de file et cela me plut. Il savait ce qu'il faisait et était reconnu comme le meilleur pilote de son escadrille, ce qui n'était pas peu dire.

Après qu'il m'ait expliqué le fonctionnement de l'avion et que nous ayons fait les vérifications nécessaires, nous reçûmes l'autorisation de nous rendre à la piste 29. Nous allions effectuer le fameux «profil 1». Du bout de cette piste, les freins maintenus à fond, le capitaine appliqua la puissance des moteurs. J'entendis alors:

— Madame Mauriac Dublin, suivez-moi aux commandes!

Je plaçai mes mains sur le manche et mes pieds sur les palonniers.

Quelques secondes plus tard, après avoir relâché les freins, l'avion bondit tel une bombe.

Je me sentis m'enfoncer dans mon siège. Je suivais parfaitement, au millième de seconde, le déroulement de ce décollage. On aurait dit que je pilotais cet appareil. Au bout de la piste, le capitaine fit cabrer cet aigle de fer à soixante degrés par rapport à l'horizon. J'étais complètement concentrée sur ma respiration et sur les manœuvres; cette montée vertigineuse me grisait merveilleusement.

Au moment du cabrage, l'on compta «+7g»; ma vision baissa aussitôt mais je restai consciente. Je sentis mon masque à oxygène glisser doucement.

Désirant le maintenir en place avec mes mains, je constatai à quel point il m'était difficile de lever les bras. J'étais au ralenti et je n'y pouvais rien. Je rêvai à la facilité de mouvement que pouvait représenter le port de la combinaison anti-g. Mais je continuai à suivre l'opération comme si je pilotais moi-même.

J'étais totalement concentrée sur ce que je faisais.

– Vous êtes toujours avec moi, madame Mauriac Dublin?

Ma fierté de femme pilote était soumise à rude épreuve, tout comme ma résistance physique, mais je répondis avec assurance que tout était sous contrôle.

J'entendis un «bravo» très sympathique de la part de mon capitaine. Cela me fit vraiment plaisir. Le contrôleur de la tour avec qui nous communiquions, réagit avec enthousiasme.

J'apprenais à vivre avec cet avion et mon cœur battait quasiment au rythme de ses réacteurs.

À dix mille mètres d'altitude, lorsque nous perçâmes le plafond, le soleil nous accueillit avec la dame de la nuit. C'était féerique et ce fut plus fort que moi, je m'exclamai: «Comme c'est beau!»

J'entendis le rire du capitaine Ouimet. Il se voulait plus complice qu'autre chose.

– Oui, c'est vrai, madame Mauriac Dublin, ce spectacle est vraiment extraordinaire!

Son intonation démontrait qu'il ne s'était pas permis une telle réflexion depuis longtemps.

Toute notre montée, du sol à cette altitude, se fit dans la brume et la grisaille d'une journée d'hiver digne du nord québécois. Et, soudainement, cette percée de soleil... je me croyais au paradis.

Pendant que nous filions à huit cent cinquante kilomètres heure, la voix du capitaine retentit à mes oreilles:

– Madame Mauriac Dublin, à vous les commandes!

Et là, ce fut merveilleux. L'avion m'apparaissait vivant ou presque. Je pouvais maintenant connaître son caractère d'après ses réactions. Je le laissais glisser dans l'air, valser au son de mon cœur.

– Madame Mauriac Dublin, voulez-vous faire un tonneau?

Cette idée m'enthousiasma. J'en avais déjà fait sur un avion acrobatique à piston, à dix-huit cent mètres du sol et à la vitesse de cent cinquante kilomètres heure, mais là, à douze mille mètres d'altitude et à plus de huit cents kilomètres heure, il y avait de quoi délirer.

Le capitaine Ouimet me fit une démonstration qu'il m'invita à suivre aux commandes. Il ne voulut cependant pas que je prenne les commandes toute seule car le CF-101 n'était pas fait pour ce type de manœuvre. Mais je refis cette manœuvre accompagnée de mon commandant de vol.

Je repris la position de vol normale, position de vol de croisière, comme lorsque l'on voyage sur un avion de ligne, et sur ordre, j'allumai la «postcombustion», ce qui fit passer l'avion à plus de mille kilomètres heure: «mach 1». À cet instant précis, je pénétrai dans l'univers silencieux du mur du son.

Mais, juste avant d'y entrer, l'avion vibra un peu: je le sentais comme foncer et pénétrer dans un mur invisible. Tous les cadrans à bord de l'engin étaient dépossédés de leurs fonctions. Quant à moi, je sentis à nouveau une pression m'écraser sur le siège et, immédiatement après, pendant que tous les instruments de bord reprenaient leur fonctionnement, un silence total m'envahit; sur le machmètre, je lisais: «1,2».

C'était l'extase: plus un bruit... Pourtant, nous étions assis sur une bombe propulsée par d'immenses et bruyants réacteurs et là, tout d'un coup, un silence que l'on pouvait presque palper. Jamais sur terre je n'avais connu d'endroit sans aucun bruit comme en ce moment. Normalement, dans un lieu de silence terrestre, il y a toujours quelques oiseaux ou ruisseaux si doux à écouter.

Je n'entendais que ma propre respiration et celle du commandant. Un instant presque cosmique que je ne pourrai jamais oublier. Si, à cet instant, la fée des rêves m'avait demandé quel désir je voulais réaliser, j'aurais répondu celui de demeurer ainsi, à dix mille mètres d'altitude, dans cet état de quasi ivresse et ce, pour la vie.

J'avais l'impression que je pouvais palper une certaine pureté. Je me sentais beaucoup plus près de la Force Divine. C'était vraiment ce que je ressentais. J'aurais tellement aimé partager cet instant de jouissance totale avec tous les hommes de la terre.

Je comprenais mieux les astronautes qui, revenant de leurs missions, disaient que les problèmes de la vie sur terre leur paraissaient faciles à régler, car, après avoir connu une minime partie de l'Infini, ils constataient que nous n'étions qu'un grain de sable parmi tant d'autres. Nous restreignons notre univers, car nous ne voyons pas au-delà de nos villes, de notre continent, de notre planète.

Tout m'apparaissait si simple vu de là-haut. Quelle impression de légèreté je ressentais et, même si je m'étais battue, pendant trente-deux mois, pour vivre cet instant si unique, je rendis grâce à Dieu pour ce moment privilégié.

Le temps s'écoula dans cette douceur du vol à dix mille mètres. Mais il fallait revenir à la base. Je ne voulais plus quitter ce monde où une paix incroyable m'envahissait. Je dus exécuter les ordres venant du capitaine. Il comprenait maintenant que les femmes pouvaient piloter des avions à réaction. Seconde après seconde, je gagnais la confiance de cet homme. Il me fit atterrir et décoller dix fois; enfin, j'eus droit à l'ouverture du parachute pour freiner notre course finale.

Une fois l'avion immobilisé, la verrière de l'habitacle des pilotes s'ouvrit. Le capitaine Duque fut le premier à m'accueillir:

– J'étais certain que vous réussiriez, Arianne! Formidable! Bravo! Comprenez-vous ce qui se passe? Bien des

rêves de jeunes femmes pourront dorénavant se concrétiser, et ce, grâce au succès de votre vol. Encore une fois, je
vous félicite! Sur ce, il me fit un salut militaire. J'étais
émue, très émue.

Le capitaine Ouimet prit ensuite la parole:

– Vous êtes super, madame! Vous m'avez prouvé que
les femmes peuvent, lors de tels vols, tenir non seulement
physiquement mais psychologiquement et psychique-
ment.

Il fut interrompu par les «bravo» venant du groupe
des pilotes qui nous entouraient. Il poursuivit tout en me
regardant:

– Si le gouvernement canadien, dans le futur, enrôle
des femmes pilotes, je serai heureux que vous fassiez partie de mon équipe.

Et il me fit un salut magistral. Tout comme à la base
de Trenton, ici aussi, je me sentais maintenant considérée
comme «un» des leurs.

C'était le plus beau compliment qu'on pouvait me
faire, surtout venant de mon chef de vol. Je n'en revenais
pas; j'avais réussi. J'avais ouvert la porte à des centaines
de femmes au Canada. J'étais fière de moi. Subitement, je
me sentis soulevée: c'était le capitaine Ouimet et ses
hommes qui me portaient sur leurs épaules et chantaient

en me menant à l'intérieur du bâtiment: «Elle a gagné ses épaulettes maluron malurée.» J'éclatais de bonheur, de joie, d'extase.

Le commandant de la «452» fit son apparition et me présenta, en me saluant militairement, des excuses pour avoir douté de mes capacités. Du haut de mon mètre soixante-deux, j'étais fière de lui démontrer que j'étais capable de lui pardonner sa méfiance.

Le chapeau rempli d'argent fut partagé entre ceux qui avaient parié que je résisterais. Je me fis un honneur de remettre à qui de droit les sacs que j'avais reçus pour le mal de l'air et qui étaient revenus sur terre avec moi aussi vides qu'au départ. Certains officiers avaient eu la gentillesse de venir les fixer un à un à ma combinaison de vol avant que le cockpit ne se referme sur moi lors du grand départ.

Oui, j'avais résisté et j'avais gagné. Le capitaine Duque m'excusa auprès de ses confrères, m'invitant à aller faire une sieste avant le souper.

– Il se pourrait que j'aie une surprise pour vous. Donc, Arianne, croyez-moi, même si je sais que vous préféreriez demeurer ici quelques minutes de plus, il faut vous reposer. Suivez toujours votre régime dans tous les domaines et on se revoit à dix-huit heures trente au mess.

Je le regardai d'un air interrogateur mais il valait mieux que je suive ses conseils.

Je décidai d'appeler Ian. Aucune réponse à la maison et il n'était pas au bureau. Je raccrochai le cœur triste. Je revécus, au ralenti, toutes les phases de mon vol. Je pensais à Janine Lugol, à ce qu'elle avait dû traverser en tant que première femme dans les années cinquante pour réussir exploit semblable. Presque trente ans plus tard, j'avais dû me battre comme une forcenée pour parvenir à vivre et réussir ce vol. Je me sentais gagnante et soulagée.

Je dormais depuis une heure lorsque je fus réveillée par la sonnerie de mon réveil. Je me présentai au mess habillée, cette fois-ci, en femme. À mon insu, j'étais attendue par une partie de l'escadrille. Tous levèrent un verre à mon succès; l'atmosphère d'euphorie que je connaissais depuis le retour de mon vol historique continuait à régner.

En m'allongeant pour la nuit, je sentis des larmes rouler le long de mes joues. Je venais de téléphoner à la maison et au bureau de Ian: toujours pas de réponse. Quelque chose d'anormal se passait là-bas. Ian connaissait mon horaire de vol pourtant et nous avions convenu de nous appeler... Je savais, dans mon cœur de femme, que quelque chose se passait...

L'émotion de cette journée si chargée d'événements positifs l'emporta et je m'endormis.

Au petit matin, vêtue de ma combinaison de course, je courais accompagnée du capitaine Duque. Lorsque je le retrouvai à nouveau pour le déjeuner, je le vis très animé:

— Arianne, la surprise est accordée. Ottawa nous a donné l'autorisation de vous faire voler sur CF-5 ce matin même! Ce sont les garçons de l'équipe qui, au cours de la soirée et de la nuit, ont réussi à convaincre le bureau de la Défense Nationale. Vous comprenez maintenant pourquoi je tenais à ce que vous continuiez votre entraînement?

J'allais voler et, cette fois, sur un vrai petit chasseur.

Après le déjeuner, j'eus droit à la rencontre matinale avec l'escadrille «434», celle des CF-5. Le lieutenant-colonel, chef de cette équipe, demanda un volontaire afin de monter avec moi sur chasseur. À nouveau, tous les pilotes se levèrent comme un seul homme.

— Messieurs, comme je ne veux pas que vous vous battiez entre vous, je vais vous faciliter la tâche en me portant moi-même volontaire.

Tout le monde le hua amicalement.

— Arianne, vous allez faire le vol que nous faisons vivre à tous nos nouveaux pilotes. Je vous considère donc comme si vous étiez un de mes «gars».

Tout cela était dit sur un ton aimable.

Le lieutenant-colonel n'avait rien à prouver à personne; on le sentait bien dans sa peau. L'expérience de la vie jouait en sa faveur et aussi en la mienne.

Une fois moteurs, cadrans et intérieur de cabine vérifiés, nous eûmes la permission de décoller.

– Arianne, décollez-moi cet avion et maintenez-le-moi à soixante mètres sol par la suite. Allez-y!

Ma respiration se bloqua. Subitement, j'avais chaud. Pourquoi voulait-il que je fasse décoller cet avion dont j'ignorais les caractéristiques? Mais Marc m'avait bien entraînée et je cessai de me poser des questions.

J'appuyai sur la manette des réacteurs. L'avion se mit à rouler de plus en plus vite sur la piste. Je tirai doucement sur le manche afin de me donner un petit angle d'attaque positif qui nous aiderait à décoller. Quelques secondes plus tard, nous quittions le sol.

– Arianne, si je vous donne l'ordre de vous éjecter, vous vous exécutez à la seconde même; ne posez aucune question et n'attendez surtout pas. Compris?

– Compris, colonel!

Il y eut à nouveau un moment de silence avant qu'il ne reprenne:

– Lorsque vous serez prête, allez «me» chercher vingt mètres sol.

Je répétai cet ordre:

– Vingt mètres sol: bien compris.

Nous volions à vue et non à l'aide des instruments à de telles altitudes. Je surveillais les obstacles qui passaient rapidement. Plus je m'approchais de ce vingt mètres sol, plus mon cœur battait vite. Cela créait une tension que tous les pilotes de chasse vivent en vol. Je comprenais pourquoi la discipline personnelle était fort importante.

Même en sachant le lieutenant-colonel Joseph à mes côtés, prêt à bondir sur les commandes à la moindre erreur de ma part, je me devais de maîtriser mes manœuvres. Je fis tout comme si j'étais un vrai pilote de chasse à l'entraînement.

Mon altimètre indiquait vingt mètres sol. Je dis:

– Vingt mètres sol, colonel!

– Parfait, Arianne, maintenez cette altitude et contournez les montagnes sur votre trajectoire. Il y a ausi des fils à haute tension, soyez assez habile pour les éviter.

Je vis, à un moment, deux autres chasseurs CF-5. L'on communiqua et ils simulèrent une chasse devant moi. L'un, caché derrière une montagne, attendait son confrère, devenu l'ennemi pour l'occasion, et la chasse commença. Pour les suivre, je dus augmenter la puissance, ce qui me fit vivre à un rythme cardiaque plus accéléré.

Ma respiration commença à se faire entendre. Des gouttes de sueur coulaient sur tout mon visage, mais je ne pouvais laisser les commandes de cet oiseau racé. J'avais à nouveau la chance d'être capitaine de vol durant trente minutes environ et je voulais les vivre à fond.

– Arianne, vous pilotez bien: vous me surprenez. Vous avez des projets d'avenir dans l'aviation?

– Je rêve de faire de la voltige, de former ma propre équipe de voltige et d'affronter différents pays en compétition mondiale.

– Vous aimez la voltige? Curieux pour une si petite fille! Vous en avez déjà fait?

– Une seule fois, colonel!

– Ça vous plairait de faire de la voltige tout de suite?

– Bien sûr, colonel! lui répondis-je avec joie.

– Alors, c'est très bien. Arianne, je reprends les commandes. Détendez-vous maintenant pendant que je vous amène à six mille mètres d'altitude. Là, je vous montrerai vos premières figures acrobatiques sur jet militaire.

Pendant qu'il parlait, notre petit chasseur pointait déjà son nez vers le ciel et le fendait de son profil aérodynamique.

Je me détendis et je goûtai au spectacle qui m'était offert.

– Voilà, Arianne! Nous y sommes: six mille mètres d'altitude.

Cela me ramena, bien malgré moi, de cette rêverie dans laquelle j'étais plongée depuis quelques minutes.

– Je vais faire un tonneau; suivez-moi aux commandes. Voyons maintenant si vous avez bien suivi: à vous les commandes!

C'était la joie, le bonheur de me voir rouler sur moi-même. Au début, la tête dans le ciel, je fis un trois cent soixante degrés par la droite et hop! un coup de manche à gauche et je roulai sur le côté gauche. J'avais la tête en bas, en direction du fleuve Saint-Laurent et je revenais du bas vers le haut terminer ma toute première figure acrobatique sur jet. J'étais folle de joie. Lors de ce vol, je me suis vraiment amusée. Il y avait une heure vingt minutes que nous nous promenions dans le ciel. Il nous fallait maintenant rentrer à la base. Une fois de retour au sol:

– J'ai toujours dit que les femmes avaient une résistance étonnante mais là, j'en ai une belle preuve. Vous avez de quoi être fière de vous, Arianne. Votre endurance et votre capacité de récupération sont phénoménales et je n'exagère pas, croyez-moi! Vous saviez que vous aviez cela comme atout?

Avec un sourire, je confirmai d'un signe de tête.

– Si le ministère de la Défense Nationale enrôle des femmes comme pilotes militaires, seriez-vous intéressée à vous engager, Arianne? Cela vous plairait-il?

Cette possibilité me réjouissait.

– J'adorerais cela vous savez, mais je ne peux oublier qu'il me faudrait en discuter avec mon mari qui, lui, n'est pas très amoureux de mon métier.

– Je comprends bien, mais si jamais on en arrivait là, vous en discuteriez avec lui? Je crois que ce serait la meilleure façon de savoir.

J'acquiesçai d'un signe de tête avec un large sourire.

Le soir, ce fut la grande fête: champagne, caviar, discothèque, danse avec l'équipe de la «452» et celle de la «434».

Après mon vol de la journée, j'avais tenté de rejoindre Ian à nouveau, mais en vain; j'étais peinée. Ce soir-là, plus que jamais, je voulais non seulement fêter mes victoires mais aussi, ce que personne ne savait, oublier ma peine.

C'était ma dernière nuit à la base militaire de Bagot-ville. Lorsqu'à quatre heures du matin je m'étendis sur mon lit, je m'endormis immédiatement. Quelle journée!

Le lendemain, je ne me levai pas à cinq heures pour aller courir. Je me payai le luxe de rester au lit jusqu'à sept heures et je pris le deuxième déjeuner servi au mess. Je vivais intensément ces dernières heures qui m'étaient accordées.

Pour repartir, je demandai à Roger de conduire, car je voulais admirer les paysages du retour, et me plonger dans mes pensées.

Il m'avait fallu trente-deux mois d'attente, de combat, de foi, de confiance en moi-même, de ténacité et de volonté pour vivre ce que je venais de vivre.

J'écrivis dans mon journal personnel que chacun pouvait, s'il le voulait vraiment, concrétiser ses rêves. Que nous avions, en nous, tout ce qu'il fallait pour y parvenir. Richard Bach l'a si bien écrit dans *Illusions*: lorsqu'une idée nous traverse l'esprit, c'est qu'on peut la réaliser.

Épuisée, fatiguée, j'arrivai à l'Île Bizard. Boussole, mon chat, était à l'extérieur et miaulait devant la porte d'entrée. La maison était plongée dans le noir et il y faisait froid comme si personne ne l'avait habitée ni chauffée depuis plusieurs jours.

Chapitre 10

Vers les vingt heures trente, Ian fit son apparition à la maison. J'étais heureuse de le revoir et me jetai à son cou. Je l'embrassai tendrement et follement, il m'avait manqué.

Son accueil fut aussi très chaleureux mais, quelques minutes plus tard, il devint froid. Il combattait ses élans amoureux à mon égard; je le compris plus que jamais au cours de ces retrouvailles.

Nous n'osâmes aborder les sujets qui nous minaient: pour lui, mes vols et ma carrière, pour moi, son alcoolisme et ses longues sorties lors de mes absences occasionnelles. On aurait dit que quelque chose avait changé.

Quelques jours plus tard, en me rendant chez deux amies, j'observai un point lumineux dans le ciel. Il ne s'agissait ni d'un avion, ni d'un hélicoptère pas plus que d'un ballon-sonde. Ce «point lumineux» qui ne cessait de s'agiter de droite à gauche et de haut en bas prit la direction opposée à celle que je suivais. Après plusieurs minutes de ce manège, j'en déduisis et je captai qu'il «désirait» que je le suive. Je m'arrêtai pour téléphoner à mes deux copines qui décidèrent, sans aucune hésitation, de venir me rejoindre. Quarante-cinq minutes plus tard, toutes les trois, dans un bois situé au nord-est de la ville de Sainte-Thérèse, nous étions au rendez-vous.

Le vaisseau était là: visible et à environ un kilomètre de nous, ses couleurs bleue, orange et blanche clignotaient. Il était évident qu'il voulait prendre contact. Il s'approchait de plus en plus et se déplaçait à environ cent mètres du sol, ce qui nous permettait de l'observer comme jamais cela ne m'avait été permis jusqu'à ce jour.

Pendant qu'il se déplaçait vers nous, je recevais des messages télépathiques et mes deux amies, «médiums» elles aussi, confirmaient. À un certain moment, «il» s'est arrêté et a rebroussé chemin de quelques dizaines de mètres. Je lui demandai pourquoi ce recul. Sa réponse fut qu'il y avait des présences négatives dans la «portion espace-temps» qu'il traversait et il demanda de créer, par la pensée, un pont énergétique entre lui et nous. Nous avons «construit» ce pont dans l'invisible.

214

Quinze minutes plus tard, ce super vaisseau a fait une nouvelle tentative. Mais en vain. Il fit plusieurs essais, mais sans résultat positif.

Il faisait très froid: heureusement, nous avions, grâce à mes deux amies, tout le nécessaire pour nous tenir au chaud. Après plusieurs autres tentatives, le «vaisseau» nous communiqua son intention de quitter la zone. Nous le vîmes lentement s'éloigner. Cela nous attrista un peu. Il nous fixa un autre «rendez-vous», mais cette fois, dans un autre «espace-temps». Nous étions crevées lorsque nous nous sommes couchées, vers cinq heures du matin. Je dormais dans le sous-sol de la maison d'une de mes amies, lorsque subitement, je me levai d'un bond. Sur le coup, je crus que la maison était en feu. La pièce où je dormais s'était éclairée en une seconde et on se serait cru en plein après-midi ensoleillé.

Le cœur battant, je vis deux cercles identiques sur le mur face à moi. Une lumière dorée émanait d'une façon étincelante de ces cercles de un mètre de diamètre chacun. Ces deux cercles immobiles, soudain, se mirent à s'entrecroiser, toujours face à moi. Je ne comprenais plus: d'où provenaient ces cercles? Aucune fenêtre ne pouvait permettre la projection d'images: il n'y avait pas de fenêtre face au mur où les cercles se manifestaient.

Leur croisement était rythmé. À nouveau, on voulait me faire comprendre quelque chose, mais je n'arrivais pas à capter le message tant cette manifestation m'avait surprise. Je repensais au vaisseau avec lequel nous avions été en contact, trois heures plus tôt. Je montai au rez-de-chaussée et sortis à l'extérieur. Par cette nuit très étoilée et glaciale d'hiver, aucun vaisseau n'était en vue. Je revins au sous-sol dix minutes plus tard, les deux cercles avaient disparu. Plus aucune manifestation par la suite. Au moment où je réussis à trouver le sommeil, le jour se levait.

Je rentrai à la maison plus tôt que prévu. J'aurais bien aimé partager mes observations «cosmiques» avec Ian mais, depuis qu'il avait ridiculisé, devant tous, ce sujet abordé par un ambassadeur qui discutait avec moi de la seule et unique expérience du genre qu'il avait eue, je n'osais plus lui raconter quoi que ce soit. Cette fois-là, il m'avait vraiment blessée et humiliée devant nos invités.

Les jours et les semaines s'écoulèrent et je repris mon rôle d'hôtesse à la maison. Un soir que nous recevions un ami à dîner, Ian en vint à lui dire des paroles blessantes. De nouveau, il avait trop bu. Le lendemain, délicatement, je tentai d'aborder le problème. Il ne voulait rien savoir et se disait insulté que j'ose lui mentionner ce détail ridicule. Je soulignai que je ne voulais plus le «couvrir» dans des occasions semblables, que je n'essaierais même plus d'excuser sa conduite auprès de ceux, dans l'avenir, qu'il insulterait. Ian Dublin était maintenant devenu un alcoolique. Où était la distinction, la noblesse de cet homme? Il se retrouvait de plus en plus seul. J'essayais de comprendre la raison pour laquelle il buvait autant, mais il refusait de s'ouvrir à moi.

Entre-temps, plusieurs postes de télévision et de chaînes radiophoniques me demandèrent de venir parler de mon expérience en aviation. J'aimais beaucoup cela. Ian était très heureux et fier de ce qui m'arrivait. J'ai même cru à la réunification de notre couple lorsqu'il m'annonça vouloir cesser de boire. Cela m'encouragea à laisser se développer ma popularité.

Les journaux, les magazines ne cessaient d'affluer; j'eus droit à une publicité formidable. Je commençai à parler en public de ce que j'avais vécu sur jets militaires. J'adorais cela.

Au Québec, près de cinquante conférences furent données autant dans les collèges et les universités que dans les clubs privés. Ma soirée la plus intéressante se déroula dans l'Estrie devant presque trois cents femmes. Ce fut un succès fantastique! Naturellement, ce n'était pas un sacrifice pour moi que de parler de mon entraînement et de mes vols sur chasseurs.

Je fus, par la suite, approchée pour travailler comme instructeur-pilote à l'aéroport de Lachute, à un salaire intéressant. J'acceptai cette offre qui comprenait aussi la responsabilité de la publicité de cette nouvelle école de pilotage.

J'étais très occupée; je quittais la maison à cinq heures trente du matin et je n'y revenais que vers les dix-huit heures. Il y avait un lien bien spécial qui me rattachait à cet aéroport de Lachute: c'était là bien sûr que, pour la première fois, j'avais volé avec le colonel Biroleau. Le château d'eau qui s'élevait tout près de l'aéroport, carrelé de rouge et de blanc, nous l'avions, le colonel et moi, à maintes reprises, frôlé en Robin 2000 lors de ce vol inoubliable qui avait fait sa marque à jamais dans mon cœur. Car j'étais toujours convaincue qu'un jour j'irais à Cannes recevoir de ce maître la formation unique qu'il donnait en voltige aérienne pour la compétition mondiale. Je savais que j'y parviendrais et je ne me permis jamais d'en douter.

Nous avions des nouvelles sporadiques de Julie. Elle vivait toujours dans un appartement, même si elle déménageait souvent. Point positif, elle faisait partie d'un groupe de jeunes de son âge qui avaient des problèmes du même ordre que les siens.

Maintenant qu'elle avait des amis, elle était ravie. Cela transforma sa vie. J'en étais heureuse pour elle.

Au printemps suivant, Ian partit pour deux semaines en Europe et il ne souhaitait pas que je l'accompagne. Je travaillais plus que jamais. J'écrivais dans les journaux, je faisais quelques apparitions à la télé, des lignes ouvertes à la radio et d'autres communications écrites. Mais, me retrouver entre ciel et terre demeurait ma grande récompense. J'étais instructeur-pilote et mon rêve était de créer ma propre équipe de voltige aérienne: un jour, j'en étais persuadée, j'atteindrais ce but.

Ian rentra d'Europe en grande forme. Un jour, il m'apprit que ses parents allaient venir passer le mois de juillet. Nous avions l'habitude de nous réserver cette période afin de mieux nous retrouver et j'étais déçue de cette décision. Pourquoi l'avait-il prise sans m'en parler? Je me sentais de plus en plus «solitaire» dans notre couple.

Chaque soir, il retrouvait, heureux, sa bouteille de vin.

Juin vit se réunir nos familles en l'honneur de la Saint-Jean-Baptiste. Près de la piscine, nous étions environ une vingtaine de personnes. Je m'aperçus que Ian n'y était plus: deux heures plus tard, nous le retrouvâmes au bord du lac avec les deux jeunes filles venues garder chez nos voisins. Les trois étaient ivres morts.

Le voir ainsi me rendit malheureuse et me gêna face à mes invités. Pourquoi cherchait-il toujours la présence de «la femme»? Je lui donnais pourtant beaucoup d'amour, d'attention, d'affection. Que se passait-il?

Le lendemain matin, nous eûmes une violente dispute. J'en avais assez de le voir se soûler de cette façon devant tous et chacun.

Il avait tellement changé. Dès qu'il m'entendait parler de son problème de boisson, qui s'aggravait de semaine en semaine, il changeait de sujet. Il ne respectait pas sa promesse de ne plus boire. Ce matin-là, il alla même jusqu'à dire:

– Tu sais, Arianne, une femme, ça se change! Si ce n'est pas toi, c'en sera une autre, ce n'est pas plus compliqué que ça!

Ces paroles, j'allais les entendre de plus en plus souvent au cours des mois suivants. Nous ne pouvions jamais terminer une discussion. Notre vie sociale était un grand succès, notre vie privée un échec total. Ce que Ian ignorait, par contre, c'est qu'un homme aussi, ça se change. Notre vie se nourrissait de plus en plus d'illusions: belle apparence matérielle mais aucune communication dans le couple.

Juillet arriva avec mes beaux-parents: je les aimais bien mais l'idée de passer les semaines à venir en leur compagnie me pesait. Par contre, ma belle-mère me fit comprendre qu'ils venaient pour deux semaines et non quatre, comme Ian me l'avait dit.

Nous aurions donc les deux dernières semaines à nous. Par un après-midi où la température atteignait trente-deux degrés Celsius, nous étions, tous les quatre, assis à nous détendre au bord de la piscine face au majestueux lac des Deux Montagnes. Belle-maman posa sa main sur le bras de son fils et lui dit doucement:

– Puis-je me permettre de te dire, sans te juger, Ian, que je te trouve bien changé.

Et comme si elle craignait qu'il ne réplique, elle poursuivit sans s'arrêter:

– D'après ce que je peux voir, l'alcool fait maintenant partie de ta vie.

Ian commençait à se crisper, il changeait de visage; elle continua:

– Mon intuition de mère me dit que quelque chose, quelque part dans ta vie, mon fils, ne va plus... et c'est ce qui te fait boire ainsi...

Peu à peu, Ian se remettait de sa surprise et reprenait des couleurs; son visage devenait maintenant rouge de colère:

– Maman, mêlez-vous de vos affaires, cela ne vous regarde pas.

Il se mit à parler de plus en plus fort:

– Puisque vous osez vous mêler de ce qui ne vous regarde pas, laissez-moi vous rappeler la vie de misère que vous faites endurer à mon père. Il est condamné, comme vous, bien qu'il soit en parfaite santé, à ne plus bouger; vous en rendez-vous compte?

Ma belle-mère avait été amputée des deux jambes à la suite d'une longue maladie et devait, depuis, se déplacer en fauteuil roulant.

Emporté par sa colère, Ian ne savait plus ce qu'il disait:

– Vous n'êtes qu'une vieille femme détestable, qui ne cesse de pleurer sur son sort. Vous et votre chaise roulante, vous empêchez mon père de vivre; vous l'a-t-il déjà dit?

Le père de Ian, un «grand-papa gâteau», devint livide. C'en était trop pour lui. Je compris qu'il ne reconnaissait plus ce fils qu'il aimait tant. Il regarda ma belle-mère d'un air douloureux. Une immense peine se lisait dans ses yeux.

La mère de Ian, âgée de soixante-dix ans, était à mes yeux un modèle sur bien des points. Toujours disponible pour aider. Sa générosité était remarquable. Elle avait élevé une famille nombreuse et Ian en était le fils aîné. Elle chérissait cet enfant plus que les autres. Peut-être était-ce la seule petite chose que certains lui reprochaient dans cette grande famille. Mais c'était une femme heureuse de vivre, et ce, malgré la perte de ses jambes un an auparavant. Jamais je ne l'avais entendue se plaindre. Maintenant, elle pleurait à chaudes larmes. Voyant que son mari ne disait rien, j'intervins d'un ton ferme:

– Ça suffit, Ian!

Ses yeux qui, quelques minutes plus tôt étaient éclatants de tendresse et d'amour, exprimaient maintenant la rage... une sorte de haine. En une fraction de seconde, je venais de comprendre que Ian devait être extrêmement malheureux pour en arriver à déverser sa souffrance sur ceux qui l'aimaient le plus.

Mes paroles et le ton de ma voix l'avaient ramené à la réalité: son regard, cette fois, trahissait l'étonnement de voir sa mère pleurer.

Je m'étais levée au moment où je lui avais parlé et, le voyant calmé, je le pris par le bras afin de le diriger vers la maison. Il se laissa faire tel un enfant sans défense. Dans la maison, il me prit dans ses bras et éclata en sanglots.

— Si tu savais, Arianne... je ne puis t'en parler! De toute façon, cela concerne le bureau et je ne veux pas t'ennuyer avec des problèmes qui ne sont pas les tiens.

Il me regarda tout en essuyant son visage inondé de larmes et me dit d'une voix triste:

— Pourquoi ai-je dit de telles paroles à ma mère? Je ne comprends pas. Je ne me comprends plus, Arianne. S'il te plaît, aide-moi!

Jamais ses yeux n'avaient exprimé autant de tendresse, de douceur, mais aussi de peur. Il venait, pour la première fois, de me demander concrètement de l'aider.

Je le sentais souffrir intérieurement; quelque chose l'étouffait, empoisonnait sa vie, notre vie. Pour qu'il réagisse ainsi, il fallait qu'une peur terrible l'habite. Je voulais répondre à cet appel au secours, mais je ne savais pas exactement comment.

— Arianne, s'il m'arrivait quelque chose, je veux que tu sois une veuve heureuse. À ton âge, tu as toute la vie devant toi: tu es belle, intelligente, tu as une forte personnalité et tu es une femme très attachante. Promets-moi de refaire ta vie si jamais il m'arrivait malheur.

Entendre de telles paroles me rendit nerveuse. Je ne comprenais pas ce qu'il voulait dire.

– Pourquoi parles-tu de cette façon, Ian? Que me caches-tu?

– Écoute-moi bien: Léonie et Victor, avec l'argent de mes assurances, pourront t'acheter mes compagnies et usines. Tu n'auras qu'à te laisser vivre. Les intérêts de ces quelques millions de dollars qui seront placés à ton nom devraient suffire pour faire face à tes dépenses, tes loisirs et tes voyages pour le reste de tes jours.

Je voulus savoir pourquoi il parlait ainsi, mais il m'interdit d'en dire davantage en posant tendrement sa main sur ma bouche. Nous restâmes un long moment enlacés, dans les bras l'un de l'autre, debout face à la porte donnant sur le lac. Plus tard, Ian entreprit d'aller s'excuser auprès de sa mère.

Suite aux problèmes que je vivais avec Ian, j'avais de plus en plus besoin de voler, de retrouver cette intimité que j'avais développée avec l'avion.

Il nous fut impossible de discuter de quoi que ce soit par la suite. Je soupçonnais sérieusement Ian de faire une dépression. Nos vacances se poursuivirent. Mes tentatives pour lui parler de la période difficile qu'il traversait furent toutes tournées en ridicule, et il refusa de voir un médecin.

C'est avec bonheur que j'accueillis l'arrivée du mois d'août; mes occupations recommencèrent à m'absorber totalement. Si je travaillais autant maintenant, c'était justement pour m'empêcher de penser aux absences répétées de Ian deux ou trois fois par semaine. Après quinze mois passés à l'attendre le soir, à la maison, j'avais décidé de me donner à fond dans un travail supplémentaire.

Pour la première fois, je songeai à la séparation. Mais je ne me sentais pas prête, d'autant plus que j'étais de plus en plus convaincue que Ian faisait une dépression. Le temps rétablirait certainement les choses.

Un jour, je lui proposai d'employer une femme de ménage afin de m'aider dans mon travail.

– Il n'en est absolument pas question. Si tu n'as pas le temps de faire le ménage, cesse de travailler, c'est tout!

Il renchérit en disant:

– Une femme de président de compagnie n'a pas à travailler à l'extérieur! Arianne, je veux que tu sois châtelaine.

– Je n'ai absolument pas l'intention de devenir châtelaine, Ian. Ce n'est pas dans mon tempérament. Toi, tu aimes les affaires; moi, j'aime l'aviation!

— Puisque tu en parles, tu as maintenant un choix à faire: ou c'est l'aviation ou c'est moi. Est-ce bien clair, Arianne?

À nouveau cette menace, au moment même où mon patron venait de m'offrir une formation en voltige aérienne. J'étais déconcertée. De plus en plus, je me surprenais à penser que nous devrions peut-être nous séparer afin que je puisse poursuivre en paix ma carrière. Je m'étais toujours demandé ce qui lui donnait le droit de décider de ma vie, de mon sort.

Jamais je ne lui avais dit de ne pas se présenter en politique ou qu'il se consacrait trop à ses affaires et que notre vie privée en souffrait. Je respectais ses rêves, ses idéaux même si cela ne me convenait pas toujours. Pourquoi ne respectait-il pas les miens... mon potentiel, mes grandes possibilités?

L'automne arriva avec son cortège de couleurs. Les journées commencèrent à raccourcir. Il m'arrivait de rentrer plus tôt, de temps à autre, comme ce jeudi après-midi où j'avais été de retour à seize heures. Quel ne fut pas mon étonnement de trouver mon amie Pauline, en tête-à-tête avec Ian! Ils étaient assis tous les deux sur la galerie extérieure, face à l'eau, et assistaient ensemble à un beau coucher de soleil.

Mon arrivée ne les dérangea pas et je constatai que le dîner était commencé. Je m'invitai à leur table. Je fis remarquer à Ian que je ne me souvenais pas que Pauline devait venir dîner avec nous ce soir-là.

– Je croyais te l'avoir dit... conclut-il.

Lorsqu'elle fut partie, nous en sommes venus aux mots. Ce soir-là fut un soir de disputes. Comme la vie changeait.

Une deuxième fois, au cours de la même semaine, Pauline était encore là à mon arrivée, en train de boire avec Ian.

Dans cette maison de l'Île Bizard, je me sentais de moins en moins chez moi. Le sentiment d'être une invitée ne cessait de m'habiter.

Ma vie se déroulait à un rythme infernal si bien que je me retrouvai, début octobre, très fatiguée. Mais j'allais enfin pouvoir ralentir mon rythme: l'automne était beaucoup plus tranquille que l'été à l'école d'aviation. Vers la mi-octobre, un matin où j'étais partie vers les sept heures pour l'aéroport de Lachute, je dus revenir à la maison. Il était sept heures quarante-cinq. J'avais oublié mes vêtements pour la conférence que je devais donner le soir même.

Lorsque j'empruntai la longue allée de deux cent cinquante mètres menant à notre domaine, je vis une petite voiture dans notre stationnement. Il s'agissait de celle d'une secrétaire de Ian. Qu'est-ce qu'elle pouvait bien faire chez nous, le matin, à une heure pareille?

Diane, nommée nouveau bras droit de Ian, était venue le retrouver pour la visite de l'une de ses usines en Ontario. Je ressentais un sentiment de malaise que je ne réussissais pas à chasser. Je sentais un «je ne sais quoi...»

Ce soir-là, pendant ma conférence devant un club d'hommes d'affaires de Montréal, je ne cessais de penser à Ian et à Diane Tremblay. L'expression qu'elle avait, le matin, lorsqu'elle m'avait regardée, était celle d'une enfant qui découvrait l'existence du luxe. Elle semblait ébahie par la richesse qu'elle retrouvait partout dans la maison.

Comme c'était l'habitude depuis quelques années, nous recevions une fois par an les secrétaires de Ian pour une petite fête.

Elles arrivèrent toutes les huit, dans trois voitures; il faisait un temps magnifique. C'était l'été indien et nous avions vingt-cinq degrés Celsius. Ian se présenta un peu plus tard et je sentis, à son arrivée, une fébrilité chez mes invitées.

Dès son entrée, elles se pressèrent autour de lui. Je le regardai et il vint vers moi pour m'embrasser. Je saisis son petit jeu: faire le calife au milieu de son harem. Comme j'étais la «légitime», j'eus droit à un baiser qui eut pour effet d'augmenter l'agressivité des deux secrétaires qui avaient les principales responsabilités. Diane était responsable des employés depuis quelques semaines. Jamais je n'avais vu ce genre de domination féminine dans les compagnies de Ian auparavant. Lorsqu'il prit place dans son fauteuil préféré, les deux secrétaires en question, Diane et Christine, s'assirent sur le tapis du salon et entourèrent Ian.

Christine aux longs cheveux de miel, commença à brosser sa splendide chevelure devant nous. Elle devenait louve et défendait son territoire. Je compris ce jour-là que les deux jeunes femmes livraient un combat contre moi pour la possession de Ian.

Lorsqu'elles partirent, Ian ne se fit pas prier pour me prendre dans ses bras devant elles et m'embrasser, encore plus longuement qu'à son arrivée. J'avais tout compris. De leurs voitures, chacune saluait de la main et je les sentais rêver, à tour de rôle, d'être à ma place.

Ne sachant comment réagir ni que dire, je me crus à nouveau obligée de garder le silence afin d'éviter le pire, à savoir notre séparation. À ce moment-là, je me mis à soupçonner Ian de la souhaiter.

J'avais envie de partir en voyage afin de me retrouver seule avec moi-même et de réfléchir à ma vie.

Léonie commença à nous appeler à la maison. Elle ne voulait plus venir nous voir, prétextant que nous n'étions pas le genre de personnes qu'elle devait fréquenter. C'était dommage mais, au moins, elle téléphonait à son père à l'occasion. Pourtant, quelque chose dans son attitude continuait à changer vis-à-vis de nous.

Ce n'était pas normal. Son agressivité était trop grande.

Mais Ian me rassura en disant que cela passerait, que nous ne fréquentions pas le même milieu d'intellectuels que Léonie. Même si je n'étais pas d'accord avec cela, car elle avait le droit de vivre ce qu'elle voulait, quelque chose, à mes yeux, était faux.

Quant à Victor, il continuait ses visites de fin de semaine. De temps à autre, il invitait Julie chez lui et Nicole. Inutile de dire le bonheur que cela apportait à sa sœur.

Je décidai finalement de partir à la Guadeloupe avec ma mère.

Je demandai à Ian de venir me retrouver la deuxième semaine; il me dit ne pas en avoir le temps. Je ne parlai pas à Maude des problèmes de ma vie privée, de peur de l'inquiéter. Le voyage n'en fut pas moins des plus bénéfiques. Nous rentrâmes au pays bronzées et reposées malgré tout.

Ian était à l'aéroport de Mirabel pour m'accueillir. Il était pressé car il avait un rendez-vous le soir même. Aussitôt rentrée, aussitôt seule.

Au cours de la semaine, j'avais réfléchi aux possibilités de le quitter et j'en avais conclu que cela me serait insupportable mais que si je réussissais à l'aider à dépasser ses peurs, nous pourrions revivre tous les deux comme avant. J'avais compris, là-bas en voyage, qu'il avait changé depuis le retour de ses enfants dans notre vie.

À ma grande surprise, deux jours après mon retour, il m'annonça notre départ pour Hawaï afin d'y passer les fêtes de Noël et du Nouvel An. Quelle bonne nouvelle! J'allais enfin pouvoir lui exprimer mon désir: devenir maman. Depuis ma deuxième fausse couche, nous n'en avions jamais reparlé, mais là, je savais que cela allait le combler de bonheur tout comme moi. Devenir maman: c'était dorénavant mon rêve. Je pensais que l'arrivée d'un enfant libérait souvent les tensions dans un couple et je ne considérais pas mon désir comme une façon de masquer notre problème. Nous partîmes le vingt-deux décembre 1979; il faisait un temps glacial. J'étais assise dans l'avion en attendant le décollage, lorsque j'écrivis dans mon journal personnel que ce voyage était le dernier que je vivais avec Ian. Curieusement, j'en étais persuadée. Je ne pouvais pas dire ce qui me poussait à écrire cela. «Une intuition», me suis-je dit.

Notre voyage fut un désastre. Ian buvait constamment et, malgré son profond désir d'avoir des enfants, il me révéla qu'il n'était plus question d'y penser. Il ne voulut jamais me dire pourquoi.

Au retour, jamais je ne m'étais sentie aussi perdue. Je vivais avec un étranger: mon mari.

Plusieurs conférences avaient été prévues avant mon départ pour Hawaï. Le cœur attristé par ce dernier voyage, je retournai au travail. J'étais heureuse, par contre, de retrouver l'équipe d'instructeurs de l'aéroport. En février, nous reçûmes ma famille au grand complet: oncles, tantes, cousins et cousines.

Ce fut une belle fête et rien ne transparut de la désunion qui régnait entre Ian et moi. Il était aimé de tous. Il était aussi très gentil et très généreux. À quelques reprises, Ian parla de sa grande expérience en tant que chef scout. C'était un aspect complètement effacé de sa personnalité. Pourtant, à l'écouter raconter son expérience, on sentait un grand idéal chez lui: comme un élan de pureté! Contraste flagrant avec son milieu de travail. Ian aimait aider les enfants et avait participé à l'organisation scoute jusqu'à vingt-deux ans. C'était merveilleux de le voir parler de ses exploits de l'époque. Au début de notre relation, Ian avait ce trait de caractère. Mais on aurait dit que maintenant il occultait cette partie de sa vie. Pourtant, c'était la plus belle de Ian Dublin.

La semaine suivante, je donnai davantage de conférences dans les milieux féminins; cela me faisait tellement plaisir. Ma vie sociale et professionnelle se poursuivait sans interruption et avec grand succès.

Je décidai de m'acheter une voiture sport de luxe: une corvette. Mais Ian me fit changer d'idée en prétextant que ma voiture actuelle était en bon état et que je devrais plutôt faire l'achat d'un avion acrobatique. La somme d'argent qui me manquerait, Ian, de lui-même, m'assura qu'il la débourserait.

C'était formidable. Je n'en croyais pas mes oreilles. Je décidai de garder ma MGB de deux ans et je me mis avec grand enthousiasme à la recherche d'un avion de voltige. J'étais au comble du bonheur.

Après trois semaines de recherches, j'avais trouvé mon petit avion de rêve, complètement équipé pour les spectacles aériens. Mais lorsque je dis à Ian qu'il coûtait trente-cinq mille dollars, soit le prix convenu entre lui et moi avant que je n'entreprenne ces démarches, il trouva cela trop cher. Il y avait repensé, disait-il, et ne me donnerait que dix mille dollars.

Malgré ma déception, je ne m'arrêtai pas à cela, me disant que je n'aurais qu'à emprunter la somme qui me manquerait. Il devint mal à l'aise en me voyant trouver une solution aussi rapidement. Cela l'agaçait, je pouvais m'en rendre compte:

– À bien y penser, Arianne, tu n'as pas besoin d'avion.

Là, je compris que, pour lui, tout cela n'avait été qu'un jeu et qu'il n'avait jamais pensé sérieusement à m'aider pour acheter cet avion. Je disparus ce soir-là et me couchai tôt, le cœur lourd. Au lit, je réfléchissais à la suite d'événements pour le moins étranges qui s'étaient déroulés depuis quelques jours: la réception que nous avions donnée, dix jours auparavant, pour les cadres des compagnies de Ian, l'attitude de Diane Tremblay avec son nouveau manteau de vison noir, son augmentation de salaire de vingt-cinq mille dollars en une année, sa voiture (elle était passé d'une Coccinelle Wolkswagen à une Cadillac tout équipée).

Quelque chose se préparait, c'était certain; cela m'effrayait lorsque j'y pensais.

Onze jours après le refus de Ian, il rentra, furieux:

– Arianne, tu veux m'expliquer la présence de cette Corvette devant la porte?

– C'est ma nouvelle voiture, Ian; comme l'histoire de l'achat d'un avion de voltige n'a pas fonctionné, je suis revenue à ma première idée: j'ai acheté une Corvette. Tu n'as pas à t'en faire pour les paiements, cela relève de ma responsabilité et j'en suis fière...

– Il n'en est pas question, Arianne, tu es ma femme et tu ne paieras pas cette voiture.

– Écoute-moi, Ian, s'il te plaît. Je n'ai pas acheté cette voiture pour te déplaire mais bien parce que je l'aimais. C'est ce que je m'offre pour me récompenser de mes succès, de mon travail.

– Ma chérie, ta voiture sera payée demain matin et que je ne te vois plus faire des achats de ce genre sans m'en parler.

Il était vraiment en colère.

Le lendemain matin, nous étions debout très tôt tous les deux. Je tentai une nouvelle approche. Il devait comprendre et accepter mon autonomie, sinon...

— Arianne, la discussion est close.

— Tu décides tout pour moi, Ian: que je n'aurai pas d'enfant, pas telle voiture, pas de carrière, pas de...

— Parlons-en de ta carrière: je trouve qu'elle prend trop de place dans notre vie. Je te répète, Arianne, que je veux que tu sois châtelaine et c'est tout!

— Comment en es-tu venu à être aussi radical, Ian? Tu as tellement changé en un an. Que se passe-t-il ? Tu peux tout me dire, tu sais.

Mais il était comme un fauve et Diane l'attendait dehors afin de se rendre à l'usine du Maine, aux États-Unis.

«Arianne, je t'aime toujours!» me lança-t-il en claquant la porte derrière lui.

Le soir même, je le rencontrai au Ritz à Montréal où se déroulait une soirée supposée apolitique. Nous avions l'air d'un couple sans problème, comme toujours. Je regardai autour de moi et pensai qu'au fond tout le monde avait les siens. Toute la journée, j'étais demeurée songeuse. Il était vrai que j'étais fatiguée; tous ces déplacements pour me rendre à mon travail et en revenir, mes départs tôt le matin et mes retours souvent tard le soir me prenaient beaucoup d'énergie.

Je commençai à me convaincre que j'avais besoin de vacances et à la fin de cette journée j'étais fière d'annoncer à Ian que je laissais l'aviation: c'était officiel. Un repos me ferait le plus grand bien. Le tout ne pouvait qu'être bénéfique pour notre union.

Le lendemain, je passai la journée avec ma mère et au retour, le soir, je sentis le besoin d'aller à l'arboretum, tout près de chez nous, avec notre chien Coco. Il faisait beau mais le temps était frisquet.

Au premier virage menant à cet endroit de rêves, un vaisseau était là. Celui-là même que je voyais très souvent depuis quelque temps. Il y a des cycles comme ça. Je suis entrée en contact télépathique avec lui et il nous a accompagnés à l'arboretum. J'étais ravie.

Dès notre arrivée, Coco sauta de la voiture pour satisfaire tout près d'elle un besoin urgent pendant que j'observais le vaisseau immobilisé juste au-dessus de la cime des arbres. Il se trouvait à environ cent mètres de moi lorsqu'une voiture, tous phares allumés, se dirigea vers moi. Je fus aveuglée pendant un court laps de temps après lequel je constatai que mon chien était revenu près de moi.

Cette voiture, qui s'était arrêtée la première fois à ma droite, de l'autre côté de la rue, se déplaça à nouveau, très rapidement cette fois-ci, pour se placer face à moi. Je commençais à avoir peur. J'eus le temps de remarquer que l'ovni descendait derrière les arbres, la voiture lui tournant le dos. Un homme en descendit et vint vers moi. Il commença à me crier des bêtises sur le comportement des chiens en général et s'avança vers moi sans s'arrêter. Très vite, il se mit à hausser le ton. Il était de plus en plus tendu, je m'en rendais bien compte, et moi aussi. Je tins mon chien par son collier afin de le garder près de moi. Je sentis que Coco commençait à s'énerver. Cet homme devenait violent verbalement et gesticulait très nerveusement. Je vis un insigne sur son gilet: il s'agissait d'un gardien. Je commençais sérieusement à avoir peur. Je n'avais qu'une idée en tête, partir. Mais pour cela, il me fallait passer devant cet homme car je me trouvais coincée entre sa voiture et l'arbre sur lequel je m'étais appuyée pour prendre tranquillement contact avec cet «ami», le vaisseau, qui nous avait accompagnés.

Et là, subitement, mon chien se débattit et s'enfuit. Il fonça directement vers l'intrus, le bouscula violemment le faisant ainsi reculer de plusieurs centimètres. Quelques secondes plus tard, cet homme dit à voix haute: « Il faut que je parte, je dois partir.» Il me salua, monta à bord de sa voiture, démarra et quitta les lieux.

J'étais encore bouleversée lorsque Coco revint vers moi. Le «vaisseau» s'éleva immédiatement au-dessus des arbres et, télépathiquement, je captai: «Ne reviens plus seule ici, le soir. Nous savions que tu aurais besoin d'aide, c'est pourquoi nous t'avons accompagnée. Nous avons utilisé Coco pour repousser cet homme qui aurait pu être dangereux. Ne reviens plus seule ici le soir.»

Coco et moi sommes rentrés tout de suite à la maison. Sur le chemin du retour, je remerciai mes amis du cosmos.

Je parlai de cette nouvelle rencontre «cosmique» à mes deux amies déjà témoins de rencontres semblables. Suite à nos conversations, je prenais conscience qu'il était vrai que, depuis bien des années, j'étais une «contactée». Selon elles, il n'y avait aucun doute. Elles me le démontrèrent facilement en me donnant la preuve de leur propre présence lors de certaines de mes observations et contacts. Cela me donna un choc que de constater cette vérité que j'avais refusée depuis le tout début, soit depuis mon enfance.

Cela me dérangeait car je savais que les personnes dites «contactées» ne pouvaient avoir une vie dite «normale», «régulière» comme tout le monde. D'autre part, une personne «contactée» a une mission à accomplir dans sa vie: cette responsabilité me semblait trop énorme car elle demandait, je le pressentais déjà, un changement de vie. Cela je ne le voulais pas... j'en avais peur. Je gardai ce pressentiment en mon cœur et je continuai à faire comme si de rien n'était.

Alors que je venais de remettre ma démission à l'aéroport, Ian me parla de déménagement.

– Quoi? Mais ça fait seulement vingt mois que nous habitons ici; je croyais que cette maison serait la dernière?

– Ne t'ai-je pas toujours dit, Arianne, qu'il faut être le plus riche de la région où tu vis? Et que même si tu es dans un taudis, il te faut avoir le plus beau taudis de la rue?

J'étais en désaccord total avec cette façon de penser et il le savait.

– D'ailleurs, ajouta-t-il, des visiteurs viennent ce soir!

À nouveau, il ne m'avait absolument pas consultée pour décider de la vente de la maison. Je commençais vraiment à en avoir par-dessus la tête mais je ne faisais rien pour me sortir de cette situation.

– Je te promets que notre prochaine demeure sera la dernière.

J'étais sidérée! Moi qui prenais des vacances pour me reposer, nous étions en mai et il voulait déménager en juillet!...

Quelques jours plus tard, j'avais encaissé le coup une fois de plus et nous nous mîmes à chercher un nouveau domaine: cette fois-ci, il s'agissait de trouver un château. Je me sentais totalement démunie devant la situation mais je savais que le cours des événements changerait inévitablement.

Au bout d'un mois, nous avions visité les plus beaux domaines des Laurentides avec piscine intérieure, tennis, bord de l'eau, saunas, bains tourbillons, plafonds peints à la main, lustres dignes du plus grand hôtel de Montréal, lorsque Ian décida de faire construire.

Sainte-Adèle fut choisie comme lieu de notre future demeure. Un terrain de deux kilomètres carrés fut acheté. Des montagnes longeaient notre terrain et un ruisseau le traversait.

L'élaboration des plans commença et en juillet nous avions loué une petite maison tout près du futur rêve de Ian. Notre résidence avait trente-cinq mètres de façade par quarante de profondeur; une écurie était rattachée à la maison.

Une piscine avec jets d'eau lui donnerait une allure de château de Versailles. Elle pourrait accueillir cent nageurs à la fois: un chef-d'œuvre de l'artiste architecte qui l'avait conçue pour nous, sur papier. Une fois terminé, ce «petit château» coûterait la jolie somme de trois millions de dollars.

Mais en attendant, il fallait faire les boîtes et préparer le déménagement. Avant de partir, Ian me fit signer des papiers comme quoi je renonçais à mes quelques actions canadiennes et américaines afin de les mettre au nom de Diane Tremblay. Elle était plus libre que moi pour se rendre aux usines, précisa-t-il. Pourtant, j'étais maintenant plus libre qu'elle ne pouvait l'être.

Ne me méfiant absolument pas, je signai ces papiers. À plusieurs reprises, j'eus à apposer ma signature sur certains autres documents que je ne lisais même pas. Ian était mon mari et j'avais une entière confiance en lui malgré son comportement parfois erratique.

Les jours se passaient à préparer le déménagement. Je me demandais comment nous aurions réussi à terminer ces préparatifs si j'avais travaillé. Cela m'aidait à me convaincre que j'avais vraiment pris la bonne décision.

Le changement radical d'attitude de Ian à mon égard me faisait réfléchir: je commençai enfin à songer que quelqu'un dans son entourage m'en voulait pour le luxe dans lequel je vivais, pour ma popularité, pour mon succès, pour ma bonne santé, pour ma beauté, pour le fait d'être la femme de Ian et peut-être pour ma jeunesse. Quelqu'un profitait de la dépression de Ian pour le retourner contre moi. Sans le savoir, je venais de viser juste.

Chapitre 11

Le quatre juin 1980 fut le jour du déménagement. La petite maison que nous avions louée près d'un lac de rêve nous convenait très bien. Dès mes premiers pas dans cette maison, j'avais eu le sentiment que je ne retrouverais plus avant longtemps le luxe dans lequel je vivais depuis quelques années. Curieux! Pourtant, notre château était déjà en construction.

Je travaillais avec l'architecte. Tout allait selon mes goûts et je trouvais cela très intéressant. La date de mon anniversaire approchait; Ian m'avait offert tout l'équipement d'équitation de selle anglaise. Quelques jours plus tard, il voulut me voir à l'œuvre. En cette fin d'après-midi, pendant que je m'entraînais à l'intérieur du manège, je ne cessais de guetter son arrivée. Je m'attendais à le voir apparaître d'un instant à l'autre. Non seulement les minutes, mais les heures commencèrent à passer.

Vers dix-huit heures, il n'était pas arrivé et je commençai à m'inquiéter. Avant de me faire trop de mauvais sang, je téléphonai à la maison. J'entendis sa voix au bout du fil et je me rendis compte qu'il avait déjà commencé à boire. Je lui demandai à quelle heure il comptait venir me voir au manège.

– Mais j'y suis allé et je n'ai jamais vu ta voiture.

– C'est impossible, Ian. Je l'ai même laissée à l'entrée du centre précisément pour que tu la vois. J'ai passé l'après-midi ici.

Encore une fois, je l'excusai car il était ivre mais je savais qu'il n'était pas venu.

Il vint toutefois me retrouver au centre mais refusa de me voir à l'œuvre. Il était agressif et, je le sentais bien, cherchait le moindre petit détail pour déclencher une dispute. J'optai pour la tolérance étant donné son état.

– Ta voiture n'y était pas, Arianne, lorsque je suis allé te voir.

– Elle y est depuis treize heures et en plus, c'est la seule Corvette de tout le parc de stationnement.

Qu'avait-il à me cacher pour me mentir de la sorte, et si maladroitement en plus? Dans le fond, il voulait peut-être que je me rende compte de quelque chose, de quelque chose qu'il n'osait me dire, dont il n'était pas capable de me parler, dont il avait peur?

Nous décidâmes de laisser ma voiture là où elle était. Je la reprendrais à notre retour du restaurant, plus tard dans la soirée.

Je montai à bord de notre limousine et Hugues, notre chauffeur, referma la porte derrière moi.

— Je trouve ridicule que tu prennes des cours d'équitation, Arianne; ça ne te mènera nulle part!

Il allait poursuivre lorsque je le coupai volontairement:

— Mais c'est toi-même qui m'a offert cet équipement et c'est ton désir!

— Tu n'as pas à suivre de tels cours; c'est comme ton aviation, ça n'a aucun sens!

Là, il allait trop loin... moi qui venais d'abandonner ma carrière en aviation pour «lui»! J'aurais voulu mettre ce point au clair, mais son état d'ivresse avancée m'indiquait bien que ce n'était ni le temps, ni l'endroit pour en parler. Je me promis d'y revenir: je ne pouvais plus accepter cette situation.

Quelque chose, quelque part, allait sauter mais où, quand, comment?

Le lendemain midi, j'eus un choc en arrivant au domaine et en y trouvant Ian avec Diane Tremblay. Que faisait-elle là? Que voulait-elle encore? Ian m'apprit, tout en buvant son verre de vin, que la pauvre Diane qui s'était loué un chalet dans l'Estrie, avait eu un ennui. Le chalet en question était envahi par les fourmis et les rats. Elle n'avait eu d'autre choix que de quitter ce terrible endroit. Je ne comprenais pas pourquoi il me racontait tout cela; bien des gens ont des expériences semblables. Mais il poursuivit:

– C'est ainsi qu'elle et son mari viennent de louer un chalet à un demi-kilomètre d'ici, là-bas, tu sais, près du lac, un peu plus loin. Il me regardait avec les yeux d'un enfant qui, craignant son jeu découvert, se sent pris et obligé de dire quelque chose.

Je la regardai et elle comprit parfaitement que j'en avais plus qu'assez d'elle, de ses stupidités et de sa présence dans notre vie. Je sentais que je perdais la maîtrise de moi-même: que devais-je faire? Comment agir?

Devais-je me mettre à crier ma colère comme je l'aurais voulu ou me mettre à pleurer ou encore, faire comme si cela ne me touchait pas? Oui, c'était cela ma porte de sortie, faire mine de rester indifférente. Dans le fond, je fuyais la confrontation comme je l'avais toujours fait toute ma vie dans les situations qui me faisaient peur, et ce, depuis mon enfance... par crainte du rejet, par peur d'être «abandonnée».

246

Je refoulai donc ma rage, mon agressivité et je fis comme si cela ne me touchait absolument pas. Ce mois de juillet, celui des vacances, s'annonçait long et pénible.

Les travaux de la maison avançaient moins rapidement que je ne le voulais. Je poursuivais mes cours d'équitation et, plus souvent qu'autrement, à mon retour à la maison, Diane était là, sans son mari mais avec sa fille qui lui ressemblait comme deux gouttes d'eau.

Ian commençait ses journées en buvant et les terminait sans être conscient de quoi que ce soit. Un soir, nous devions aller au théâtre, voir une pièce, mais tout fut annulé à cause de l'état d'ébriété avancé de Ian. Nous allâmes au restaurant avec Diane et son mari. Ian était tellement ivre qu'il ne savait plus ce qu'il faisait. Il commença une discussion qui tourna vite au vinaigre. Et là, je ne me dominai plus et ne me gênai pas pour éclater. La joie de Diane devait être grande: me voir enfin commencer à réagir, à en avoir «marre».

Je sais que c'était le but de sa présence, cet été-là, mais à l'époque, je ne m'en rendais pas compte ou plutôt, je ne voulais pas m'en rendre compte.

Alors que je parlais à Ian, voilà que l'époux de Diane, Jean-Marie, lui-même alcoolique, se mêla de ce qui ne le regardait pas. Cet être légèrement déficient ne se doutait pas du tout que quelque chose se tramait. Ce petit homme qui avait l'allure d'un nain, avait aussi un très beau visage. Ses yeux bleus exprimaient une certaine pureté. Mais l'alcool dans sa vie gâchait tout. Il me dit sur un ton de reproche:

— Voyons, Arianne, tu sais bien que Ian est fatigué, il ne faut pas que tu le prennes ainsi. Ce n'est pas la fin du monde s'il a pris un verre de trop. Tu ne devrais pas réagir de cette façon mais plutôt tenter de le comprendre.

Je l'envoyai promener tellement j'étais en colère et je me levai pour partir. Tout ce monde suivit et nous rentrâmes à la maison.

Je ne comprenais pas comment Ian, si distingué, pouvait fréquenter des personnes aussi vulgaires. Arrivés à la maison, Ian sembla avoir repris la maîtrise de lui-même et me demanda de servir du café à Diane et à son mari avant qu'ils ne partent. Pendant que je préparais le café, Ian et Diane s'offraient des cacahuètes à tour de rôle, tout en s'embrassant les doigts lorsque ces derniers arrivaient à leurs lèvres.

Je fis une crise et dis à Jean-Marie:

— C'est ça, ta femme? Ne vois-tu pas ce qui se passe?

Il était ivre comme les autres. Je mis Diane et son mari dehors, ce qui me valut les foudres de Ian.

Le lendemain, ce fut, pour Ian, comme si rien ne s'était passé la veille. Je n'avais pas fermé l'œil de la nuit. Il était frais et dispos comme tout alcoolique qui se respecte et moi, j'étais éreintée et j'avais un mal de tête épouvantable.

Cette journée-là fut à nous et le silence était de rigueur. Les choses se gâtaient entre lui et moi, surtout depuis l'arrivée de Diane à Sainte-Adèle. J'étais de plus en plus convaincue qu'elle était responsable de la situation mais j'ignorais de quelle façon. Comment se faisait-il que Ian, si exigeant en ce qui concernait la beauté et l'intelligence féminines, en soit arrivé à flirter avec cette Diane Tremblay? Christine était beaucoup plus belle et avait une forte personnalité.

Cela me rendait perplexe; il était impossible que Ian l'ait choisie. Il était entouré des plus belles femmes de Montréal. Comment se faisait-il qu'il ait une relation avec elle? Pour ses affaires, oui, ce devait être cela. Qu'était-il donc arrivé à mon mari? Ce n'était pas possible; Ian n'était pas du genre à se laisser manipuler par qui que ce soit.

À nouveau, et sans le savoir, j'avais vu juste mais j'étais persuadée que cela était impossible et j'abandonnai l'idée.

C'était le quinze juillet et nous avions rendez-vous à Montréal. Je regrettais qu'il ait accepté cette invitation, dont l'objectif était politique, au moment des vacances.

Le téléphone sonna avant notre départ: c'était Nicole. Elle nous annonçait qu'elle était enceinte. Elle et Victor étaient ravis.

Ian émit un grognement en guise de réponse mais, dans le fond, je le savais heureux de cet événément.

Au *Reine Élisabeth*, les plus belles tenues de soirée brillaient de tout leur éclat sous les projecteurs de la salle de bal. Quelques minutes après notre arrivée, une voix chaleureuse s'adressait à moi:

– Arianne, comment vas-tu? Quel plaisir de te revoir après tout ce temps!

Je la reconnus tout de suite, c'était celle de Philippe Williams. Il participait à cette fête et j'en étais des plus heureuse.

Quelques instants plus tard, Ian se mêla à la foule et je restai en compagnie de Philippe. Ce dernier, en m'offrant une coupe de champagne, ne cessait de me bombarder de questions:

– Et l'aviation, Arianne? La voltige? Où en es-tu?

Toutes ces questions me faisaient mal surtout depuis que je constatais avoir abandonné ma carrière absolument pour rien.

* * *

Philippe et moi avions été présentés l'un à l'autre par Sébastien Williams, son frère, qui était pilote de ligne et que je connaissais depuis plusieurs années. Il ne se doutait pas de l'avalanche d'amour et de passion qu'il allait

250

déclencher. Notre rencontre, deux ans auparavant, me revint en mémoire.

Le contrôleur aérien m'avait dit:

– Whisky Charlie: vous avez un avion à trois heures, un Cessna 150, le voyez-vous?

– Affirmatif, avion en vue.

– Sierra Mike: vous êtes numéro un pour l'atterrissage. La piste en usage est la «28», les vents sont de 245 degrés et à 15 nœuds.

– Whisky Charlie: vous êtes maintenant numéro deux derrière Sierra Mike.

– Bien compris, Mike Charlie.

Le Cessna 150 qui nous précédait fit un super virage à grande inclinaison à cent mètres sol.

«Sûrement un expert aux commandes», pensai-je. Après l'atterrissage, mon élève et moi dégageâmes la piste et reçûmes du contrôle au sol la permission de rouler jusqu'à la base du ministère des Transports.

Je décidai par la suite d'aller à la cafétéria pendant que l'étudiant que j'accompagnais passait son examen écrit. En y entrant, j'entendis: «Arianne!» Je reconnaissais cette voix! Je me retournai et vis Sébastien Williams. Sans attendre, j'allai le rejoindre. Il ne faisait aucun doute que la personne assise à la même table que lui était son frère; la ressemblance était flagrante. Après avoir salué Sébastien, je dirigeai mon regard vers son compagnon et lui fit un bonjour amical.

– Arianne, je te présente mon frère Philippe!

Et il enchaîna: «Philippe, voici Arianne Mauriac Dublin, la première femme à...» Philippe se leva et continua la phrase de son frère: «... la première femme à avoir volé sur jet militaire au Canada!» Il me tendit la main en souriant, dévoilant ainsi un sourire éclatant:

– Cela me fait vraiment plaisir, madame, de faire votre connaissance!

Sa main chaude avait la douceur du velours.

Je le regardai droit dans les yeux. Ces yeux, si bleus, étaient dignes de ses ancêtres nordiques: qu'ils étaient beaux ses yeux! On y voyait se refléter un certain idéal.

Philippe Williams me plut dès notre première rencontre.

J'appris que c'était leur avion qui m'avait précédée avant d'atterrir.

– J'avais donc raison de penser que cet avion, le vôtre, était piloté par quelqu'un d'expérimenté. Le virage parfait effectué pour la courbe finale ne pouvait avoir été exécuté que par un professionnel de ta trempe, Sébastien!

– Je regrette, chère Arianne, mais c'était Philippe qui pilotait, et non moi.

– Monsieur Williams, je ne...

– Appelez-moi Philippe... vous voulez bien? dit-il d'un ton enveloppant et suave.

– D'accord, je veux bien. Mais, dans ce cas, vous m'appellerez Arianne!

Je fis une pause comme pour mieux poursuivre:

– Je ne savais pas que vous pilotiez, Philippe.

– Le vol m'apporte énormément. Je vous comprends d'avoir voulu voler sur des jets militaires!

– Dites-moi, travaillez-vous dans l'aviation? Car pour piloter comme cela, je sais qu'il faut avoir de nombreuses heures de vol à son actif.

– Non, Arianne, je suis médecin mais...

Il n'eut pas le temps de terminer sa phrase que Sébastien enchaînait:

– Ce qu'il allait te dire, Arianne, c'est que Philippe est un ex-pilote militaire.

– Wow! Philippe, racontez-moi!

Voyant mon enthousiasme, il se mit à rire.

– Avec un tel enthousiasme, je comprends mieux votre réussite.

Cette phrase me surprit: il semblait connaître mon cheminement dans l'aviation. Il poursuivit:

– Puis-je vous dire que je vous admire, Arianne, car, comme le dit l'expression: «vous avez du front tout le tour de la tête!»

Je ne répliquai rien à cela mais mon air interrogateur fit que Philippe poursuivit:

– Je connais toute votre histoire, Arianne, et je vous dis «Bravo»! Quelle audace vous avez eue d'écrire au Premier ministre du Canada; il fallait le faire! Et vous l'avez obtenue, cette permission. Formidable!

Il s'était lancé dans ce petit monologue avec un tel sérieux! Comme si cela lui tenait vraiment à cœur. Je ne savais plus que dire. Je haussai les épaules tout en remuant la tête en signe de dénégation:

– Vous savez, Philippe, il me semble normal d'avoir fait cela!

– Si cela était aussi normal que vous le dites, il y a déjà plusieurs années que les femmes voleraient sur des avions militaires. Acceptez-le, Arianne! Vous avez fait faire un pas fantastique aux femmes et vous les méritez, ces éloges!

Je ne pus que rougir car Sébastien, de son côté, approuva aussi.

— Mais vous n'avez toujours pas répondu à ma question; vous vous la rappelez? répliquai-je timidement.

Cet homme dégageait un magnétisme formidable.

— Oui, voilà, Arianne! Je volais sur chasseur, entre autres, celui que vous préférez, je crois, le CF-5.

Je n'osai lui demander comment il savait que je préférais le CF-5 au CF-101, mais il comprit ma surprise.

— D'après vos reportages et entrevues à la télévision, à la radio et dans les journaux, et lorsque je vous vois ici devant moi, je conclus que votre dynamisme, votre tempérament font de vous une femme d'action. Un chasseur tel que le CF-5 est plus audacieux, plus vivant que le CF-101.

— Belles déductions et réponse exacte, Philippe; je préfère nettement le CF-5!

Nos regards se croisèrent, voltigèrent, s'enroulèrent. Un «je ne sais quoi» se produisit. On aurait dit qu'un feu d'artifice vibrant de toutes ses couleurs venait de s'emparer de moi. J'étais comme sous une pluie d'étincelles d'amour. C'était merveilleux à vivre! Philippe me raconta, par la suite, sa vie en tant qu'étudiant en médecine, ce qu'il avait fait dans l'armée canadienne ainsi que son entraînement comme pilote. Il combina ces deux activités pendant quelques années. Il avait maintenant son propre bureau à Montréal. Il était chirurgien général et venait de se porter candidat pour les prochaines élections fédérales prévues dans six mois. Il avait toujours fait, m'avoua-t-il, depuis sa sortie de l'aviation militaire, de la politique.

Sébastien se leva, donnant ainsi le signal du départ. Quelques minutes plus tard, je les raccompagnai à la sortie de la cafétéria. De la fenêtre où j'étais, je pouvais voir l'avion des Williams que Sébastien examinait avant le vol. Philippe enfilait une combinaison. Son abondante chevelure brun foncé ne cessait d'être balayée par le vent. Grand et mince, le frère de Sébastien devait faire un mètre quatre-vingt-quinze.

On sentait en lui tout à la fois la formation intellectuelle et sportive. Philippe Williams rayonnait d'équilibre, équilibre physique, mental mais aussi, oserais-je ajouter, psychique. Une force émanait de cet être.

Se sentant observé, il leva la tête, pendant qu'il était en train de remonter la fermeture éclair de sa tenue de vol et fixa son regard sur le mien; je lui souris. Il me regarda très intensément. Je sentis subitement une tristesse dans les yeux de cet homme. Mais qu'avait-il? Il finit par me sourire, me salua de la main et s'installa à bord de l'appareil. Un vide soudain s'empara de moi, tout d'un coup, comme ça. Je compris que j'avais été très bien en sa présence. Cela me surprenait car, depuis des années, je vivais presque quinze heures par jour dans le monde masculin

256

de l'aviation, toujours entourée d'hommes, mais jamais aucun d'entre eux ne m'avait dérangée ainsi.

Que se passait-il? Je savais que Philippe Williams me plaisait. J'étais presque certaine que cela était réciproque. Pourquoi étais-je ainsi bouleversée?

La réponse fut simple: je ne voulais pas m'avouer que je venais de «tomber amoureuse», que j'avais eu un «coup de foudre» pour Philippe Williams dès notre première rencontre. Cela semble peut-être curieux mais c'était ainsi: je me refusais à admettre la vérité; et c'est malheureux, car si j'avais osé faire face à la réalité dès cet instant, j'aurais évité tout ce que j'allais avoir à vivre au cours des prochaines années.

Déjà, en cet été 1980, il était vrai qu'entre Ian et moi, ça n'allait plus, et ce, depuis les quinze derniers mois. La différence d'âge qui nous séparait était maintenant un point négatif dans notre couple. J'avais vingt-neuf ans et Ian, cinquante.

Quelques années plus tôt, alors que je n'avais que vingt et un ans, je n'aurais pas pu m'avouer que c'était un père que j'avais trouvé en Ian et non un mari. Sans le savoir, à cette époque, je recherchais la présence paternelle qui m'avait tant manquée.

* * *

257

Et là, dans cette salle de bal, dans ce luxueux hôtel de Montréal, je regardais Philippe. Il me plaisait toujours autant que lors de notre première rencontre. Il reprit:

– Arianne, toi qui, il n'y a pas si longtemps, cherchais toutes les façons de parler d'aviation, te voilà bien silencieuse sur un sujet qui te passionne tant.

Tout en lui souriant et en tentant de le rassurer, je lui dis:

– Voilà que tu te fais psychologue, docteur Williams; mais ne sois pas inquiet, cher ami, ça va bien, ça va même très bien!

Il cessa de rire:

– Que se passe-t-il? Tu sembles si triste?

Soudainement, en le regardant, je sentis un besoin fou d'amour, d'affection; je le désirais physiquement. Il y avait longtemps que Ian et moi n'avions fait l'amour, son alcoolisme nuisant sérieusement à nos relations sexuelles.

J'eus peur que Philippe lise en moi ce désir. Je détournai mon regard du sien tout en changeant de sujet.

Je me sentais très vulnérable. Mes yeux s'embuaient un peu plus à chaque seconde qui passait.

Depuis presque un an maintenant, je ne m'étais confiée à personne. Je vivais comme si tout allait bien entre Ian et moi. J'encaissais tout sans broncher.

Ne pouvant plus contenir mes larmes, je m'excusai auprès de Philippe:

– Je dois partir Philippe, si tu veux bien m'excuser, et j'avançai aussi rapidement que je le pouvais dans cette mer de monde.

Je me dirigeai vers les toilettes. Là, je pus refouler les larmes qui coulaient sur mon visage et retoucher mon maquillage.

Au bout d'un certain temps, je sortis. À peine avais-je fait quelques pas, que quelqu'un me prit le bras. C'était Philippe.

– Arianne, je vois bien que quelque chose ne va pas.

Et tout en disant cela, il me dirigea tendrement vers un endroit plus calme et isolé. Seuls dans le petit salon rose, avec douceur, il me prit par la main tout en m'asseyant à ses côtés:

– Maintenant, raconte-moi ce qui se passe!

J'hésitai et je précisai:

– Pourquoi me confierais-je à toi? On se connaît à peine.

– Tu sais que tu m'as toujours plu, que nous nous comprenons tous les deux car nous sommes de la même race toi et moi. Je sens que tu as besoin de parler. Toi, toujours pétillante de vie, éclatante de vigueur.

Je le regardai dans les yeux et cette fois-ci, je ne pus retenir mes larmes qui recommencèrent à ruisseler.

— Allez, pleure un bon coup, cela va te faire du bien. Ne sois pas inquiète, j'ai demandé à mon chauffeur de veiller à ce que l'on ne nous dérange pas.

Pourquoi fallait-il que je rencontre cet homme si gentil, si affable? Comment se faisait-il qu'il me comprenne si bien alors que je ne lui avais jamais rien dit? Pourquoi est-ce que Ian, avec qui je vivais et que j'aimais encore malgré tout, ne me comprenait pas comme Philippe semblait si bien le faire?

Je n'en finissais plus de pleurer.

Il était vrai que cela m'avait fait un bien immense. J'essuyai mes yeux en me regardant dans un miroir accroché au mur. Quel désastre! Mon maquillage était de nouveau à retoucher.

Prenant mon visage entre ses deux mains, très délicatement, il le releva et me dit:

— Tu es si belle, tu m'as toujours attiré. Je vais t'avouer ceci: la toute première fois que je t'ai vue, je me suis dit qu'un jour, je t'enlèverais à Ian Dublin et que nous partirions ensemble.

Ne voulant pas en entendre davantage, je me levai et je reculai d'un pas. Il ne fallait pas qu'il continue à parler ainsi; voyant que je me préparais à fuir de nouveau, Phi-

260

lippe me tira fermement vers lui. Ma poitrine se colla à la sienne tandis que je me débattais pour éviter de tomber dans un problème plus grave que celui que je vivais avec Ian. Et nos souffles s'unirent pour n'en faire qu'un!

Je frémissais; qu'il était bon d'embrasser cet homme qui m'attirait depuis fort longtemps déjà! Mon cœur battait la chamade: je n'en finissais plus de poser mes lèvres sur les siennes; l'odeur de sa peau m'excitait.

Au bout de quelques minutes, j'étais calmée.

Je n'osais lui reparler de sa déclaration d'amour, de ce qu'il m'avait dit plus tôt. Je ne lui en voulais pas de ce baiser volé car je désirais cet homme plus que tout au monde.

C'est lui qui, le premier, osa rompre le silence:

— Je ne veux pas t'effrayer, Arianne, mais ce que je t'ai dit avant de t'embrasser est vrai. Je t'aime depuis notre première rencontre.

Je le regardai, avec de grands yeux.

— Il ne faut pas. Je ne savais pas que tu ressentais autant de passion à mon égard. J'ai beaucoup de respect pour ce que tu ressens, tu sais, Philippe, mais il ne faut pas. Je suis désolée...

— Je comprends la situation, n'y pense plus, Arianne, mais parle-moi plutôt de ce qui ne va pas, cela restera entre nous.

J'étais heureuse de pouvoir lui en parler et je lui racontai ma dernière année avec Ian, la présence de Diane Tremblay dans notre vie, mon abandon de carrière, ma peine de voir Ian alcoolique et de ne pouvoir l'aider. Et je me mis à verser des larmes à nouveau.

Philippe me prit dans ses bras. Cela me faisait tant de bien, je me sentais réconfortée. Il y avait presque une heure que nous étions ensemble à parler. Ian devait sûrement me chercher partout.

Philippe me laissa aller et nous ne parlâmes pas de nous revoir. Je retouchai mon maquillage et je quittai le salon.

Lorsque j'arrivai dans la salle de bal, je cherchai Ian. Je m'étais inquiétée pour rien car il dormait dans un fauteuil. À nouveau, il avait bu jusqu'à perdre totalement conscience. Comme je m'approchais de lui, il se réveilla, me reconnut et me dit qu'il m'aimait. Et tout en l'entourant de mes bras comme une mère l'aurait fait avec son enfant, je répliquai: «Moi aussi, Ian, je t'aime.»

À ce moment-là, je ne lui en voulais plus. Les larmes avaient chassé mes craintes et le fait de m'être sentie aimée pendant quelques minutes par Philippe m'avait redonné le calme, une sorte de paix intérieure. Je ne savais pas ce qui allait se passer et j'aimais mieux ne pas y réfléchir. Pour l'instant, quelques heures de sommeil seraient des plus réparatrices.

De retour dans la limousine, je réfléchissais à Philippe tandis que Ian dormait paisiblement à mes côtés. Je me pardonnais ce moment de passion avec Philippe Williams. Cela avait été une nécessité. Il fallait que nos chemins se croisent pour cet instant d'amour. De toute façon, je savais que je ne le reverrais pas.

La nuit fut douce sous le clair de lune. Le lendemain, repensant à cette rencontre avec Philippe, je comprenais à quel point je manquais d'amour physiquement et affectivement avec Ian. J'osai aborder le sujet et la réponse qu'il me donna me figea:

– Je suis impuissant, Arianne. C'est le docteur Octave qui me l'a confirmé la semaine dernière; je n'y peux rien.

Je demeurai bouche bée. C'était impossible, voyons! Ian, impuissant! Je voulais que nous en parlions mais je le sentais très mal à l'aise; il était gêné, comme humilié.

– Tu ne crois tout de même pas cela! Si tu voulais, on en parlerait, cela pourrait t'aider et m'aider aussi!

– Le médecin est catégorique. Il connaît son affaire, tu sais, Arianne. Je préfère ne plus en parler. Je regrette pour toi car tu es si jeune!

Tout en prononçant ces mots, il était déjà arrivé sur le balcon extérieur par la cuisine et je me retrouvai seule. Ces dernières paroles «Je regrette pour toi car tu es si

263

jeune» semblaient nous condamner tous les deux. Spontanément je me mis à écrire comme pour conjurer le sort:

«Énergie cosmique,

»Je suis ton enfant et je me sens bien.

»Je suis remplie de ton Amour et de ton Énergie.

»Merci à toi, Puissance Divine pour ma vie, ma santé et pour cette belle nature qui m'entoure.

»Éclaire-moi, guide-moi et fais-moi davantage prendre conscience de ta Présence en moi».

Au même moment, Ian entra et sembla curieux de ce que pouvait contenir le bout de papier que je tenais entre mes doigts. Je le savais totalement dépressif même s'il ne voulait pas l'admettre. Je voulais tant l'aider. Je lui lus mon petit mot. Ce fut un moment de communion «spirituelle» comme nous n'en avions jamais vécu ensemble.

Ce fut le tout premier et, malheureusement, le tout dernier aussi. Lorsqu'il commença à lire, Ian prit ma main dans les siennes et, priant à haute voix avec moi, il ferma les yeux. J'étais convaincue qu'il voulait me parler, qu'il allait me dévoiler ce «quelque chose» qu'il gardait, là, tout au fond de son cœur. Son secret, ce secret qui, peu à peu, lui enlevait son énergie, le rendait malade et qui, petit à petit, le faisait mourir.

Cette union de nos âmes prit fin sans qu'il réussisse à me dire quoi que ce soit. Ian retourna dans son bois voir au bon ordre de notre chantier de construction. Après son départ, j'étais bouleversée. L'idée me vint de téléphoner à son médecin personnel.

Le docteur Octave était toujours aussi jovial; quelle personnalité formidable!

— Comment va la santé, Arianne? J'espère que cet appel ne m'annonce pas une mauvaise nouvelle?

— Non, pas du tout. Si je vous appelle, c'est au sujet de Ian. Il m'a dit que vous l'aviez examiné la semaine dernière?

— Oui, je me rappelle, il s'agissait de son examen annuel.

— Écoutez, docteur, Ian m'a dit qu'il était devenu impuissant. Voulez-vous m'en parler davantage, j'aimerais l'aider mais je ne sais pas exactement de quelle façon!

— Il vous a dit qu'il était impuissant?

— Oui, c'est bien ce qu'il m'a dit. Vous semblez surpris?

— Je le suis, ma chère, car je ne lui ai jamais dit cela, et il ne m'en a pas parlé. Le problème, c'est qu'il prend de l'alcool avec les calmants prescrits pour sa dépression. Je lui ai pourtant bien expliqué, vous savez, Arianne. Il doit arrêter cela sinon il plongera encore plus profondément. Il n'y a pas autre chose, ma chère. Votre mari n'est certainement pas impuissant, ne vous en faites pas et il le sait. Il fait une bonne dépression. Vous allez voir, Arianne, tout va se replacer d'ici peu.

Cela me rassura mais pas tout à fait...

Mon mari me repoussait-il volontairement sexuellement? Il m'était impossible d'accepter le fait qu'il soit plus près de Diane Tremblay que de moi. S'il ne pouvait faire l'amour avec moi, il ne le pouvait pas non plus avec elle. Tout au long de nos sept ans de vie de couple, Ian n'avait cessé de me dire à quel point mon corps l'excitait et je voyais bien que je l'attirais encore: la façon dont il me regardait le soir, lorsque je me déshabillais me le prouvait bien. Il me désirait de tout son être.

La sonnerie du téléphone interrompit mes pensées:

— Arianne, bonjour! Ici Thomas de Saint-Exupéry Aviation.

Quel bonheur! Quelqu'un de l'aviation! Il y avait si longtemps que je vivais loin du monde de l'aviation, presque quatre mois maintenant.

— Oui, bonjour, Monsieur Thomas! Comment allez-vous? Et l'équipe: ça vole beaucoup?

— Pourquoi ne venez-vous pas vous en rendre compte par vous-même, Arianne? J'ai appris que vous vous étiez retirée?

– Effectivement, c'est bien vrai!

– Vous ne trouvez pas qu'il est un peu tôt pour votre retraite, Arianne, à vingt-neuf ans? Et voilà que je riais à l'autre bout du fil. Qu'il était bon d'entendre la voix de monsieur Thomas, qui avait été mon ancien patron, lorsque j'avais été instructeur-pilote à son aéroport. Je revoyais mon premier vol en tant qu'élève: monsieur Thomas, cheveux blancs et dans la quarantaine, bel homme distingué, était suffisamment grand pour avoir de la difficulté à s'asseoir dans un petit avion d'entraînement. Bien s'installer, lors de ce premier vol, lui demanda presque vingt minutes. Cela avait été tellement drôle! Lui-même avait trouvé la situation amusante. Quel bon souvenir! Cet appel me redonna une énergie «aérienne» que je n'avais plus. Je la savourais, elle était comme «magique»!

– Mais que me vaut l'honneur de votre appel?

– Arianne, cela vous plairait-il de reprendre contact avec l'aviation mais cette fois-ci comme chef-pilote de la base?

Un élan de bonheur fit vibrer mon cœur. Il y avait si longtemps que je n'avais entendu parler d'avions, de mon univers et, à la pensée de me revoir sur une base, surtout celle de Saint-Exupéry Aviation, j'exprimai ma joie.

– Je le savais, Arianne, vous êtes faite pour voler.

– Monsieur Thomas, ne prenez pas ce cri de joie comme un «oui» à votre proposition. Comprenez-moi, je dois réfléchir.

– Je comprends très bien. Pensez-y, Arianne; nous pourrions nous rencontrer pour discuter salaire ainsi que de vos futures responsabilités.

J'étais folle de joie. Je raccrochai et, à la pensée de me revoir entre ciel et terre, assise aux commandes d'un avion, je devenais euphorique. Devenir chef-pilote de la base où j'avais grandi et tout appris en aviation, me comblait. Des souvenirs incomparables refaisaient surface. Y retrouver Marc et mes amis, quel bonheur!

Mais il fallait que j'en parle avec Ian et je savais que ce ne serait pas facile.

Le lendemain soir, deux nouvelles m'attendaient: la première était que Julie avait un petit ami qui fréquentait aussi le groupe dont Julie était membre. Elle avait changé et pour le mieux. J'en étais très heureuse. Puisque son copain Serge acceptait d'être surveillé par des personnes spécialisées dans le domaine de la déficience mentale, Julie maintenant l'acceptait aussi. Quelle belle nouvelle! J'étais pleine de joie lorsque je voulus aborder le sujet de Saint-Exupéry Aviation avec Ian, mais il prit la parole avant moi:

– Arianne, je voudrais être seul!

Il ne parlait plus. Il ne faisait que me regarder comme si quelque chose le forçait malgré lui à répéter cette phrase:

— Je voudrais être seul, je veux que l'on se sépare.

J'étais en train de desservir le repas du soir. Je me tournai vers lui, comme au ralenti, foudroyée par ces paroles.

— Tu veux que l'on se sépare légalement, c'est ce que tu veux dire?

Tout en baissant les yeux, il s'exclama sèchement:

— Exactement; il serait mieux pour nous de nous séparer.

Je ne bougeais plus. J'étais comme paralysée. Je parvins à m'asseoir mais je n'arrivai pas à parler. Je le regardais tandis que lui me fuyait du regard.

Je ne sais combien de temps cela me prit pour rompre le silence qui devenait insupportable:

— Je comprends que les choses ne vont pas très bien mais faut-il vraiment en arriver là? Pourquoi Ian?

— Je n'ai pas à t'en parler.

Ma pression artérielle venait de grimper en flèche. Son «Je n'ai pas à t'en parler» me rendait ridicule, me minimisait, comme si je n'avais rien à voir dans sa vie, dans notre vie. Je sentais qu'il disposait de moi, tout bonnement, selon son humeur.

Je passai de la douceur à une violence extrême. Je lui fis une scène nourrie de toutes les peines, colères, chagrins et chocs accumulés; une scène comme jamais il n'en avait vue.

Je me sentais utilisée: Ian se foutait carrément de moi. Je n'en pouvais plus de ses changements de comportement, de ses manipulations, de son alcoolisme, de son attitude de paon paradant devant nos invités, de son grand besoin d'étaler ses richesses, de ses colères, de ses rages, de son comportement envers moi, de sa «Diane» qu'il protégeait sachant malgré tout avoir fait une erreur en lui donnant le poste qu'elle occupait.

Ma colère s'acheva à la clinique du Nord. La tension fut telle que je me pliai subitement en deux sans plus pouvoir me relever.

Mon corps m'avait averti que je faisais, depuis les derniers mois, trop de choses qui ne me plaisaient pas. Je souffrais terriblement, autant dans mon cœur que physiquement.

Ian se précipita vers moi et m'attrapa avant que je ne m'effondre sur le plancher de la cuisine. Il m'installa sur le siège arrière de la limousine et m'amena à la clinique.

Après examen et radiographie, le diagnostic fut le suivant:

— Rien de grave: spasmes musculaires! Gardez le lit une semaine et prenez ces anti-douleurs. Interdiction de remonter à cheval!

J'en eus pour dix jours sur le dos, en plein cœur de juillet. On ne reparla pas de séparation. Le moindre mouvement me faisait affreusement souffrir. Je relus *L'Énergie Cosmique* du Dr Murphy. Un livre qui me soulagea un peu. On aurait dit que tout s'arrangeait pour que je retourne à l'aviation.

Il était certain que si nous nous séparions, il me faudrait travailler pour gagner ma vie.

Ian était gentil avec moi; il faisait tout son possible pour me rendre ce séjour au lit plus agréable. Août arriva avec ses odeurs annonçant l'automne et nous reparlâmes de notre séparation.

Cette fois, nous discutâmes calmement; je lui parlai d'une nouvelle possibilité pour moi de retourner voler. Tout au long de cette conversation, c'est en pleurant que je lui demandai de répondre franchement à cette question:

— Ian, y a-t-il une autre femme dans ta vie? J'aimerais vraiment le savoir.

Il me regarda, stupéfait; il pouvait bien l'être après tout ce qui s'était passé sous mes yeux avec Diane Tremblay.

– Non, sois rassurée, Arianne, il n'y a aucune femme dans ma vie à part toi.

La conversation n'alla pas plus loin cette journée-là. Le lendemain, je pris rendez-vous avec monsieur Thomas. J'avais besoin de voler et de travailler.

Revoir Saint-Exupéry Aviation, tout ce monde que j'aimais, fut comme un baume sur ma plaie ouverte. Mon travail, si je l'acceptais, serait celui de chef-pilote. J'aurais la responsabilité de la base entière: du chef-instructeur, des instructeurs, des pilotes, des élèves-pilotes, des mécaniciens et des essais en vol et au sol.

Cette fonction me remplissait de bonheur. Le salaire, par contre, n'était pas formidable mais j'allais faire quelque chose que j'aimais et surtout, j'allais «voler». De retour à la maison, j'expliquai à Ian que j'avais décidé d'accepter le poste de chef-pilote. Il en parut tout heureux et commença à me parler de la possibilité d'acheter Saint-Exupéry Aviation. Je n'en revenais pas. Il disait comprendre que je n'avais pas le caractère d'une femme d'intérieur.

– Je l'accepte, Arianne, maintenant, je l'accepte!

Je ne savais plus ce que je devais croire: allions-nous nous séparer ou continuer ensemble? J'étais renversée par ce qu'il venait de m'annoncer. Jouait-il à nouveau avec moi? J'allais le savoir bientôt. Un rendez-vous fut pris entre monsieur Thomas, son comptable et nous.

Lorsque nous sommes arrivés à l'aéroport, mon futur patron nous accueillit avec joie et nous nous rendîmes dans son bureau. Je laissai toutefois les hommes quelques minutes, histoire d'aller revoir mes ex-compagnons de travail. Lorsque je revins dans le bureau, j'appris que Ian n'était absolument pas intéressé à acheter l'entreprise.

— Arianne, tu peux accepter ce poste, c'est super pour toi, me rétorqua-t-il sèchement.

Je ne comprenais plus. Il était venu discuter affaires en vue de l'achat possible de cet aéroport et non discuter de mon futur emploi, que je n'avais d'ailleurs même pas encore accepté.

Je regardai mon patron qui avait un air de tristesse.

Je courus rejoindre Ian à la limousine:

— Tu n'étais pas venu discuter si je devais accepter ce poste ou non; il me semble que cette décision m'appartient. Tu étais venu pour discuter de la possibilité d'acheter cet aéroport.

Il me coupa net et, comme à l'habitude, me dit:

— Tu sais que je ne peux pas sentir ce gars-là; je ne l'ai jamais aimé et crois-moi, c'est réciproque!

— Où veux-tu en venir exactement, Ian? Je n'ai tout de même pas rêvé ce que tu m'as dit hier?

– Hier, je ne savais pas ce que je disais, voilà tout!

– Tu me fais passer pour une belle idiote devant les gens, Ian, comme si tu devais tout décider pour moi. Ton comportement n'est pas honnête. Je ne sais plus que penser de toi.

J'acceptai le poste et je repris donc, et avec grand enthousiasme, ma place en aviation. Je me sentais émue d'être chef-pilote de ce petit aéroport qui m'avait vue grandir. Il n'y avait pas assez d'heures dans une journée pour achever mon travail.

Un soir que je rentrais à la maison, j'appris que ma demande de voler avec l'équipe militaire américaine «The Birds» avait été acceptée. J'allais voler avec ces «as de la voltige aérienne» en octobre prochain: il restait seulement la date à fixer.

Lorsque Ian arriva à la maison, il semblait fort préoccupé:

– Écoute, Arianne, je ne veux pas que tu vives ce qui va arriver. Je me dois de réfléchir et pour cela, j'ai besoin d'être seul.

L'angoisse se lisait sur son visage, je ne comprenais pas ce qu'il venait de me dire. Était-ce une demande et si oui, une demande de quoi? Qu'est-ce qu'il ne voulait pas que je vive?

Quelques secondes s'écoulèrent; l'expression de ses yeux me fit comprendre que j'allais découvrir quelque chose de sordide.

— À bien y penser, Arianne, tu devrais voir un avocat. J'aimerais que nous nous séparions. On pourrait faire cela à l'amiable, tu aurais ton appartement et tu pourrais vivre ta vie, celle que tu veux.

Et il avait, de nouveau, tout planifié.

Il me donnerait cinq mille dollars lors de mon départ, afin de meubler mon appartement, et douze mille dollars de pension annuelle pour les quatre prochaines années.

Tout avait été orchestré à mon insu. Je tentai de dialoguer mais il ne voulait rien entendre.

— Prends rendez-vous, dès demain, avec un avocat et demande la séparation légale, Arianne.

Cette nuit-là, je ne pus pas dormir et au réveil, j'étais anxieuse.

Mais il me fallait faire face à la musique. Monsieur Thomas avait un ami spécialiste des divorces, maître Martinès Hubert. Je pris rendez-vous pour le soir même.

Auparavant, je décidai d'aller prendre un café au *Ritz*, sur la rue Sherbrooke à Montréal. Le jardin de cet hôtel m'avait toujours fait rêver. La présence des canards pataugeant dans l'étang central du jardin me faisait toujours revivre des moments délicieux de mon enfance et de mes voyages autour de monde au bras de Ian.

Assise là, entourée de cette verdure, j'osai m'avouer pour la première fois à quel point j'étais différente de la majorité des gens et de ceux que je connaissais. Peut-être était-ce pour cela que je me sentais si seule sur cette planète. Et voilà que je repensais à ces «vaisseaux» qui faisaient partie de ma vie et auxquels je ne donnais pas l'attention demandée. Pourquoi cela?

Une grande peur m'empêchait de prendre ma vraie place dans ce monde. De nouveau, le mot «abandon» revint en moi: la peur d'être abandonnée ne me quittait pas. Qui était donc la véritable Arianne Mauriac? J'étais perdue dans ces pensées lorsqu'une voix connue se fit entendre. En me retournant pour l'identifier, je sentis mon cœur frémir.

– Arianne! Quel grand bonheur, mais que fais-tu ici? s'exclama Philippe Williams.

Mes yeux se mirent à briller mais je ne pouvais dissimuler toute la tristesse que reflétait mon âme. Philippe s'en rendit compte.

Son regard plongeant dans le mien, nous revécûmes en même temps le moment de bonheur inouï et si unique qui fut le nôtre, quelques mois plus tôt, dans le petit salon rose du *Reine Elisabeth*.

Incroyable de voir à quel point la vie se charge de nous faire vivre l'imprévu. À l'époque, je disais souvent «quel hasard merveilleux», tandis qu'aujourd'hui, je sais que le hasard n'existe pas. Et c'est d'autant plus merveilleux.

Philippe me raconta que vers seize heures, il avait appelé à l'aéroport et avait appris, du même coup, le nom du nouveau chef-pilote.

Pourquoi avait-il appelé là-bas justement aujourd'hui? Avait-il senti inconsciemment ma détresse?

Soudainement, je me sentis coupable d'être assise là, avec lui, car mes sentiments pour Philippe avaient toujours été gardés bien secrets dans mon cœur.

Je voulus partir, avant que mes émotions ne m'emportent comme une immense vague. Chaque effort pour m'éloigner de Philippe m'était pénible car je désirais cet homme.

Être prise dans ses bras, tendrement appuyée sur sa poitrine, entendre son cœur battre au rythme du mien, faisaient partie de mes plus grands fantasmes. Je me levai pour partir mais sans savoir pourquoi, je me rassis.

Je me sentais si bien en sa présence. Mais tout se mêlait dans ma tête. Il reprit, tel un enfant comblé par un bonheur inattendu:

– Comment vas-tu? Je suis si heureux de te revoir, tu es si belle.

– C'est une grande joie pour moi aussi de te revoir, Philippe; tu as le don de me rencontrer au moment où ça ne va pas dans ma vie, tu sais.

Il n'en fallait pas plus pour qu'il me demandât s'il s'agissait de ma vie avec Ian. Je commençai à lui raconter ce qui s'était passé depuis juillet dernier, depuis notre dernière rencontre inoubliable.

Il était bouleversé de m'entendre lui révéler où nous en étions arrivés. Il ne dit mot pendant un bon moment, puis reprit la parole:

– Quoi qu'il t'arrive, Arianne, n'oublie jamais que je suis là, à tes côtés. Je sais que cette période est très délicate dans ta vie et je la respecte, mais j'aimerais que tu saches qu'à n'importe quel moment du jour ou de la nuit, si tu as besoin de moi, tu peux me rejoindre. Je vais te laisser mes numéros de téléphone. Je t'aime, Arianne, ne l'oublie pas.

Nous nous regardâmes longuement; j'étais si heureuse de le revoir, de l'entendre, de le sentir là, si réel, mais cela me faisait peur aussi. Il me fallut partir car je voulais être ponctuelle à mon rendez-vous chez maître Hubert.

Philippe m'embrassa passionnément et cela me fit un bien extraordiaine. À nouveau, ni rendez-vous, ni rencontre ne furent fixés pour se revoir. Il savait que j'avais besoin de temps. Mais voulais-je vraiment le revoir? Je ne lui avais pas encore révélé mes sentiments à son égard.

278

Maître Hubert était non seulement charmant mais expérimenté et rusé. Ce Français d'environ cinquante ans était fort à l'aise. Cheveux noirs et yeux tout aussi foncés complétaient l'expression de son visage qui devait être sûrement sa marque de commerce. On aurait dit un chien malheureux qui avait perdu son maître. Son tout petit nez contrastait avec son visage rond et gros. Sa bouche en forme de cœur semblait avoir besoin de parler. Il était amusant à regarder. Son luxueux bureau me fit instantanément penser aux états de compte que ses clients devaient recevoir. Il me reçut avec l'aisance d'un diplomate quoique un peu trop mielleux à mon goût. Sans doute était-ce son comportement habituel. Je m'asseyai devant lui et, après avoir échangé des banalités sur la température, il m'invita à lui expliquer ce qui m'amenait à son bureau.

Je lui racontai toute l'histoire, telle que je l'avais vécue. Sa conclusion fut simple, claire et précise:

– Madame Mauriac Dublin, laissez-moi vous dire ceci: votre époux est en pleine dépression. Ne vous en faites pas, cela va passer. Je crois tout simplement que Ian Dublin doit faire face en même temps à quatre difficultés importantes dans sa vie. Premièrement, d'après ce que vous me dites, il n'accepte pas ses cinquante ans. Deuxièmement, tous les problèmes occasionnés par son enfant, Julie, le font certainement se sentir coupable et responsable au moment où il pense prendre sa retraite. Troisièmement, la mort de son ex-épouse ajoute à son sentiment de culpabilité. Finalement, ses deux autres enfants, qui sont de retour auprès de lui, doivent mettre beaucoup de pression en ce qui concerne le partage de ses biens. À votre place, je ne m'en ferais pas outre mesure. Retournez chez vous et tout se replacera d'ici quelque temps. Essayez de l'amener voir le médecin si cette dépression persiste. Un homme de vingt et un ans votre aîné, déjà divorcé et remarié avec une aussi jolie jeune femme, croyez-moi, ne peut vouloir désirer une nouvelle séparation qui pourrait mener à un divorce. Il a trop d'expérience pour cela.

Subitement, je me sentais délivrée d'un fardeau. Quel soulagement!

Tout en s'avançant vers moi, maître Hubert me tendit la main en ajoutant:

– Donnez-vous un peu de temps et vous verrez que tout s'arrangera!

Je respirais plus facilement. J'étais de retour à la maison, il était vingt heures. Ian y était déjà; il semblait nerveux et malheureux. Mais j'étais si heureuse de ce que l'avocat m'avait dit que j'étais bien décidée à être aussi patiente qu'il le fallait afin de pouvoir l'aider à traverser cette période difficile de sa vie.

Ian me demanda sur un ton très froid si j'avais vu mon avocat.

Je lui répondis que oui.

– Il pense que je t'aime trop pour que l'on se sépare, que tu traverses une dure période de ta vie et que la séparation n'est pas la solution. Bien au contraire, il croit que ce serait destructeur pour nous deux.

Ses yeux passèrent de la colère à la tendresse.

– M'aimes-tu, Arianne? prononça Ian faiblement, comme s'il avait peur de la réponse.

– Bien sûr que je t'aime, mon chéri! En douterais-tu?

Je l'entourai de mes deux bras. Je le sentis soulagé mais je reçus une douche froide lorsqu'il me dit:

– Dans ce cas, si tu m'aimes vraiment, Arianne, tu comprendras que si je te dis qu'il faut nous séparer, c'est qu'il le faut! Tu retourneras voir ton avocat et cette fois-ci, dis-lui que c'est le divorce que je veux et non une simple séparation...

Malgré la déception du moment, je pouvais sentir à quel point il était encore plus seul que moi.

Aux petites heures, je m'endormis, épuisée; nous avions dormi côte à côte comme deux étrangers.

Au réveil, il me dit qu'il avait pensé à cette histoire toute la nuit et qu'il serait préférable que je le laisse pour une semaine. Il me suggéra d'aller chez ma mère et de réfléchir à ce qu'il m'avait dit.

J'avais besoin de lui parler de «notre» séparation et non d'en parler avec ma mère. Malheureusement, nous n'arrivions pas à établir le dialogue. Ni lui ni moi ne savions communiquer, dialoguer, partager une conversation comme deux personnes qui s'aiment savent le faire.

– Arianne, souviens-toi que je t'aime et qu'il ne faut pas que tu vives ce qui va arriver! me répéta Ian.

Visiblement, il ne voulait pas le divorce, je le sentais. On aurait dit qu'il était forcé de le faire, malgré lui. Quelque chose ou quelqu'un le tenait et le poussait à agir de cette façon.

J'avais senti à la seconde même qu'il m'aimait encore plus que jamais.

Cet homme n'avait jamais cessé de m'aimer. Il tentait ainsi de me protéger: comme si quelque chose de violent allait se produire prochainement dans «sa» vie. En m'éloignant de lui, il assurait ma sécurité. Il fallait qu'il m'éloigne à tout prix. Ainsi, à ses yeux, j'allais être hors de danger. Mais il refusait de dire ce qui le torturait. Je le quittai souriante et je me rendis à l'aéroport.

Vers midi, je reçus un appel du Nevada; il s'agissait du relationniste de l'équipe de voltige «The Birds».

J'étais enchantée car on me confirma les dates retenues pour mon vol: du vingt au vingt-sept octobre.

Mon patron accueillit la nouvelle avec fierté. Les journaux des localités voisines ainsi que ceux de Montréal furent avisés et il n'en fallut pas plus pour les intéresser.

J'organisai donc pour le dix-sept octobre, trois jours avant mon départ, une conférence cocktail incluant un vol au-dessus de Montréal pour annoncer les nouvelles activités de Saint-Exupéry Aviation: plan d'action sur lequel je travaillais depuis ma nomination afin de redonner un sang nouveau à cet aéroport que j'aimais tout particulièrement. En même temps, j'annoncerais cette première canadienne: celle d'une femme pilote volant avec les «The Birds».

Le soir arrivé, Ian était furieux de me voir de retour à la maison.

— Comment se fait-il que tu sois encore ici, Arianne? Ne t'ai-je pas demandé de partir pour une semaine?

— Écoute Ian, il y a du nouveau. Dans un mois je vais voler avec les «The Birds» américains. Je me suis dit qu'alors tu pourrais être seul car je partirai pour une semaine.

— C'est maintenant que j'ai besoin d'être seul, Arianne, et non dans un mois.

Ce furent les seules paroles qu'il prononça ce soir-là.

Le week-end fut pénible: nous eûmes de violentes disputes. Je pensai que si cette situation persistait, ma santé en serait affectée. Je décidai donc, le soir même, d'aller passer une semaine chez ma mère. Cette dernière, une fois prévenue, fut tout heureuse de ma visite. Elle n'en connaissait pas encore la raison.

Je fus reçue avec tout l'amour dont maman nous a toujours entourés. Après avoir bavardé et terminé de déballer ma valise, j'abordai le sujet en profondeur. Elle m'écouta avec beaucoup d'attention et me dit qu'elle se doutait que quelque chose n'allait pas depuis un certain temps.

Au bout d'une semaine, j'appelai Ian à la maison et au bureau: aucune réponse.

Je décidai donc de lui faire une surprise. Je m'arrêtai à l'épicerie afin d'acheter de quoi faire un festin de roi.

À mon arrivée à la maison de Sainte-Adèle, la voiture de Ian n'y était pas. Peut-être était-il au chantier de construction. Je sortis tous mes bagages de la voiture. Je tentai d'ouvrir la porte; je tournai la clef dans tous les sens possibles et je compris que la serrure avait été changée. Je décidai donc d'aller téléphoner. La cabine la plus proche était au village voisin, à environ quinze minutes en voiture. Je camouflai mon bagage ainsi que les sacs de nourriture le long du balcon, croyant revenir au cours de la prochaine heure.

Je parlai à maman pour savoir si elle avait eu des nouvelles de Ian entre temps et l'informer de ce qui venait de m'arriver en précisant qu'il avait dû être cambriolé au cours de la semaine puisqu'il avait changé la serrure.

Elle était bouleversée.

— Ma petite fille, je crois que tu as des problèmes.

— Que veux-tu dire, maman?

— Un camion est venu livrer des boîtes et des sacs pour toi, il y a une heure environ...

Elle garda le silence et poursuivit:

— Ce sont tes vêtements, Arianne; tu as reçu tes vêtements de Sainte-Adèle par livraison spéciale.

Une seule pensée me vint: maître Hubert!

— Maman, écoute, il est seize heures; je vais tenter de rejoindre mon avocat à son bureau. Je te donne des nouvelles sous peu.

Je réussis à le rejoindre. Il trouva scandaleux la façon dont Ian agissait avec moi. «Mais, dit-il, il ne faut surtout pas paniquer.»

Après s'être assuré que j'avais un endroit pour me loger au cours des prochains jours, il me conseilla de tenter de parler avec mon époux durant la fin de semaine. Maître Hubert me donna rendez-vous le lundi suivant.

Cette fin de semaine-là, je ne paniquai pas une seule fois, même si je ne réussis pas à rejoindre Ian.

Chapitre 12

Mon patron, mis au courant de la situation, me permettait certaines absences pour les rendez-vous avec mon avocat. En pénétrant pour la deuxième fois dans son bureau princier, je ne pouvais croire que cette fois-ci, c'était vrai: je venais demander les services d'un homme de loi pour mon propre divorce.

Simplement à y penser, je me sentais glacée. Maître Hubert semblait décontracté.

Au bout de trente minutes de discussion, il fut établi qu'une lettre serait envoyée à Ian afin de revérifier sa position, et de l'inviter à rencontrer mon avocat, seul à seul:

– Vous avez pensé à la possibilité d'une autre femme dans sa vie?

Je lui lançai un regard glacial et j'hésitai avant de lui répondre:

– Bien sûr que j'y ai pensé.

– Écoutez, cela peut vous paraître difficile à croire mais, pour que vous receviez votre bagage chez votre mère, cela ne vous fait-il pas penser à une attitude féminine plutôt que masculine?

Tandis que je le regardais droit dans les yeux, je sentis mon cœur battre rapidement. Je ne pouvais y croire, je refusais cette possibilité. Voyant ma réaction, maître Hubert me suggéra de faire suivre Ian si ce dernier refusait de le rencontrer.

– Le faire suivre! Il ne me semble pas que ce soit un criminel.

– C'est une simple suggestion, madame; nous saurions ainsi s'il y a présence d'une autre femme dans sa vie, c'est tout ce que je...

Je le coupai sèchement; il venait de me révéler encore une fois ce que je ne voulais pas entendre.

– Vous m'avez dit que ce divorce ne me coûterait pas plus de mille dollars, maître Hubert. Si vous employez les services d'une personne pour suivre mon mari, cela va coûter beaucoup plus cher. Je refuse de le faire suivre.

– Bon, c'est très bien: comme vous voudrez, madame!

C'est le cœur bouleversé que je revins à la base.

Lorsque j'enfilai ma combinaison de vol, la vue de mes «ailes» reçues à Trenton me rendit, malgré tout, heureuse. Je les portais avec grande fierté. Elles agissaient, dans cet instant de ma vie, en me redonnant de l'énergie. À mon entrée dans le bureau de monsieur Thomas, j'affichai un sourire de circonstance, malgré ma peine.

– Comment allez-vous, Arianne? Je vous présente notre nouveau client. Monsieur Williams, je vous présente Arianne Mauriac Dublin, notre chef-pilote et aussi, notre directeur des opérations de la base.

Mon cœur «tomba en vrilles»; quel bouleversement en moi. Philippe était déjà debout et me serrait la main tout en expliquant à mon patron que nous nous connaissions déjà.

– Monsieur Williams louera, pour les prochaines semaines, le hangar n° 2 afin d'y entreposer son avion privé, un Pitt Special II. Nous avons déjà fait les arrangements. Vous serait-il possible, Arianne, de faire visiter ce hangar à monsieur Williams?

Cela me faisait tellement de bien de le revoir: il avait le don, ce Philippe, d'être toujours là au moment où j'avais le plus besoin de lui.

Simplement entendre le timbre de sa voix me faisait chavirer. J'aimais lorsqu'il parlait. Il était si posé, si calme et confiant en lui-même. Je le trouvais encore plus beau qu'avant et non seulement physiquement mais aussi de cœur et d'âme.

Comme je me sentais bien en sa présence. Je lui servis donc de guide jusqu'au hangar n° 2.

Nous n'y étions pas encore arrivés qu'il m'enlaça et me tendit ses lèvres.

J'aimais lorsqu'il m'embrassait, au point d'en avoir même rêvé après la toute première fois. Ses lèvres chaleureuses, chaudes enveloppaient les miennes.

– Philippe, si on nous voyait...

– Ne crains rien, j'ai bien vérifié... personne ne peut nous voir.

Je le sentais solide, fort, rassurant, sécurisant et moi, je me sentais faible, vulnérable, fatiguée et angoissée. Sans attendre, il m'invita à dîner.

– Je ne sais si je peux, j'arrive de Montréal. J'ai à peine fait une heure de travail depuis ce matin!

J'étais nerveuse et pâle, il reprit:

– Laisse-moi parler à ton patron et nous irons dîner à Québec, en Pitt Special.

Quelle joie! Philippe savait à quel point j'aimais le Pitt Special, un avion de voltige. Je le sentais vibrer au même diapason que moi sur ce point. De nouveau, la joie habitait mon cœur. Une fois installés, le moteur fut lancé.

– Tu es commandant, Arianne, vas-y! Fais tout ce que tu veux avec cet avion!

Cet avion, digne des plus grandes compétitions mondiales, bondit en avant comme un cheval de race qu'il faut dompter dès le premier mouvement. Ses six cents «chevaux vapeur» en faisaient quasiment un avion de combat.

Quelle jouissance et je n'avais même pas encore décollé. Lorsque je voulus établir la communication radio afin de parler à mon patron, Philippe intervint:

– Arianne, je m'occupe de la radio.

Il reprit avec une voix plus forte:

– Saint-Exupéry Aviation bonjour: ici Pitt Special Golf Charlie Juliette Tango Mike!

– Golf Charlie Juliette Tango Mike, bonjour: ici Saint-Exupéry Aviation!

– Ici le docteur Williams. J'aimerais parler à monsieur Thomas.

Quelques secondes s'écoulèrent et je reconnus à la radio la voix de mon patron.

– Docteur Williams, ici monsieur Thomas.

– Monsieur Thomas, je voulais vous dire que je vous enlève votre chef-pilote pour le dîner. Nous serons à Québec sous peu et de retour à quinze heures locales. Qu'en pensez-vous?

Il y eut une certaine hésitation:

– C'est d'accord, docteur Williams, cela va faire plaisir à notre Arianne et lui faire le plus grand bien; feu vert accordé et bon vol.

Il ne fallut que trente minutes et nous atterrissions à Québec. Au cours du vol, Philippe ne s'était pas gêné pour me montrer les tonneaux à l'horizontale; une vraie merveille avec cette petite machine.

À peine avions-nous atterris que nous sautions dans un taxi en direction du restaurant où nos places étaient déjà réservées. Tout avait été planifié. Une rose rouge avait été mise sur la table dans un petit vase en crystal. Lorsqu'il tira ma chaise, Philippe se pencha vers moi et sans gêne, malgré tout le monde présent, m'embrassa longuement. Il ne cessait de me regarder. Il retira de la poche de sa veste une jolie petite boîte bleu royal en velours. Il la déposa devant moi:

— Voilà, Arianne! C'est pour toi! me dit-il avec une voix très douce et sensuelle.

Je l'ouvris, j'avais hâte de voir ce qu'il y avait à l'intérieur, mais une crainte m'envahissait: celle d'un engagement que je désirais de tout mon cœur mais qui me faisait peur.

Sur ce fond de velours, il y avait une alliance en or incrustée de petits cœurs en diamants. Je fus saisie d'une vive émotion: je ne savais plus si je devais rire ou pleurer.

Philippe prit ma main droite et enfila cet anneau adorable le long de mon annulaire.

Quel moment intense! Je le sentais si amoureux, si tendre.

— Ne te sens pas obligée de t'engager envers moi. Je comprends ce que tu peux vivre pour l'avoir vécu personnellement. Je ne veux surtout pas te bouleverser plus que tu ne l'es. Mais, sache que je suis là. Tu peux t'appuyer sur moi, Arianne. Quelle que soit ta décision concernant Ian, je serai toujours là lorsque tu auras besoin de moi.

Je ne savais que dire. Je crus que j'allais éclater. L'impression que je trahissais Ian me tiraillait de tous côtés.

– Comme tu es merveilleux, Philippe. J'ai souvent la sensation d'être toi, tellement je t'ai dans la peau.

Au cours du repas, je finis par libérer mon cœur et je lui avouai mes sentiments pour lui. Le monde n'existait plus pour nous. La terre s'était arrêté de tourner. Rien en cet instant n'avait plus d'importance que la présence de Philippe Williams près de moi.

Un peu plus tard, je lui parlai de ce que j'avais vécu dans le bureau de l'avocat le matin même. Je lui annonçai que Ian voulait divorcer. Non seulement me l'avait-il déjà demandé mais ses actes, cette fois, me le prouvaient. Philippe était fort surpris de la façon dont Ian, qu'il connaissait un peu par le biais de la politique, agissait envers moi.

Nous rentrâmes après un festin de roi et en amoureux vers les quinze heures. Au retour, il prit les commandes et s'en donna à cœur joie dans le ciel de chez nous.

Très satisfaits de nos «pirouettes», de nos figures en voltige, nous nous présentâmes en finale pour un arrêt complet à l'atterrissage.

Mon patron m'attendait au bout de l'aire de roulement. J'eus à peine le temps d'ouvrir la verrière que j'entendis:

– Arianne, vous devez rappeler le lieutenant Smith, de l'équipe «The Birds»; il m'a dit que ça concernait votre séjour là-bas.

Je ne pus m'empêcher de sauter de joie tout en informant Philippe de la situation.

Il n'en revenait pas. Il voulait tellement m'encourager qu'il décida sur-le-champ de venir s'entraîner avec moi, chaque matin.

Seule avec lui dans mon bureau, je lui sautai au cou. Comme il était bon de se sentir soutenue.

Je rentrai à l'appartement; il était vingt heures. Maman lisait son journal. Elle fut ravie de m'entendre lui parler de l'équipe américaine et de mon départ pour le Nevada.

Ce soir-là, j'avais reçu un «message» pour une rencontre nocturne à l'arboretum. Philippe qui, entre temps appela, comprenait l'importance pour moi de ces rencontres avec les «vaisseaux». Lui-même était fort renseigné sur ce sujet. Il me demanda s'il pouvait, le soir même, m'accompagner pour ce nouveau rendez-vous avec mes «frères de l'espace». Je ne pouvais demander mieux.

Mon rendez-vous avait été fixé dans un champ, loin dans les bois: impossible de s'y rendre à pied la nuit. Après avoir poussé la voiture à la main, car nous devions passer devant la demeure du gardien, je remis la voiture en marche afin de me rendre à l'endroit prévu pour la rencontre.

À l'heure dite, soit quatre heures du matin, un vaisseau lumineux venant de l'ouest est arrivé face à nous et a zigzagué dans le ciel très clair. Il y dessina un super sapin: il était vraiment beau à voir. Philippe n'en revenait pas.

Dix minutes plus tard, le vaisseau retourna dans la direction d'où il était venu. Il aurait fallu que je le suive mais j'étais fatiguée.

Nous décidâmes donc de partir et après avoir partagé ensemble nos impressions, je rentrai à l'appartement de ma mère. Philippe était impressionné par ce qu'il venait de vivre.

Beaucoup d'émotions en peu de temps. Avec tout ce qui m'arrivait, chaque jour nouveau me voyait puiser dans ma réserve d'énergie.

Nous reportâmes à plus tard notre première séance de jogging matinal ensemble.

Épuisée presque chaque soir, je n'arrivais pas toujours à dormir. Un soir, je sombrai finalement dans un sommeil agité et au matin, sans m'en rendre compte, je pressai sur le bouton de la sonnerie du réveil afin d'en arrêter le cri strident. Je me rendormis.

Un peu plus tard, en me tournant sur le côté gauche, regardant bien tranquillement le réveille-matin, je lus cinq heures vingt minutes. En quelques secondes, je me levai et entrai dans la salle de bain où je fis couler la douche. Pendant que l'eau se réchauffait, je téléphonai à la tour de contrôle de l'aéroport de Mirabel afin de leur demander d'avertir le T-33 répondant à l'appellation Golf Charlie Charlie Juliette Oscar et de dire au colonel Williams que je serais là à six heures.

Ça commençait bien. Je n'avais jamais été en retard pour mon jogging matinal et là, je trouvais dommage de l'être pour ma toute première course avec Philippe, lui qui venait d'Ottawa pour m'encourager. Mais je savais qu'il allait comprendre. Il était maintenant installé dans cette belle ville: il avait gagné ses élections et occupait depuis le poste de ministre de la Santé!

À six heures, je franchissais la barrière de l'aéroport permettant d'accéder à l'arrivée des avions privés. Philippe m'y attendait. C'est avec un sourire magnifique que je l'accueillis et il semblait heureux de me revoir mais son «Tu as l'habitude de courir à six heures ou à cinq heures trente, Arianne?» en disait long sur le sérieux avec lequel il prenait mon entraînement. Je sentais sa déformation professionnelle refaire surface.

— Arianne, tu ne me réponds pas...

Ne voulant pas entamer une discussion sur ce sujet à pareille heure, je tentai de changer de sujet.

— Écoute, Philippe: il est six heures dix, tu viens courir avec moi? Je suis désolée de mon retard.

Je commençai à faire mes échauffements. Après trente minutes de course, j'étais épuisée. Étendue sur le dos, dans l'herbe, je levai la tête mais la laissai retomber aussitôt. Philippe s'en rendit compte, c'était le moment qu'il attendait.

– Tu te sens bien d'avoir si peu dormi, hier? À te voir, n'importe qui peut savoir que tu manques de sommeil. Je crois que tu ne prends pas cela assez au sérieux, Arianne. Je sais que ce que tu traverses n'est pas facile, mais si tu ne t'aides pas plus que cela, tu n'iras pas au Nevada!

Tout en relevant mes lunettes afin de frotter mes yeux rougis qui piquaient, je le regardai en lui demandant ce que signifiaient ces paroles.

– Tu sais fort bien ce que je veux dire, Arianne! Tu es dans un état quasiment catastrophique à bien des niveaux. Tu sais fort bien quelles sont les exigences afin de voler sur chasseur militaire. Actuellement, même si je ne t'ai pas examinée, tu ne réponds à aucune de ces exigences et tu le sais fort bien.

Je ne répondis pas: Philippe voyait que j'en avais marre. Je me relevai et, les mains sur les hanches, je ne cessais de bouger sur place, je tournais sur moi-même.

J'avais besoin de lui, de son amour, de son affection, de sa tendresse, de sa main tendue vers moi, de son épaule pour me reposer. Pourquoi se sentait-il obligé d'agir ainsi avec moi?

Pendant que je me posais la question, voilà qu'il se rapprocha et me prit par la main. Je levai mon visage vers le sien. Il avait enfin un regard de tendresse, ses yeux pétillaient des feux de l'amour. J'étais dans ses bras.

Il alla prendre une douche dans le quartier réservé aux pilotes. Je l'attendis bien patiemment. Lorsqu'il réapparut, il portait sa combinaison de vol, son casque sous le bras gauche et un sac dans la main droite. Je l'accompagnai à son avion: il me prit dans ses bras et, d'un air des plus sérieux, me dit:

— Je vais être franc avec toi, Arianne: si tu n'es pas en meilleure forme physique d'ici deux semaines, je ne te laisserai pas aller voler au Nevada.

Tout en le regardant, je voulus me retirer de ses bras. J'étais surprise et fâchée aussi:

— De quel droit pourrais-tu intervenir? répliquai-je tout en sentant ma tension monter.

— Je ne te laisserai pas jouer avec ta santé, car tu n'es pas sans savoir que cela peut être extrêmement dangereux de voler sur de telles machines sans être en forme. Je regrette mais je tiens trop à toi pour te laisser continuer de la sorte.

Je m'éloignai de lui. Il aurait mieux valu que je me taise à la suite de sa remarque, mais chaque parcelle de ma vie semblait peu à peu tomber en morceaux et l'aviation était tout ce qui me restait. Je ne permettrais pas à qui que ce soit, même pas à Philippe Williams, d'intervenir dans ce monde dans lequel je m'étais fait, par moi-même, une place au soleil.

– Tu as bien voulu faire du jogging avec moi, Philippe. C'est avec plaisir que j'ai accepté de m'entraîner en ta présence mais je ne te demande pas de veiller sur moi, je suis assez grande pour le faire. Je ne vois pas, de toute façon, comment tu pourrais intervenir en ce qui concerne mon vol au Nevada.

Je n'étais pas de bonne humeur. Il ne laissa pas passer cette occasion de me rappeler qu'il était médecin et que cela lui était arrivé, en aviation militaire, à quelques occasions, d'avoir à «grounder» quelques pilotes pour leur propre bien.

– Si cela était nécessaire, Arianne, je n'hésiterais pas une seconde à le faire, sois-en convaincue!

Je ne sais combien de temps s'écoula avant que nos regards se croisent à nouveau.

– Je ne fais pas partie de l'aviation militaire, Philippe, je suis un pilote civil.

– Tu es encore beaucoup plus qu'un pilote civil ou militaire, Arianne. Jamais je ne te laisserai risquer ta vie pour quoi que ce soit. Tu es la femme que j'aime!

Il m'embrassa passionnément. Je ne répondis pas à ce baiser bien que l'envie n'en manquât pas. Et il quitta Mirabel pour sa base d'Ottawa.

Je ne savais pas comment j'allais faire pour terminer cette journée de travail qui n'était même pas commencée. Après une douche bien chaude, je me sentis plus en forme. En roulant en direction de l'aéroport pour mon travail, je repensai aux paroles de Philippe. Il pouvait, au nom de l'amour qu'il avait pour moi, empêcher la réalisation de mon rêve. Cela me fit prendre conscience de ce que signifiait la notion d'amour dans la vie des gens. Je philosophai longuement sur ce sujet.

En arrivant à mon bureau, je trouvai un message de Ian. Il voulait savoir si j'avais vu mon avocat. Je lui dis qu'il allait recevoir une lettre l'avisant d'une rencontre avec maître Hubert. Je fus triste de la réponse qu'il me donna lorsque je lui demandai des nouvelles de Julie: «Cela ne te regarde plus du tout, Arianne!» Pendant des heures, par la suite, j'entendis l'écho de cette réponse en moi. J'eus beaucoup de chagrin.

La journée se passa tant bien que mal malgré tout ce que j'avais à faire. Au début de l'après-midi, Philippe m'appela d'Ottawa. Il serait à Montréal le lendemain soir et il souhaitait que nous passions la soirée ensemble!

J'étais ravie, enfin une bonne nouvelle!

Maître Hubert me dit au téléphone, quelques heures plus tard, que Ian ne voulait rien entendre de la rencontre prévue. Pourtant, je lui en avais parlé le matin même et il semblait attendre ma lettre avec impatience. Je ne com-

301

prenais plus rien à ses réactions. À nouveau, il me disait l'inverse de ce qu'il pensait. Mon avocat en conclut qu'il voulait jouer avec mes nerfs et me demanda de venir le rencontrer vers dix-sept heures à son bureau.

Devant moi, sur un papier de format légal, je lisais que je réclamais à Ian Dublin une pension alimentaire de vingt-neuf mille dollars par année, pour une durée de quatre ans.

Je dis à mon avocat que quinze mille dollars, soit trois mille de plus que ce que Ian m'avait proposé, seraient amplement suffisants.

Certaines de mes amies n'en revinrent pas de me voir «récolter» si peu tandis que «Monsieur allait se pavaner dans son château de trois millions de dollars.» On m'en fit la remarque à plusieurs reprises. Mais, je ne le voyais pas ainsi.

Maître Hubert m'expliqua que ces vingt-neuf mille dollars n'étaient qu'un montant initial de négociation pour obtenir les quinze mille correspondant à mon nécessaire. Il insista à nouveau pour me dire que le montant que je réclamais à Ian était ridicule. D'après lui, élever ma demande de pension à soixante-quinze mille dollars par année était idéal. J'aimais Ian, je ne pouvais lui faire cela. Ce n'était pas honnête. Et, pour moi qui avais toujours désiré mon autonomie, c'était le moment de me prendre en mains.

– Votre mari est au courant de ces stratégies. En tant qu'homme d'affaires avisé, il connaît les trucs du métier! Par ailleurs, madame Mauriac Dublin, n'oubliez pas que votre mari est millionnaire et qu'il a déjà divorcé! Il comprendra bien ce qu'est cette demande.

Là était justement le problème à mes yeux. Ian ayant déjà divorcé, j'étais à ses côtés à ce moment-là, je savais comment il pouvait réagir. Je ne voulais pas lui faire revivre un tel calvaire.

Je trouvais tout de même exagéré que, pour avoir quinze mille dollars au lieu des douze mille offerts, il nous faille en demander vingt-neuf mille; cela me renversait. J'imaginais Ian lisant ce chiffre. Il était dépressif et toute personne dépressive amplifie tout et dramatise énormément.

Je revins à l'appartement. Je ne soupai même pas, ne pouvant rien avaler. Je me couchai à dix-neuf heures trente, fiévreuse et bourrée d'aspirines. Le lendemain matin, je me sentais fraîche et dispose; j'étais contente de ne pas aller courir. Une grosse journée de travail m'attendait mais au moins, j'étais en forme pour y faire face.

Le soir arriva et j'allai chercher Philippe à l'aéroport de Dorval. Nous décidâmes d'un commun accord de passer notre première nuit ensemble. J'en étais tout excitée mais aussi très nerveuse. Cela me faisait tout drôle de faire l'amour avec un autre homme que Ian. Ce fut une nuit de rêve: quels souvenirs!

Quelques jours avant mon départ pour le Nevada, une trentaine de journalistes de Montréal et de la région se présentèrent à la base pour ma conférence de presse: dégustation de vins et fromages après un survol de la ville de Montréal au coucher du soleil. Tout se déroula comme prévu; il est vrai que j'étais bien préparée. Ian m'avait toujours dit qu'une de mes forces était l'organisation. Chacun des journalistes avait une pochette de presse annonçant les nouveaux projets que j'avais montés pour l'école de l'aéroport et la formation de nos pilotes. Je parlai évidemment de mon départ pour le Nevada où j'allais voler avec la meilleure équipe militaire en acrobatie aérienne au monde. Je soulignai bien sûr qu'il s'agissait d'une première pour une Canadienne. Nous eûmes droit à une publicité formidable, de la région des Laurentides à la Rive-Sud de Montréal.

Lorsque je retournai ce soir-là à l'appartement de maman, Ian me téléphona; on aurait dit qu'il avait senti ma présence. Il pleurait abondamment et répétait qu'il m'aimait, qu'il ne voulait pas que je souffre. Il n'en fallut pas plus pour que je prenne la direction de Sainte-Adèle. Je roulais à cent quatre-vingts kilomètres heure sous une pluie diluvienne. Mon visage était aussi mouillé que cette pluie qui n'en finissait plus de tomber.

Lorsque j'arrivai, il était couché et me demanda de le laisser. Il demeura muet mais ne cessait de pleurer. Personne autour de lui, que ce soit à son travail ou parmi ses «supposés» amis, ne semblait comprendre qu'il était en pleine dépression. Il avait maigri, tout comme moi d'ailleurs. Lui parlant doucement, je lui dis que je ne comprenais pas pourquoi nous étions séparés.

Je lui annonçai que je partais pour le Nevada dans trois jours et qu'il serait gentil de garder Boussole, mon chat. Maude allait garder Coco. En me souriant tendrement, il accepta. Je lui dis que je viendrais le lui apporter la journée même de mon départ.

Le temps étant toujours à la pluie, je décidai de rester pour la nuit. Ian était d'accord. Nous couchâmes l'un à côté de l'autre. Je le sentais très malheureux. Ce fut la dernière nuit que nous passâmes ensemble, une nuit où je le tins sans cesse entre mes bras.

Le lendemain, au cours de l'après-midi, deux douzaines de roses rouges furent livrées à mon bureau avec une carte signée de sa main: «Je suis si fier de toi, Arianne, et je t'aime: Ian.»

En lisant ces mots, j'éclatai en sanglots. Ce furent les dernières roses que je reçus de lui.

Le samedi matin, j'allai mener mon chat à Sainte-Adèle. J'étais en retard de cinq minutes et Ian passa à toute allure, en sens inverse. La route était tracée dans la montagne et si je n'avais eu le réflexe de donner un coup de volant à droite, il y aurait eu collision.

Je reconnus sa voiture, il conduisait très vite, trop vite, mais je le reconnus tout de même. On aurait dit un autre homme tellement il était crispé et tendu au volant.

J'attendis, mais Ian ne revenant pas à la maison, je laissai Boussole sortir de sa cage pour qu'il puisse aller s'amuser dans ce bois qu'il connaissait bien.

Lorsque je quittai Sainte-Adèle, cela faisait une heure que j'attendais le retour de Ian. Mes valises n'étant pas bouclées, il me fallait donc partir. Je savais que mon chat serait heureux ici pendant mon voyage.

Je ne rencontrai pas Ian sur le chemin de retour et, arrivée chez maman, je lui téléphonai. Il était très fâché de mon retard.

Je lui expliquai que je m'étais arrêtée afin d'acheter de la nourriture pour le chat.

Il était violent dans ses paroles. Je regrettais maintenant de lui avoir laissé Boussole mais il était quatorze heures trente déjà et je ne pouvais retourner le chercher. Cela me fit mal. Il riait comme un dément à l'autre bout du fil. J'avais des frissons sur tout le corps tellement sa réaction me faisait peur.

À seize heures trente, j'arrivai à l'aéroport de Dorval le cœur bien triste car Philippe n'avait pu se libérer pour venir me saluer. Je pensais beaucoup à mon chat; il était, avec Coco, tout ce qui me restait de ma vie avec Ian et cela m'inquiétait; j'avais un mauvais pressentiment.

Mon voyage se déroula très bien. Je passai par Toronto et Los Angeles pour finir par arriver à San Francisco. Cela me coûtait cher et Ian ne m'avait pas versé d'argent depuis notre séparation. Avec mon petit salaire, je vivais «serrée».

J'arrivai à trois heures du matin à San Francisco. La dernière «jeep» de la base de Nellis venait de partir et je demandai un taxi limousine. Nous prîmes la route du désert qui menait à la base militaire située à environ quarante kilomètres. L'obscurité plus profonde du désert faisait étinceler les étoiles du firmament.

Cette limousine me rappelait bien des souvenirs. Je fis un choix: si Ian me demandait de retourner vivre avec lui, je ne pourrais accepter. J'avais besoin de ma carrière et il ne pouvait y consentir, je n'y pouvais plus rien. Je finis par m'endormir dans la limo; lors de mon arrivée à la base, j'étais épuisée.

Ma chambre était petite mais bien décorée. Un arôme de café frais moulu embaumait ma toute nouvelle demeure. Une gentillesse pour les *V.I.P.* qui se présentaient à cette base.

Après un bain bouillant, je me détendis et je sombrai dans les bras de Morphée. J'en oubliai le café et je m'endormis pour ne me réveiller qu'à dix heures. Je téléphonai à maman.

Elle était heureuse de m'entendre et de savoir que tout s'était bien passé. J'avais à peine raccroché que la sonnerie du téléphone retentit; il s'agissait du lieutenant Smith. J'étais invitée à déjeuner au mess des officiers mais avant, je devais me présenter à onze heures à son bureau.

Sans perdre de temps, je sautai dans la douche. À onze heures, je me présentai au quartier général de la base de Nellis.

Lorsque nous sortîmes pour aller manger, tous les pilotes étaient au garde-à-vous et me saluèrent. Mon hôte me présenta à chacun.

Ils étaient très gentils, charmants mais très grands: je devais lever la tête vers les étoiles pour croiser leurs regards. Mais ces athlètes, ces gaillards dans la trentaine étaient merveilleux. Jamais de ma vie, je n'avais ressenti autant de paix, de sérénité sur une base.

Voir des F-4 et des F-16 rouler ainsi devant moi avec des pilotes souriants au visage paisible, levant fièrement le pouce pour indiquer que le vol s'était bien déroulé, était formidable. Quel bonheur, quelle harmonie ils reflétaient dans toute leur personne, dans leurs paroles, leurs gestes, leurs regards, leurs sourires. En un mot, ils étaient bien dans leur peau.

L'après-midi, nous fîmes une visite de la base, une des plus grandes d'entraînement militaire: tout y était prêt en cas de conflit. Les pilotes que j'y voyais représentaient la crème des pilotes de chasse américains.

Le colonel me conduisit vers le F-4 Phantom que je pus examiner de fond en comble et me présenta au capitaine de ce supersonique. J'étais si petite que, d'après les officiers, je ne pourrais pas atteindre l'échelle pour me hisser à bord. Ma fierté était en jeu!

On m'avait toujours dit que j'avais une allure athlétique, c'était le moment de le prouver! Je bondis, telle une gazelle, ma main droite aggripa le premier barreau de l'échelle, ma main gauche suivit, encore quelques secondes et je réussis mon ascension vers ce fameux cockpit du «Phantom». Une autre belle expérience m'attendait.

La semaine s'écoula en douceur, ponctuée par les entraînements.

À la fin de la semaine, l'équipe me demanda si je voulais rester afin de remplacer la célèbre Janine Auriane. Cette proposition me fit un immense plaisir. Je réfléchis à la possibilité de demander à entrer dans l'aviation militaire américaine puisque maintenant je me retrouvais libre pour la toute première fois de ma vie, à vingt-neuf ans.

Voler était pour moi ce qu'il y avait de plus important. Mais je ne pouvais accepter cette offre, car je ne voulais pas voler pour la guerre, mais bien pour la paix. J'étais un pilote de voltige, pas un pilote de guerre. Si j'avais accepté de suivre l'entraînement de combat, je n'aurais pas respecté mes convictions. Je refusai donc cette offre incomparable!

Lors de mon dernier vol sur T-38, avion de l'équipe acrobatique militaire «The Birds» que j'avais piloté pendant une heure et demie, le capitaine se pencha à mon oreille et me dit tout bas:

– Savez-vous à quel point vous êtes en bonne santé, Arianne? Vous venez de tirer «+8g», soit huit fois votre poids, sans combinaison anti-g et regardez votre sourire. Avez-vous pensé à remercier DIEU pour cela?

Il se redressa et je lui fis un signe de la tête. Nous nous comprenions car nous étions du même monde, tant spirituel qu'humain.

J'eus droit à un dîner d'au revoir et ce fut majestueux. Ce soir-là, les garçons passèrent outre leur discipline réglementaire et nous allâmes tous ensemble manger au *Ceasar's Palace* de Las Vegas. Ils me quittèrent vers vingt-trois heures après m'avoir permis de louer une chambre superbe dans l'hôtel pour le tiers du prix, grâce au rabais dont bénéficiaient les pilotes de leur équipe.

La chambre était ravissante: en velours rouge avec au centre, un bain tourbillon circulaire. À nouveau, mon passé de millionnaire, encore frais dans ma mémoire, remonta à la surface.

Quelques heures plus tard, le téléphone sonnait: c'était Philippe qui m'annonçait qu'il était libre pour les prochains jours et que nous pourrions nous rejoindre en

Floride, à Key Biscayne. J'aimais particulièrement cet endroit. Je sautai sur l'occasion.

À mon arrivée à Miami, je vis tout de suite Philippe qui gesticulait pour que je le repère dans la foule. Lorsque je lui sautai au cou, j'aurais juré que rien au monde ne pourrait mettre un terme à notre amour.

Quatre jours à nous, quatre jours d'amour, de passion délirante. On n'en finissait plus de s'aimer.

Lorsque je revins à Montréal à bord du T-33 avec Philippe, ce fut aussi formidable. C'était notre premier vol ensemble sur jet militaire. Un grand moment! Philippe me déposa à l'aéroport de Dorval et redécolla pour Ottawa où son travail l'attendait.

François, mon frère, m'attendait. En arrivant chez maman, elle m'annonça que mon chat Boussole était mort. Je fus désarmée. Ian l'avait fait piquer le matin même. Sur le coup, je me mis en colère; Ian voulait la guerre, il allait avoir la guerre. Mais, quelques heures plus tard, même si je n'oubliais pas ce qui s'était passé, j'avais renoncé à l'idée de me venger; la haine, les querelles, tout cela ne correspondait pas à ma nature.

Au cours des semaines qui suivirent, parurent nombreux articles sur mon vol au Nevada. J'eus droit à une grande publicité qui eut pour effet, m'a-t-on dit, de rendre Diane Tremblay encore plus jalouse. D'ailleurs, je la soupçonnais sérieusement d'être responsable de la mort de Boussole.

Les jours suivants, l'avocat de Ian et le mien se rencontrèrent enfin mais en notre présence. Ce ne fut pas facile: je compris que Ian avait réussi à acheter mon «défenseur» et ce dernier permettait à son confrère les pires indiscrétions verbales à mon endroit.

Les deux avocats trinquaient ensemble, un verre de cognac à la main, face au feu de cheminée. J'étais seule dans mon coin. Chaque fois que je tentais de me défendre, mon avocat me l'interdisait.

J'appris aussi, ce soir-là, que j'étais allée en Jamaïque deux mois auparavant, ce qui, sur le coup, me fit éclater de rire. Une nouvelle invention de Ian et Diane. J'étais déjà allée en Jamaïque quand j'avais vingt ans, mais jamais je n'y étais retournée. Ils avaient même acheté un billet d'avion à mon nom; j'étais renversée.

Un soir de mi-novembre, Ian me téléphona, il pleurait:

– J'en étais certain, Arianne, je m'en doutais depuis le tout début. Je n'aurais jamais pensé que tu serais allée jusque-là!

J'avais peine à comprendre, car ses paroles se mêlaient à ses pleurs.

– Mais de quoi veux-tu parler, Ian? Je ne comprends pas!

Voyant qu'il continuait à pleurer et à parler sans que je le comprenne, je poursuivis:

– Qu'y a-t-il? Que veux-tu dire?

– Il n'est pas question que je parle de cela au téléphone. J'avais raison, j'avais raison.

– Raison à propos de quoi? Si je vais te voir, cela te fera-t-il du bien de m'en parler?

– Non, je ne veux pas que tu viennes ici!

– Il faut que je sache ce dont tu parles, Ian: tu m'appelles pour que je le sache, non?

Après un moment de silence, j'entendis:

– D'accord, tu peux venir pour quelques minutes!

Tout en me dirigeant vers Sainte-Adèle, je me disais qu'il avait découvert ma liaison avec Philippe et si tel était le cas, je lui dirais la vérité, sans gêne.

J'arrivai à la maison, il me prit dans ses bras. Je crus, à un moment donné, que s'il continuait ainsi à me serrer aussi fortement, il me casserait en deux.

Il ne voulut jamais me dire ce à quoi il faisait allusion au téléphone, trente minutes plus tôt.

– Mais, Ian, si tu me le disais, cela irait plus vite et ce serait tellement plus facile.

– Si tu veux le savoir, demande-le à ton avocat demain. Il est au courant. Le mien l'a appelé pour le lui dire tout à l'heure!

– Lui dire quoi, Ian? Lui dire quoi?

– Je ne peux pas te le dire tellement c'est grave!

Là, j'explosai, c'en était trop:

– C'est tellement grave que tu vas laisser des étrangers, nos avocats, être les intermédiaires entre nous. Ça n'a pas de sens!

Je me dirigeai vers la porte de la cuisine. Je sortis et je me mis à pleurer; comme je rentrais dans ma voiture, la lumière extérieure éclaira la galerie de la cuisine et Ian apparut à la porte. Il était totalement hystérique, comme si on venait de le provoquer ou de le piquer pour le faire enrager.

– J'en ai marre d'être suivi par ton détective, ton gros rouge; tu peux lui dire d'aller se rhabiller!

– Mais personne ne te suit. Mon avocat au début m'a demandé si j'acceptais de te faire suivre mais j'ai refusé, crois-moi.

À cet instant, il me regarda comme si, subitement, il sortait des nuages. Il y avait longtemps qu'il ne m'avait pas regardée de la sorte, sans haine, sans agressivité.

Il venait de se rendre compte que j'étais toujours celle qu'il avait connue, il y avait huit ans maintenant, celle qui fait confiance à tout le monde, celle qui ne se méfie pas de son entourage, de son propre avocat par exemple. Le voyant s'effondrer, je me précipitai vers lui:

— Sauras-tu me pardonner tout le mal que je t'ai fait, Arianne? Pardonne-moi! Pardon! Tu es si bonne!

— Quelqu'un nous manipule et nous divise; si tu voulais, on pourrait en parler et...

— Bon, ça suffit; sors d'ici. Tu en as assez fait, va-t'en, Arianne.

J'étais bouleversée. Sur le chemin du retour, j'étais de plus en plus convaincue que quelqu'un le manipulait. Cette personne voulait à tout prix le faire divorcer. Et là, mon avocat se foutait à son tour de moi en engageant, malgré mon désaccord, un détective qui, d'après les termes de Ian «ton gros rouge», devait avoir les cheveux roux.

La nuit fut courte et au matin, je me précipitai au téléphone:

— Pourquoi faites-vous suivre Ian? Ne vous ai-je pas dit que je refusais de jouer à ce jeu-là?

Les effets de ce divorce commençaient à m'ébranler plus que je ne le croyais. Maître Hubert tenta de me calmer et il me parla de ce que Ian ne voulait pas me dévoiler la veille.

— Votre mari dit avoir des preuves que vous vous seriez fait avorter, il y a quelques années!

– Mais que va-t-il chercher là? Je ne me suis jamais fait avorter. Il ne sait vraiment plus quoi inventer. Des preuves de ça: incroyable! C'est comme le billet d'avion pour la Jamaïque!

Mon avocat continuait à parler; je ne l'écoutais même plus tant ma colère envers Ian augmentait. Je coupai maître Hubert sans m'excuser et lui dis:

– S'il veut vraiment divorcer, pourquoi tous ces enfantillages?

– Arianne, c'est pourquoi je l'ai fait suivre. Ayez confiance en moi, quand un homme en arrive à agir ainsi, il faut qu'il y ait une femme derrière lui, une autre femme que vous, Arianne, comprenez-vous?

Je ne savais plus qui croire.

Ce jour-là, pendant que j'étais au travail, Diane Tremblay et ses parents, tous les trois réunis dans le bureau de Ian, composèrent avec lui une lettre format légal de neuf pages m'accusant de tout ce qui leur venait à l'esprit. Exactement comme Ian l'avait fait avec Marie, sa première épouse. Je l'appris, l'année suivante, par Julie, témoin involontaire de cette machination.

Cette lettre fut envoyée la journée même, non seulement à ma mère et à ma famille, mais à nos amis et connaissances. Je n'en revenais pas. En la lisant, j'eus pitié de Ian. On tentait de me rendre monstrueuse à ses yeux.

La fin novembre approchait et j'eus à le rencontrer chez ses parents afin de signer des documents concernant la division de certains biens communs. Mon avocat était contre cette rencontre.

La veille, j'avais donné ma démission au travail, car je passais mon temps à pleurer sur ce que je vivais. Je ne pouvais me permettre aucune erreur sur des vols avec pilotes et passagers. Lorsque les émotions entrent en ligne de compte dans un tel travail, c'est néfaste, et je me devais de laisser mon poste. C'est avec regret que je quittai cette base et l'équipe.

Chez mes beaux-parents, ce ne fut pas facile. Nous étions tous très bouleversés par la situation. Lorsque je les laissai, Ian m'accompagna à l'extérieur. Dès que la porte de l'ascenseur se fut refermée sur nous, il éclata d'un rire qui me fit peur, un rire monstrueux et dément. Il était réellement déséquilibré.

Il venait de dire devant ses parents, sans m'avoir consultée, que nous allions reprendre et qu'à Noël, nous serions ensemble. Alors que ces derniers s'en réjouissaient, moi, j'en étais fort surprise, car il n'en était pas question. Et là, dans cet ascenseur, je donnai raison à mon avocat: une femme méchante manipulait le mental de Ian et elle voulait tout de lui: son argent, ses biens matériels, ses usines, ses terrains, tout, sauf lui.

À la sortie de l'immeuble, il me salua de la main. Il semblait heureux d'avoir en main les signatures dont il avait besoin.

Deux jours plus tard, il m'appela pour me dire qu'il était impossible pour lui de revenir en arrière, qu'il était allé trop loin mais qu'il fallait que je lui promette de poursuivre ma carrière.

– Dis-moi, franchement, y a-t-il une autre femme dans ta vie? Réponds-moi, Ian?

Il y avait une hésitation mais déjà je pouvais deviner la réponse:

– S'il te plaît, Ian, dis-moi la vérité!

Je le sentis prendre une grande respiration et il m'avoua:

– Oui, il existe une autre femme dans ma vie mais cela ne veut pas dire que je l'aime pour autant, Arianne.

Je me souviens de la fin de cette phrase mais à ce moment-là ce fut le «oui» que je retins.

– Pourquoi, dans ce cas, être avec elle si tu ne l'aimes pas? Je ne te comprends pas!

– Arianne, je t'aime et je t'aimerai toujours; jamais tu ne pourras savoir à quel point je t'ai aimée!

– Alors pourquoi m'avoir tant salie ces derniers temps et pourquoi nous séparons-nous? J'avais une telle confiance en toi; pourquoi m'avoir fait tout ce mal? Tu as tenté par tous les moyens de me détruire: ma réputation, mon travail y sont aussi passés. Jamais, de mon côté, je n'ai essayé de salir ton nom.

– Je peux seulement te dire que je ne suis pas seul dans cette histoire, Arianne; s'il te plaît, il faut que tu me promettes de construire ton avenir, promets-le-moi.

Subitement, il se mit à crier, à proférer des insanités:

– Je veux divorcer, tu m'entends, Arianne! Je veux ce divorce avant Noël sinon je ne réponds plus de mes actes.

Ces dernières paroles furent prononcées comme si quelqu'un venait d'entrer et le forçait à s'exprimer ainsi.

Je lui proposai d'aller le voir mais il me l'interdit.

Je restai seule au bout de la ligne, estomaquée, pétrifiée. Je sentais vraiment que c'était la fin de notre union. Je me couchai après avoir partagé ma peine avec ma mère. Pour la toute première fois depuis notre séparation en septembre dernier, il m'interdisait d'aller le retrouver. Je sentais à l'intérieur de moi qu'il ne le fallait pas. Mais je portais en mon cœur une peine immense, inimaginable. Le lendemain, avec Philippe, j'étais triste à mourir. Il n'en revenait pas; il essaya de me consoler mais je pressentais un malheur, je le sentais, c'est tout.

319

En cette journée du deuxième jour de décembre, le téléphone sonna chez maman. C'était le frère de Ian, Claude, qui désirait me parler.

– Elle est chez une amie mais si c'est important, je peux vous donner le numéro où vous pourrez la rejoindre, répondit ma mère.

– Non. Écoutez, madame Mauriac, il s'agit de Ian; il est mort d'une crise cardiaque.

Chapitre 13

Tout se bousculait; je n'avais été mise au courant de rien. Ian était mort depuis trente heures lorsque je l'appris. Claude, son frère, me confirma qu'«on» voulait l'enterrer sans me le dire. Question de me faire encore plus mal!

J'appelai Philippe chez lui malgré la présence de sa femme qui était de retour dans sa vie depuis un mois. Il vint immédiatement me retrouver.

Mon avocat me conseillait de conserver une «certaine» amitié avec Victor et Léonie, les enfants de Ian, «car, me dit-il, nous pourrions nous servir d'eux, à leur insu, pour avoir plus de renseignements.» Je n'aimais pas ces jeux hypocrites. C'était une des raisons pour lesquelles ça n'allait plus entre Ian et moi.

Quelques heures plus tard, j'allais chercher les vêtements de Ian à la maison, là où il était mort. Après tout, j'étais son épouse légale, la seule, en tout cas, devant la loi. Le connaissant, je savais quels vêtements il aurait choisi pour ses propres funérailles. J'avais aimé cet homme pour lui-même et non pour son argent.

J'arrivai à Sainte-Adèle; Victor, Léonie et compagnie m'y attendaient. Tous ces gens avaient l'air féroce. On aurait dit une bande de loups prêts à déchiqueter leur proie. Dans la cuisine, une bouteille de gin vide était sur le comptoir et, sur la table, un linge dissimulait un objet.

Lorsque je vis Victor et Léonie, je les serrai dans mes bras. Je ne m'occupai pas de tous ces regards de félins qui me suivaient. Je remarquai qu'après quelques minutes de conversation sincère, leur attitude changeait.

Chacun avait un grand besoin d'amour et c'est précisément à cause de ce manque important d'amour qu'ils étaient si agressifs.

Léonie ne mâcha pas ses mots pour me faire connaître la vérité:

— Vois-tu, Arianne, mon père est un lâche. Il s'est tiré une balle directement au cœur. D'ailleurs, tu peux voir au plafond de la cuisine certains morceaux de ses poumons tellement le coup fut terrible.

Je me mis à trembler. Je croyais, comme on me l'avait dit, que Ian était mort d'une crise cardiaque. J'eus peine à retrouver mes esprits tant le choc fut violent. Léonie m'avait lancé cela comme si elle m'avait parlé de la perte d'un vêtement.

Le linge qui était sur la table de la cuisine servait à recouvrir l'arme avec laquelle Ian s'était apparemment suicidé. Naturellement, rien ne fut oublié. On me précisa bien qu'il s'était tué avec la carabine que je lui avais donnée comme cadeau de Noël, l'année précédente. Étant un collectionneur d'armes, Ian était très habile à les manipuler. J'éclatai en sanglots lorsque j'appris cette horrible nouvelle, mais je ne pouvais croire au suicide.

Malgré tout, Ian serait enterré dignement. Je me le promis. Déjà, la bague que je lui avais offerte en cadeau de mariage était au doigt de son fils. Le bracelet, un autre de mes présents, ornait également le poignet de Victor. Les deux bijoux que je lui avais offerts avec mes propres économies.

Je descendis au sous-sol afin d'ouvrir le coffre-fort dont j'étais la seule, avec Ian, à connaître la combinaison. Il s'agissait de prendre des papiers d'assurances pour les remettre à qui de droit.

Je ne sais comment je suis revenue à l'appartement; j'étais totalement en état de choc. Après avoir appelé mon avocat, j'eus le feu vert pour apporter les vêtements de Ian au salon où il serait exposé.

Je me rappelai les paroles de Léonie:

— Tu me demandes la raison pour laquelle on n'a pas dit la vérité sur la mort de papa dans les journaux? C'est que l'on veut retirer le maximum de l'assurance-vie. On essaie de cacher la vérité le plus longtemps possible.

C'était complètement ridicule puisque les policiers allaient certainement ouvrir une enquête et aviser les assurances.

Pour elle, comme pour ceux du groupe dont Ian faisait partie, tout ce qui comptait était et avait toujours été l'argent et seulement l'argent.

Le soir venu, je fus la première à arriver à la maison funéraire; je voulais me retrouver seule avec Ian. Je le voyais là, étendu dans le cercueil. Je ne pouvais le croire, tout se déroulait si vite. Il ne se ressemblait pas du tout. On l'avait coiffé différemment, avec les cheveux tirés vers l'arrière. Son visage était crispé de violence, de colère. Ce n'était pas le Ian que j'avais connu. Même à ce moment-là, je le sentais près de moi et souffrant.

Quelque vingt minutes plus tard, Léonie arriva:

— Tu sais, Arianne, j'ai peur! me lança-t-elle.

— Peur de quoi?

— J'ai peur que papa ait modifié son testament.

Pendant quelques secondes, je la sentis terrifiée; elle avait vraiment peur, je m'en rendais compte.

– Pourquoi penses-tu à cela? Aurais-tu entendu dire quelque chose par hasard?

– Je pense qu'il était capable de te laisser tout son avoir, à toi ou à quelqu'un d'autre qui aurait eu une très grande influence sur lui, tu saisis, Arianne.

Je la regardai maintenant directement dans les yeux, elle baissa légèrement les siens. Léonie avait un cœur vide d'amour et cela était suffisant pour l'effrayer, mais ce que j'ignorais c'est qu'elle avait tenaillé son père afin qu'il change son testament en sa faveur. Elle n'avait jamais su si Ian l'avait fait par la suite ou pas. Par contre, l'arrivée de Diane Tremblay dans la vie de son père, au cours des derniers mois, la dérangeait sérieusement.

Justement, cette dernière fit son entrée au salon mortuaire avec tout le personnel du bureau.

Léonie me proposa alors d'aller dîner. Au cours de ce repas, je compris rapidement qu'elle préparait le terrain pour être du côté du plus fort, c'est-à-dire de la personne qui hériterait des millions de dollars de son père.

Au salon, personne ne tenait compte de moi. On aurait dit une grande fête. Le personnel de Ian était présent et semblait bien s'amuser.

Je me sentais seule, si perdue et dépaysée. Ma belle-famille arriva et je fus très heureuse de les revoir. Ils étaient tous chaleureux et sympathisaient avec moi. Ils étaient en désaccord avec le comportement de Ian à mon égard depuis ces derniers mois et, en son nom, ils s'en excusaient. Claude me dit qu'il sentait que de nombreuses difficultés se préparaient pour moi: «Il te faut être forte, Arianne.» Ce beau-frère était formidable. Le savoir là, tout près, me rassurait. Il ressemblait beaucoup à Ian, tout en étant un peu moins grand.

On entendait ici et là dans le salon: «Il était bien jeune pour que son cœur flanche de cette façon» ou encore «Ian savait-il qu'il pouvait être sujet à avoir une crise cardiaque?»

Les deux premiers jours, c'était cette version-là qu'on entendait; le troisième, ce fut «Ian s'est tiré une balle avec la carabine qu'Arianne lui avait offerte lors de leur dernier Noël. Pauvre Ian, il s'ennuyait tellement de sa femme et l'aimait tellement qu'il a préféré se donner la mort: fou d'elle jusqu'au bout, il a préféré en finir plutôt que de vivre sans elle!» L'atmosphère qui régnait était horrible à supporter.

Julie était inconsolable; il y avait longtemps que nous ne nous étions vues.

J'aurais tant aimé retrouver Philippe en revenant de cet endroit de sombre hypocrisie. Il faisait son possible pour m'appeler dès qu'il le pouvait mais son devoir le retenait à l'extérieur du Canada.

À ma grande surprise, le troisième jour, Diane Tremblay se mit à jouer à madame Dublin, se tenant debout à l'entrée du salon pour recevoir les condoléances.

Je ne pouvais plus supporter cette inconscience et cette méchanceté. Claude décida d'agir et d'aller avertir Diane qu'elle devait reprendre sa place sans quoi il serait obligé de l'expulser du salon.

Je repris mon rôle aux côtés de Claude et de Caroline, ma belle-sœur, que j'aimais bien.

Quelque chose se tramait aussi dans ma «propre» famille. Il se passait quelque chose de nouveau. Cousins, cousines, oncles et tantes présents avaient des réactions surprenantes. Aucun échange mais des regards de leur part qui en disaient long. Personne ne vint me parler. Aucun ne m'offrit son amitié. Pourtant, je leur souriais. Qu'avaient-ils tous? Claude me disait de ne pas m'en faire, qu'il était là et qu'il allait aller voir ce qui se passait.

Je me sentais faiblir peu à peu. Je devais pâlir, car Caroline me soutint de ses bras tout en me suggérant d'aller prendre un café. Je me sentais abandonnée, rejetée et si seule au moment où j'avais tant besoin d'être soutenue et aimée des miens. Je sentais qu'un complot se tramait sans que je puisse y faire quoi que ce soit.

Les employés de Ian, que je connaissais bien, ne me regardaient plus. Pourtant, nous les avions quasiment traités comme notre propre famille. Ils savaient que je les aimais pour le leur avoir toujours démontré.

Qui pouvait ainsi les manipuler aussi bien? Qui?

Je ne sais où je puisais l'énergie nécessaire pour passer à travers toute cette mise en scène démoniaque. Vint le jour de l'enterrement. J'arrivai à nouveau la première au salon funéraire. Debout très tôt, je m'étais rendue à l'aéroport de Dorval afin d'écrire une dernière lettre à Ian, car j'avais idée de la lui lire à l'église, devant la foule, si le prêtre me le permettait. J'avais besoin de la proximité des avions pour exprimer mes émotions.

Au salon, je sentais mon cœur se serrer au fur et à mesure que les secondes passaient et que se rapprochait l'instant où le cercueil se refermerait sur Ian, sur ce visage que j'avais tant caressé, embrassé et que j'aimais encore si tendrement.

Lorsque les autres membres de la famille arrivèrent, j'eus l'impression qu'on violait mes derniers moments d'intimité avec lui. Seule, j'étais encore plus seule que jamais!

Le comptable en qui Ian avait mis une grande confiance depuis le tout début de ses entreprises vint me voir. Il ne m'avait pas saluée durant les trois derniers jours. Il avait sûrement quelque chose d'important à me dire. D'un ton impersonnel, il précisa:

— J'ai deux choses à te dire, Arianne: le notaire de Ian veut te voir seule, lundi matin à neuf heures à son bureau. Tu ne le connais pas, voici ses coordonnées. Ensuite, saurais-tu où Ian a placé les cinq cent mille dollars de la vente de la maison de l'Île Bizard? Te les aurait-il donnés par hasard?

Comme tous les autres, Jerry jouait son jeu et rusait. J'étais, pour lui aussi, la coupable, celle qui avait abandonné son mari.

— Tu oses venir me demander où est passé cet argent-là? Tu te fous de moi, tu n'es tout de même pas sérieux?

— Mais, Arianne, essaie de comprendre que cela fait un trou immense dans mes livres et...

— Tu voudrais que je comprenne tes problèmes alors qu'il s'agit de mon argent, avec lequel vous jouez tous. Est-ce qu'il y en a seulement un parmi vous qui s'est préoccupé de moi dans tout cela? Personne n'est venu me voir, personne ne m'a même regardée depuis ces trois derniers jours et tu voudrais que je t'aide à retrouver cet argent. Personne ne se soucie que je sois sur l'assurance-chômage depuis un certain temps et que je n'aie que cent dollars par semaine pour vivre.

— Écoute, je sais que ce n'est pas facile pour toi, mais peut-être que Ian t'a parlé avant de mourir, peut-être qu'il

t'a révélé certaines choses que nous ignorons et qui aide-
raient ses compagnies...

Je respirai profondément, calmement, tout en réflé-
chissant. Je le regardai droit dans les yeux:

– Oui, Jerry, Ian m'a dévoilé certaines choses, car tu
n'es pas sans savoir que je suis la dernière personne à qui
il a parlé avant de mourir!

Je venais de raconter un mensonge, car c'était à son
père que Ian avait parlé en dernier lieu.

Mais j'en étais très heureuse; cela me fit du bien, car
je vis que Jerry avait peur. Le seul intérêt qu'il avait à
m'adresser la parole était un trou financier qui nuisait à
ses colonnes de chiffres dans un livre comptable.

Jerry s'éloigna, me laissant seule avec mes pensées.

Ian avait effectivement changé de notaire. Le nom
que m'avait donné Jerry n'était pas le même que celui que
je connaissais. Je me rappelai alors ce que Claude, mon
beau-frère, m'avait dit: «Tu savais que Ian avait changé ses
collaborateurs principaux durant les trois dernières
semaines?»

Cela me fit frémir, car je sentais plus que jamais
l'existence d'un complot.

On ferma le cercueil. Dehors, les limousines attendaient. Il fallait, pour Léonie et Victor, maintenir l'image

de la richesse jusqu'au bout, camoufler au maximum la faillite qui, je l'ignorais encore à ce moment-là, guettait les compagnies Dublin.

Je montai dans notre limousine. L'atmosphère ne s'en trouva que plus tendue. Julie, que je n'avais pas vue depuis des mois, m'y retrouva ainsi que Victor, Nicole et Léonie. Pendant que notre voiture avançait à pas de tortue derrière le corbillard, je vis Diane Tremblay dans sa voiture: elle faisait une réaction terrible. Et Léonie, heureuse de me dire:

– Arianne... regarde Diane Tremblay dans sa voiture. Elle fait une crise, car elle voudrait être à ta place dans cette limo; et dire que je devrai travailler pour elle à cause des papiers que papa a faits avant de mourir et dont j'aurai la lecture lundi matin.

Je compris que Léonie avait réussi à savoir qui était l'héritière! Je commençais à mettre certains morceaux de ce casse-tête en place mais plus le temps avançait, plus la mort de Ian devenait mystérieuse.

À l'église, ce fut aussi un vrai spectacle. Lors de l'évangile, je demandai au prêtre la permission de lire une dernière lettre à Ian. Ce prêtre voyait bien qu'il se passait quelque chose de grave; il acquiesça à ma demande. Je sentis mon cœur qui s'emballait tel un tambour qui n'en finissait plus de battre. La tension devint terrible lorsque je me retournai face au cercueil de Ian et face au public.

Les larmes noyaient déjà mes yeux. Je revivais en même temps la mort de papa, pour qui j'avais aussi lu une lettre de témoignage lors de ses funérailles.

Prenant mon temps, je lus un chapitre de l'Évangile s'accordant au message que je voulais donner. Je m'adressai aux personnes présentes qui connaissaient la véritable version de la mort de Ian, du moins celle que l'on m'avait raconté e et que Diane et les héritiers tenaient volontairement secrète. Je terminai par ces mots personnels:

– Vous n'avez pas le droit de porter de jugement. Laissez l'Énergie Divine vous éclairer.

»Quant à moi, je vous dis que je vous aime malgré tout et que je vous pardonne.

»Ian, maintenant, fait partie du royaume Divin. Il connaît dorénavant la vérité qui nous est inconnue.

»Je lui demande ainsi qu'à Dieu de vous éclairer sur certains points que vous êtes seuls à connaître.

»Connaissant Ian et l'aimant plus que vous tous réunis ici ce matin, je sais qu'il se joint à moi pour vous dire que nous vous aimons.

»Ian est heureux que je vous le dise et que je vous suggère qu'à la sortie de l'église, vous fassiez comme si l'amour ne vous avait jamais quittés.

»Je suis certaine que c'est le désir de Ian.

»Que Dieu soit avec vous.»

Pendant ce temps, je voyais Diane Tremblay se tordre de rire à l'arrière. Elle camouflait de temps à autre son visage dans le collet de son vison noir.

La fin de la messe approchait et, avant que je ne prenne place dans l'allée centrale derrière le cercueil de Ian, le prêtre s'approcha de moi pour me dire, tout en me prenant les mains:

– Madame Mauriac Dublin, je ne sais pas ce qui se passe mais j'ai pu deviner que c'était tout de même assez grave. Je peux vous assurer que vous avez l'aide de Dieu. Soyez certaine aussi de mes prières. Que Dieu vous bénisse, mon enfant, car Il est avec vous.

Quelle sincérité éclatante! Cela me fit du bien d'entendre de telles paroles et j'y puisai la force et le courage nécessaires pour jouer mon dernier acte dans mon rôle d'épouse de Ian Dublin.

Au cimetière, je revivais la colère ressentie, trois ans plus tôt, lorsque j'avais assisté à la descente en terre du corps de papa. Mes émotions se bousculaient. C'était comme si elles ne trouvaient pas d'échappatoire. Je compris à cet instant, que je les accumulais, que je les refoulais. Un jour, il faudrait qu'elles trouvent une porte de sortie, sinon cela pourrait me détruire.

Entre-temps, Nicole, ma petite brue, ressentit des faiblesses. Enceinte de six mois, elle fut transportée d'urgence à l'hôpital. Quelques heures plus tard, Victor nous apprit qu'elle avait perdu une de ses deux enfants, car elle portait des jumelles. Malheureusement, encore toute menue, la petite qui avait combattu pour rester en vie, risquait, d'après les médecins, de présenter une déficience, car il avait fallu lui administrer beaucoup d'oxygène. L'avenir, un an ou deux plus tard, allait confirmer ce fait.

J'avais maintenant hâte de me retrouver seule et de pleurer toutes les larmes de mon corps.

J'arrivai à l'appartement de maman. Elle était déjà couchée. J'allai m'allonger sur mon petit lit. Je pleurai longtemps avant de m'endormir. Mon cœur se consolait à l'idée que le pire était passé.

Chapitre 14

Lundi matin, soit deux jours après l'enterrement de Ian, face au notaire, j'avais peine à croire ce que je venais d'entendre:

– Maître Martin, voulez-vous me répéter cela, s'il vous plaît?

– Je suis désolé, madame, mais vous êtes entièrement déshéritée... si vous saviez comme je me sens mal à l'aise d'avoir à vous annoncer cela.

– Ai-je au moins droit à sa bague, à son bracelet?

– Je regrette: rien, aucun bijou! Vous n'avez même pas droit à la lecture du testament! Ses yeux fixèrent le sol; ils exprimaient une certaine gêne.

— Vous savez madame, vous êtes tellement différente de ce qu'on m'avait dit. On vous avait dépeinte comme une femme qui avait abandonné son mari, qui l'avait quitté pour aller vivre aux États-Unis. J'avais l'impression que vous étiez une sorcière!

Et là, j'écoutai ce que cet homme avait besoin de me communiquer. Je parlai plutôt du repos de l'âme de Ian que de sa fortune. Je lui dis que Ian avait fait une dépression presque une année avant sa mort et que je ne comprenais pas que personne ne s'en soit rendu compte.

Je passai presque deux heures avec ce notaire.

— Le secret professionnel m'interdit de vous dire qui est le légateur universel mais, voyant que vous n'êtes pas du tout la personne qu'on m'avait décrite, je vais vous le révéler: la personne qui vous remplace à ce titre, madame Mauriac Dublin, est cette femme qui ne cessait de dire du mal de vous et qui veut vous détruire: Diane Tremblay. Lorsqu'elle venait ici avec votre mari, je la voyais mettre une pression terrible sur lui afin qu'il ne vous laisse rien. J'en suis vraiment désolé, croyez-moi.

Un silence s'installa. Cet homme venait de changer d'opinion à mon sujet; je le sentais, je le voyais. Il poursuivit:

— J'ai rappelé votre mari à trois reprises, madame, afin qu'il revienne sur sa décision et, à chacun de mes appels, je me permettais de lui dire qu'il n'était pas normal de vous déshériter. Il y a également ses deux enfants: Victor et Léonie. Cette dernière est paticulièrement agressive. Ils ne cessent de m'appeler pour savoir qui hérite de l'argent et des compagnies de leur père. Depuis la mort de monsieur Dublin, j'ai eu la visite de Diane Tremblay accompagnée du gérant des ventes des compagnies Dublin Inc.

Le notaire fit une pause. Il exprimait son total désaccord concernant le testament de Ian; et poursuivit:

– À quatre reprises, ils sont venus me voir et cela, en sept jours. Vous savez ce qui va arriver, madame? Ils se dévoreront entre eux. Comme je le devinais, tout le monde autour de votre mari ne pensait qu'à hériter de son argent. Je comprends maintenant que vous soyez la seule à pleurer sa mort. Il est flagrant que vous l'aimiez sincèrement. Si vous saviez comme je regrette que les choses finissent ainsi.

Je le quittai, attristée par tout ce que je venais d'entendre. Ce qui me bouleversait, c'était toute la conspiration montée autour et contre moi afin de me prendre ce qui m'appartenait et de me faire passer pour coupable. Cette Diane Tremblay devait vraiment me détester pour se donner tant de mal à me dépouiller. Mais pourquoi? Je la connaissais à peine.

Elle héritait de tout ce qui normalement me revenait, de nos somptueuses demeures ainsi que des terrains et

337

usines au Québec, en Ontario, aux États-Unis, en Jamaïque, en Angleterre et aux îles Vierges. Elle recevait aussi tous les cadeaux de mariage donnés par les amis et la famille. Tout, jusqu'à la moindre allumette, elle l'avait dérobé.

Je ne pus recevoir aucun souvenir de Ian. Heureusement, les plus beaux, je les gardais en mémoire dans mon cœur. Ça, personne ne pouvait y toucher ni me le prendre.

Malgré tout, les jours s'écoulaient. Philippe était de plus en plus souvent à mes côtés. Cela m'aidait, au début du moins. Cependant, sa femme ne le voyait pas du même œil.

Je dus changer d'avocat. Je n'avais évidemment plus confiance en maître Hubert que Diane Tremblay avait réussi à acheter. De cela, j'en eus les preuves au cours des quelques semaines qui suivirent.

Cette femme avait tout manipulé dans les compagnies Dublin, sans oublier Ian.

Philippe avait un bon ami avocat; cela me sécurisa. Je décidai d'employer ses services. Les mois passaient et je vivais dans un état d'inconscience. Je ne comprenais pas encore tout ce qui s'était passé. Le choc avait été si fort! Je savais que j'étais incapable, à ce moment-là, d'encaisser tous les coups que j'avais reçus: ma séparation d'avec Ian, recevoir mes vêtements par livraison, la mort de Ian, être déshéritée complètement, pas de lecture du testament de mon propre mari, la carte funéraire reçue par la poste pour me remercier d'être allée au salon, le passage d'une vie de millionnaire à celle d'une assistée sociale et, finalement, les accusations et réactions de certains de mes proches.

Quelle humiliation! C'était difficile à avaler et c'était pour me permettre de digérer toute cette histoire, que, sans le savoir, je m'étais mise dans un état de torpeur où je pouvais, à mon propre rythme, absorber les coups.

Ma relation avec Philippe se détériorait de plus en plus depuis qu'il avait à nouveau une relation avec son épouse. Je compris que, même s'il me demandait de l'attendre, il ne la quitterait jamais. J'avais l'impression de devenir folle. J'étais submergée par mes émotions. J'appelais Philippe chez lui, n'importe quand, autant la nuit que le jour.

Je l'aimais comme une déchaînée, je l'avais dans la peau. Je me sentais coupable de maintenir cette relation, vu son état matrimonial, mais je n'arrivais pas à le laisser.

J'avais l'impression de faire à cette femme ce que l'on venait de me faire: prendre le mari de l'autre. Le côté matériel ne m'intéressait vraiment pas; même si je vivais sur le seuil de la pauvreté, ce que j'avais me suffisait! Les réflexes de mon enfance reprirent rapidement le dessus. À ce niveau, je tenais le coup!

Il y avait sûrement quelque chose de plus, sur cette terre, pour être heureux. Quelque chose de plus fort, de plus haut, de plus lumineux se devait d'être là, j'en étais certaine, même si je n'arrivais pas à contacter cette dimension supérieure.

Philippe, comme tous les autres, tomba lui aussi dans le piège si bien monté par Diane Tremblay: faire que les gens me délaissent complètement, m'abandonnent, doutent de moi et m'accusent.

Cette attitude de sa part me déchira. À plusieurs reprises, il mentionna qu'il pensait que j'étais avec lui pour son argent, puisque j'étais entièrement déshéritée. Pour me parler ainsi et douter de moi à ce point, il ne pouvait m'aimer vraiment. Le fait de douter de son amour pour moi, en plus de tout ce que je vivais suite au décès de Ian, me fit sombrer davantage. Je fis une dépression qui dura six ans.

On ne s'en rendait pas compte, de l'extérieur, mais mon cœur était brisé en millions d'éclats et ses blessures étaient très profondes.

Deux mois après la mort de Ian, je retournai en aviation, comme instructeur-pilote. Plus souvent qu'autrement, en plein vol, je me mettais à pleurer.

Mes élèves étaient formidables. Ils ont tous été fantastiques, comme mes confrères de travail d'ailleurs, chacun voulait m'aider du mieux qu'il le pouvait.

En mars, la réponse à ma demande de bourse pour me spécialiser en voltige aérienne arriva: c'était gagné. On m'accordait treize mille dollars pour ma formation d'instructeur dans ce domaine au Québec et pour une spécialisation en compétition mondiale et en spectacles aériens, à Cannes avec le colonel Biroleau. Quelle victoire! Ce bonheur me permit de tenir le coup jusqu'en octobre, mois de départ pour ce stage. «On y va!» fut mon mot d'ordre jusqu'à ce voyage!

Je m'entraînais en faisant du jogging, à l'occasion, avec Philippe à mes côtés. Notre amour était sporadique; tantôt des hauts tantôt des bas. Maintenant que je me retrouvais veuve, je m'accrochais davantage à lui, le voulant pour moi seule, car, je n'en avais pas encore conscience mais j'avais peur de la vie.

Sans m'en rendre compte, cette peur je la nourrissais à chaque seconde de chaque minute, de chaque heure, de chaque jour.

Il y avait mon entraînement physique très matinal, mes cours de voltige aérienne, mes conférences publiques qui avaient repris et mon travail d'instructeur.

Je reçus une autre nouvelle positive: une permission pour voler avec l'équipe militaire acrobatique canadienne. Encore une belle victoire à mon actif!

J'allai, le mois suivant, voler à Québec avec ces grands pilotes. Philippe était avec moi. Il était venu me rejoindre en T-33. Nous avons passé un séjour merveilleux dans la belle ville de Québec. Lorsque nous nous retrouvions, c'était le délire total. Philippe trouvait cependant que je semblais fatiguée. Je le rassurais du mieux que je le pouvais mais il avait raison. Le matin, je me levais à cinq heures et je partais pour Saint-Mathias de Belœil, au sud du bassin de Chambly, où mon entraîneur en voltige, Paul Roger, m'attendait. Cela me demandait une heure trente de voiture.

J'aimais la toute petite piste qui caractérisait l'aéroport de Saint-Mathias. Elle était surmontée au centre par des fils électriques, ce qui me faisait pratiquer des atterrissages et des décollages très courts.

Tout était calculé avec Paul; il était de la trempe d'un Biroleau. Même sa voix était grave, conforme à la situation. Il était rare de le voir sourire mais une confiance, une sérénité habitaient cet as de la voltige. Assez grand, les yeux bleus et les cheveux bruns, Paul avait été pilote militaire sur Mirage, cet avion de chasse français, quelques années auparavant. J'étais fière et honorée d'être son élève. Paul était considéré, malgré son jeune âge, comme le «père de la voltige» au Québec. Français d'origine, il avait sa nationalité canadienne depuis plusieurs années.

Un matin, j'arrivai bouleversée à l'aéroport. Je venais d'apprendre par mes avocats que j'avais perdu ce qu'on pensait pouvoir récupérer de la succession de mon défunt mari, environ un million de dollars.

Paul était au courant de ce qui s'était passé dans ma vie sans cependant en connaître tous les détails. Je recevais de nombreux appels à la base et je me sentais obligée de lui en révéler l'objet. De toute façon, étant instructeur moi-même, j'aimais bien savoir lorsque quelque chose de grave arrivait à mes élèves afin de pouvoir mieux saisir, lors des vols, leurs réactions. Psychologiquement, il faut être à l'écoute et au diapason! Je me devais de voler à une cadence infernale, car il nous fallait rattraper le temps qui nous filait entre les doigts et qui nous rapprochait de ma date de départ pour la France, pour mon entraînement avec le colonel Biroleau.

Chaque jour, lorsque je rentrais à l'appartement, j'étais éreintée et au lieu d'aller me reposer, j'allais retrouver des amis pour ne rentrer que vers minuit. J'étais en pleine période de crise. Et comme le dit si bien l'expression, je brûlais la chandelle par les deux bouts. J'étais en pleine dépression.

J'éprouvais le besoin de voir du monde. J'évitais de rester seule à réfléchir à ma vie passée. Je ne fréquentais plus Philippe. Cette période fut difficile mais je ne pouvais supporter davantage de le savoir avec son épouse; j'en souffrais énormément. J'avais préféré le laisser, plutôt que de continuer à vivre dans le mensonge.

Je compensais en travaillant le plus possible et en sortant le soir. Je croyais trouver une solution à ma souffrance mais je la fuyais. À cette époque-là, je ne savais pas que plus on fuit un problème, plus il nous court après.

Entre-temps, le casse-tête que représentait la mort de Ian prenait forme peu à peu. Diane Tremblay s'installa tout près de chez ma mère où je vivais toujours. Elle devint propriétaire d'une superbe maison, avec piscine intérieure. Le gérant des ventes des compagnies de Ian était toujours avec elle. Il avait quitté son épouse le lendemain du décès de Ian, tout comme Diane Tremblay avait quitté son mari, la journée de l'enterrement de Ian.

Julie eut droit à quelques reprises à la visite de Diane. Une fois, elle lui apporta trois flacons de somnifères. Elle lui parla ainsi: «Ta vie, Julie, deviendra insupportable, folle comme tu l'es déjà, sans ton père pour prendre soin de toi. Ce serait sûrement mieux d'en finir une fois pour toutes avec cette sale vie mais...» Il y avait un «mais»:

– Tu as maintenant trop d'argent à ton nom, Julie. Inscris le mien sur ton testament avant d'avaler ces pilules. N'oublie pas que tu es une grande malade, une folle et que personne ici ne veut de toi.

Ces paroles me furent rapportées par Julie, le lendemain même de cette visite.

Le hic de toute l'histoire était là: sur son testament précédent, Ian avait laissé cinq millions de dollars «In Trust» à une congrégation religieuse, laquelle s'occuperait de Julie s'il nous arrivait, à lui et moi, de mourir. Ian, qui avait divorcé de sa première femme afin de protéger cette enfant, ne pouvait, sans y avoir été forcé, réduire à cent cinquante mille dollars, la part revenant à Julie dans le nouveau testament. Quelque chose de sordide, de démoniaque même était à l'origine de toute cette malhonnête histoire. Déshériter Julie de cette façon ne pouvait être l'idée de Ian; de ça, j'en étais certaine. Julie ne pouvait pas, de par son état mental, gagner sa vie facilement. Et ça, Ian le savait mieux que quiconque.

Au cours des mois qui suivirent, Léonie parvint à faire placer Julie sous curatelle et à gruger une grosse partie de son héritage-assurance. Julie, pendant ce temps, avait peine à payer sa nourriture et son loyer.

Quant à moi, j'avais de plus en plus de difficulté à faire face à la situation. Je fuyais la vérité, la réalité. J'étais plongée vingt-quatre heures par jour dans ce qu'on m'avait fait. Je ne savais comment m'en sortir.

Je reçus, quelques mois plus tard, la visite de policiers qui enquêtaient sur la mort de Ian. Ils étaient à l'emploi de l'escouade des suicides et homicides.

Ces deux détectives me connaissaient à cause de la publicité faite à mon sujet en aviation. D'ailleurs, j'avais formé certains de leurs confrères. Quelques-uns étaient devenus pilotes. De leur propre aveu, ils avaient peine à croire ce qu'ils avaient entendu de la bouche de Diane Tremblay, de Victor et de Léonie, sur mon compte.

Après avoir répondu à leurs questions, ils concluaient que toute cette histoire était un coup monté afin de m'enlever mon avoir. «Il s'agit d'un coup de maître, madame Mauriac Dublin!»

Cette phrase, je ne l'ai jamais oubliée!

Ils m'apprirent qu'à leur arrivée sur place, la journée même où le corps de Ian avait été découvert, il y avait des traces de pas dans la neige. D'après eux, elles dataient de la veille. Malheureusement, comme cette journée-là il avait légèrement neigé, la plupart des traces étaient partiellement recouvertes. Ils ne purent tirer aucune empreinte mais, une chose était certaine, il s'agissait de traces de bottes féminines. De cela, ils étaient convaincus.

Lorsque Ian me parla le soir de sa mort, il avait été très doux au téléphone et subitement, il s'était mis à crier qu'il désirait le divorce. C'est à ce moment-là, selon les policiers, que Diane Tremblay avait pénétré dans la maison.

Suite à mon témoignage très sommaire et après de longs mois d'enquête, le service de police en vint à établir un scénario digne des meilleurs films à suspense.

Voyant apparaître Diane au moment même où il me parlait, Ian fit semblant d'être fâché contre moi afin de la calmer. Elle rôdait sans arrêt autour de lui; il était devenu sa proie.

Ian était en train de nettoyer ses armes. Ce qu'il faisait d'ailleurs une fois par an. La carabine attendait son tour sur le comptoir de la cuisine. Il ne se méfiait pas de la présence de Diane tremblay.

Elle connaissait la fragilité psychologique de Ian. Une personne très dépressive, qui prend des médicaments, est très vulnérable, surtout si elle a bu de l'alcool. Elle le poussa à bout, lui disant, très sûre d'elle-même puisque tous les papiers étaient maintenant à son nom, qu'elle ne l'avait jamais aimé, que c'était son argent qu'elle désirait, qu'elle avait, en la personne du nouveau gérant des ventes, l'amant idéal et que, si lui, Ian Dublin, ne continuait pas à jouer son petit jeu, elle dévoilerait ce qu'elle savait de «son» secret, c'est-à-dire l'emprunt de plusieurs millions de dollars qu'elle avait réussi à lui procurer au noir. Elle alla encore plus loin: elle allait révéler à l'impôt ses revenus non déclarés, preuves à l'appui. Les pénalités et amendes qu'il aurait à rembourser le ruineraient, car il avait déjà des difficultés financières.

En retour de ses services, Diane Tremblay retirait des sommes d'argent fabuleuses des compagnies Dublin Inc.; des actions lui étaient déjà assignées ainsi que tous nos biens.

Au cours de cette ultime querelle entre eux, Ian se rendit compte de tout le mal qu'il avait fait afin d'assouvir ses envies personnelles de pouvoir et d'argent. Il comprit que cette femme ne lui voulait que du mal. Ian ne put en supporter davantage. Il demanda donc à Diane de se taire, d'arrêter sa crise d'hystérie.

Il comprit qu'il avait pris un gros risque en mettant, pour se protéger d'une faillite imminente, la majorité des papiers et son testament au nom de cette garce. Diane Tremblay avait été beaucoup plus rusée que Ian. Il s'était fait prendre au piège de sa propre malhonnêteté.

Toujours d'après les policiers, il était important pour Ian d'éviter que je sois en contact avec des créanciers douteux. C'était sa façon de m'aimer et de me protéger, je le sais maintenant. Vers la fin, suite à la grande quantité d'alcool et de calmants qu'il prenait, Ian mêla tout dans sa tête. Sous la pression de sa proche faillite, il en arriva à ne plus faire la différence entre la véritable histoire et le scénario qu'il avait voulu monter afin de se protéger financièrement.

N'en pouvant plus, il décida de téléphoner à son père. Il était vingt-trois heures. Il lui dit très calmement qu'il allait bien. Mais surtout, il lui répéta devant Diane, seul témoin de cette scène non prévue dans la pièce, que je n'étais pas coupable et que je n'étais pour rien dans toute cette sale affaire. C'en fut trop pour la future héritière. Diane se saisit de la carabine qu'elle avait, à l'insu de Ian occupé au téléphone, chargée d'une des balles prise dans une boîte de cartouches sur le comptoir de la cuisine.

Lorsque Ian revint dans la cuisine après avoir téléphoné à son père, qui fut d'ailleurs le dernier à lui parler, Diane exigea qu'il fasse un papier annulant notre contrat de mariage, contrat qui me donnait droit à cinquante mille dollars advenant sa mort. Il ne voulut plus embarquer dans son petit jeu. Déjà, cela avait été trop loin. Il ne pouvait peut-être plus défaire ce qu'il avait fait, mais personne ne toucherait aux cinquante mille dollars auxquels me donnait droit notre contrat de mariage.

Diane dirigea l'arme chargée vers Ian. Elle le menaça de mort s'il n'annulait pas le dit contrat. Ian se leva pour prendre le fusil à Diane. Mais maladroitement, il retomba assis sur sa chaise. Au moment où il tentait de se relever, Diane appuya sur la gachette et atteignit Ian en plein cœur. Il retomba pour une deuxième fois sur la chaise qui se déplaça pour aller toucher la porte qui était derrière lui et menait au sous-sol de la maison. Le coup fut mortel. La balle fit éclater le cœur, les poumons. Elle sortit par l'omoplate gauche emportant avec elle des morceaux de ces derniers qu'on retrouva plus tard au plafond de la cuisine.

Par la suite, la meurtrière essuya minutieusement l'arme avec laquelle elle venait de tuer Ian. Elle n'oublia pas de prendre sa main gauche et de la coller sur la crosse de la Winchester. Elle déposa le fusil aux pieds de Ian, juste à côté de la chaise, afin que l'on crût à un accident mortel.

Elle commit alors une erreur, car, d'après la loi physique de l'action et de la réaction, le coup tiré par une arme la fait reculer, surtout dans le cas d'une carabine de la puissance de celle d'une Winchester. L'arme aurait dû partir en sens inverse si Ian, comme elle voulait le laisser croire, s'était tué accidentellement, circonstance qui entraînait le versement d'une double indemnité des assurances-vie.

De plus, les mains et les doigts de Ian étaient plus petits que la normale pour un homme de sa taille. La distance pour rejoindre la gachette du fusil et l'enfoncer était telle que Ian ne pouvait y parvenir tout seul.

Et même s'il y était parvenu de justesse, il n'aurait pas pu refermer la main sur la crosse afin de la traîner là où elle fut retrouvée, plus exactement à ses pieds.

Il avait fallu que quelqu'un dépose le fusil à cet endroit précis...

Finalement, Diane ressortit, en prenant bien soin de ne pas laisser d'empreintes. Par contre, elle ne pouvait pas effacer certaines de ses traces. Mais, comme il neigeait, elle crut qu'elles seraient recouvertes. Elles le furent presque, suffisamment du moins pour que les limiers ne puissent déceler à qui elles appartenaient. La chance était avec elle.

C'était la version de la police. Malheureusement, il serait presque impossible de prouver quoi que ce soit, puisque le coup avait été préparé au moins douze à quinze mois avant la mort de Ian. Faute de preuves, la loi était du côté de ceux qui l'avaient tué. Il aurait fallu que je loue les services d'un détective privé. Je n'avais pas l'argent nécessaire et surtout, je n'avais pas la force de faire face à cette horreur qui n'en finissait plus.

Quelques mois plus tard, l'agent enquêteur vint me voir chez maman afin de clore définitivement le dossier. Il me dit:

— Cette femme est diabolique, madame Mauriac Dublin. Je me rappelle la façon dont elle parlait de vous lorsque nous enquêtions. Elle vous en voulait énormément. Je suis agent de la paix et je n'ai jamais dérogé à mon devoir. Cependant, toute cette affaire est tellement sale, répugnante et de bas niveau que je me permets de vous glisser le nom d'un tueur à gages. Au revoir, madame, et que Dieu me protège, car je viens de manquer à mon devoir pour la première fois de ma vie.

— Je vous remercie tout de même, monsieur, mais je n'ai pas l'esprit de vengeance malgré toute l'atrocité de cette affaire. Je sais cependant que la vie, un jour, se chargera de faire payer à Diane Tremblay tout ce qu'elle a fait. Je crois à cette loi qui dit: «Tu récoltes toujours ce que tu sèmes.» Laissez-moi vous dire que je préfère être dans ma peau plutôt que dans la sienne. Diane Tremblay aura à payer, un jour, pour tout le mal qu'elle a fait autour d'elle.

Le policier me souriait doucement. Il était renversé par la façon dont je voyais les choses. Pourtant, il y a beaucoup de gens sur la planète qui pensent et agissent ainsi, heureusement. À mes yeux, on ne répond pas à la violence par la violence.

Avec tout ce qui m'arrivait, j'envisageai de me suicider à deux reprises. Si bien qu'un jour, craignant d'aller jusqu'au bout, je me retrouvai chez les pères, à Oka. Ils m'ont ramassée à la «cuillère» tellement j'étais dépressive.

Un autre soir, j'étais tellement envahie par la peur que, roulant sur l'autoroute en direction de Saint-Sauveur, je me croyais suivie par chaque voiture qui m'approchait. À un moment donné, je pouvais voir à peu près huit automobiles dans mon rétroviseur. J'accélérai, et, après dix minutes, je constatai que chacune des voitures me dépassait et continuait son chemin. À ce moment-là, je réalisai que je faisais une grave dépression.

Je me souvenais des deux fois où ma voiture avait été saccagée sauvagement et dynamitée. D'après l'enquête de l'assurance automobile, ceci était «louche»: quelqu'un m'en voulait! J'avais besoin d'aide, mais où la trouver?

J'étais si écœurée par tout le monde, par le manque d'amour dans ma vie, par l'abandon et le rejet, par la fausse amitié, que je décidai de passer aux actes et de m'enlever la vie.

Je vécus ma dernière journée sans tristesse aucune, certaine que j'avais enfin trouvé la bonne solution. Je louai une chambre à l'hôtel de l'aéroport de Mirabel.

352

J'avais apporté six flacons de somnifères et une bouteille de vin.

Assise sur le lit face à tout mon matériel de mort, j'écrivis mon testament que je déposai par la suite sur la commode de la chambre. Je me mis à trembler. J'ouvris le premier flacon... de petites pilules roses qui devaient m'amener dans un monde meilleur.

On aurait dit que tout se passait à un rythme incroyablement lent. J'étais engourdie, insensible. Je voyais ma vie se dérouler devant moi comme un film au cinéma; je ne comprenais plus rien.

Je ne savais plus qui j'étais. J'avais la sensation désagréable qu'une étrangère vivait dans mon propre corps.

Je me sentais perdue à jamais. Je pensai à ma mère; cela allait être affreux pour elle de perdre son enfant, comme ça, après l'avoir vu vivre trente années!

Je pris une pilule et la déposai sur ma langue. Je l'avalai avec une grosse gorgée de vin. Elle venait de passer. Je retournai à mes souvenirs.

Je n'arrivais pas encore à saisir pourquoi Ian avait agi ainsi avec moi. J'étais déchirée car personne n'avait voulu reconnaître mon amour pour cet homme. Je comprenais à quel point j'avais été le «pigeon» dans cette histoire et ce n'était pas fait pour m'aider à retrouver ma fierté personnelle, qui avait beaucoup baissé depuis la mort de Ian.

Je buvais dans cette chambre d'hôtel et j'avalai deux autres somnifères. Je me souvins du jour où je m'étais retrouvée au bureau de l'assurance-chômage de ma région; quelle honte et quelle humiliation j'avais vécues!

Les employées qui y travaillaient m'avaient connue comme conférencière invitée à leur club social ainsi qu'à cause de la publicité faite autour de mon activité en aviation. Elles furent surprises de me voir venir quémander de l'argent à leurs bureaux.

Ian était connu de ces gens qui le savaient très riche. Comment se faisait-il qu'Arianne Mauriac Dublin, chef-pilote de carrière, veuve d'un mari millionnaire, vienne demander de l'aide à l'assurance-chômage? Je n'arrivais toujours pas à comprendre non plus la réaction de ma propre famille: ces cousins et cousines, je les aimais pourtant. Nous avions grandi ensemble. Pourquoi ne me parlaient-ils plus? Que se tramait-il?

J'avalai deux autres pilules roses et tout en buvant de ce vin rouge, sans m'en rendre compte, je m'endormis pour ne me réveiller que le lendemain à midi. J'avais honte. Je déchirai mon testament, tentai de nettoyer les dégâts faits par le vin répandu sur le drap de mon lit, mais je gardai les «pilules du sommeil».

Je repris un rythme de vie plus normal. Je travaillais maintenant comme réceptionniste dans un centre sportif. Ce travail m'a énormément aidée.

Je n'étais pas du genre à rester sans faire, et, de toute façon, il me fallait de l'argent pour survivre.

J'eus de nombreuses périodes de découragement, surtout lorsque mon avocat m'appelait pour m'annoncer de mauvaises nouvelles. Il travaillait comme un forcené sur le dossier de la succession de Ian, et, lorsqu'il pensait tenir un bon point et que cela ne fonctionnait pas, c'était comme si, chaque fois, tout s'effondrait autour de moi.

Au bord du désespoir, je tentai donc de faire intervenir d'autres avocats, comme si mon histoire n'était pas assez compliquée.

Chaque fois, c'était le même résultat: personne ne voulait de ce dossier qui n'avait aucun sens et qui semblait si mystérieux.

À la fin de l'une de ces journées déprimantes, seule et sans Philippe, dont je m'étais à nouveau séparée, je décidai encore une fois d'en finir avec ma vie. J'étais arrivée à nouveau au fond de la vague mais, cette fois-ci, j'allais y rester, je me le promettais bien.

Les deux semaines qui précédèrent, j'agis bizarrement: je téléphonais sans arrêt, de nuit comme de jour, chez Philippe afin d'entendre sa voix, si douce et si ferme. Combien de fois l'ai-je fait? Assez pour ne plus pouvoir les compter. Je ne lui parlais pas lorsqu'il décrochait l'appareil: je ne faisais qu'écouter sa voix. Il savait que c'était moi.

Je n'en pouvais plus. Je téléphonais aussi à son bureau. Connaissant ainsi son horaire, je me rendais chaque fois à l'aéroport et, cachée, je le regardais. Il ne pouvait se douter que j'étais là. Je le regardais et c'était comme si je l'entendais respirer dans mon cou, c'était comme si je pouvais à nouveau humer l'odeur piquante de sa peau, c'était comme si j'entendais ses gémissements d'amour. Je vivais là, à l'aéroport, nos souvenirs intenses d'amour.

Et lorsqu'il n'était pas à l'aéroport où, normalement, il venait chaque semaine, je m'empressais d'appeler son bureau pour savoir s'il ne lui était rien arrivé. J'étais prête à renverser le monde entier pour le suivre. Je ne vivais que pour lui, le moindre de mes battements de cœur lui était destiné.

J'ignorais, à ce moment-là, qu'en fait je ne voulais pas faire face à la réalité ni assumer ma vie. Au contraire, je demandais à Philippe, sans m'en rendre compte, de le faire pour moi et je continuais à me noyer dans mes peurs.

À nouveau, je louai une chambre au même endroit. Le même rituel se répéta sauf que, cette fois, lorsque j'eus fini d'aligner mes petites poupées de rêves, les pilules, je me posai franchement la question à savoir si je désirais vraiment mourir? La réponse se fit instantanément: c'était NON, je ne le voulais pas et ne l'avais jamais voulu.

Pour la première fois, je commençai à réagir. Au même moment, à la porte de ma chambre, on frappa. J'allai ouvrir sans me poser de questions tellement j'étais heureuse d'avoir réagi positivement. Philippe Williams se tenait là, debout, et me regardait. Je fus ravie de le revoir et fort intriguée qu'il m'ait retrouvée là. Il me raconta qu'ayant téléphoné chez moi, afin de prendre de mes nouvelles, maman lui avait dit que j'étais allée faire un tour chez ma sœur Emma, à qui j'avais révélé ma cachette mais non ce que je voulais y faire.

Philippe et moi, nous discutâmes et nous prîmes le temps de faire un bilan de notre relation. Nous décidâmes qu'il serait préférable de rester séparés pour mon bien-être et pour le sien.

Il m'offrit une aide financière, car il connaissait bien ma situation matérielle et je lui en serai toujours reconnaissante.

Je laissai définitivement Philippe Williams après une dernière nuit d'amour et, depuis, nous avons toujours conservé une belle relation amicale.

Déjà, sans m'en rendre compte, je m'aimais davantage: je commençais à penser à moi, à ma santé mentale et émotive. Un pas immense venait d'être franchi.

Je finis par consulter un psychologue et je demeurai en thérapie privée pendant plusieurs mois.

J'abandonnai de moi-même le nom de Dublin, ce qui pouvait sembler ridicule peut-être, mais ce nom que je portais depuis douze ans maintenant, me donnait une fausse sécurité, celle de l'époque où j'étais protégée par mon mari, Ian Dublin. Cela aussi fut une belle victoire!

Les problèmes liés à la succession de Ian furent réglés. Tout cela avait duré six ans. Je reçus les cinquante mille dollars de mon contrat de mariage que j'aurais normalement dû recevoir dans les mois suivant sa mort.

Je rencontrai Olivier, mon avocat, que je n'avais pas revu depuis trois ans. Il était toujours aussi beau, peut-être même encore un peu plus qu'avant. Cet homme incorruptible était un exemple d'intégrité. Il m'avait toujours fascinée et j'étais heureuse de le revoir. Il me confia n'avoir jamais cru à un accident en ce qui concernait la mort de Ian, mais plutôt à un meurtre.

Le drame était désormais bien loin et la vie s'ouvrait maintenant à moi dans un second souffle.

Chapitre 15

Cher Ian,

T'avoir ici, tout près de moi, pour pouvoir parler tout en prenant une tasse de thé serait merveilleux, n'est-ce pas? Alors, je prends tout de même cette tasse de thé en imaginant que tu es assis juste là, sur la chaise d'à côté. Et à travers la lettre que je t'écris, mon cœur s'adresse au tien.

Que de choses fantastiques et extraordinaires ai-je apprises avec toi, Ian! J'ai voyagé à travers le monde dans des milieux que je n'aurais jamais connus sans toi. Tu m'as beaucoup enseigné et je t'en suis reconnaissante. Tout cela fait de moi une femme de grande expérience. J'en suis consciente et fière.

Lorsque tu as quitté ce monde, les six années qui ont suivi, ont complété, malgré moi, ma formation. Ce ne fut pas facile, comme tu as pu le constater, de là où tu es: six années de «grande dépression». Une traversée du désert qui, à quelques reprises, a bien failli m'emporter.

Je me souviens de tes paroles, Ian: «...je veux que tu partes, Arianne, je ne veux pas que tu vives ce qui va arriver.» Aujourd'hui, je comprends que c'était ta façon de me protéger.

Je le sais, ne sois pas inquiet. Mais cela m'a demandé du temps. Il a tout de même fallu que je te donne le bénéfice du doute tant et aussi longtemps que je n'avais pas en mains tous les éléments de cette histoire. Et même après avoir reconstitué le puzzle, il m'a fallu rester objective face à ton attitude envers moi. Ce n'est pas évident de pardonner à quelqu'un lorsque l'on sait qu'il contribue activement à nous nuire. Tu sais quoi, Ian? Il faut surtout beaucoup d'amour!

Il a fallu que je «fasse le tri», que je sois «vraie» face à tous les gestes que tu avais posés envers moi à ce moment-là et que je le sois aussi envers mes propres réactions. Sinon, comment être honnête envers sa propre vie?

Je sais, maintenant, que c'est parce que tu n'as pas pu rembourser, dans les délais prévus, l'emprunt que tu avais fait au noir que tu as été supprimé. C'est la raison pour laquelle tu voulais que je parte: afin que je puisse demeurer en vie. Car même si on a plus un sou, si, par contre, on a la vie et la santé, on peut tout faire. Tout espoir est permis.

Il ne faut pas t'en faire pour l'argent, Ian: il est certain que ce ne fut pas facile pour moi durant les premières années. Mais il était préférable que je n'hérite de rien de plus que l'argent de mon contrat de mariage, car celui qui circulait dans tes compagnies, à la fin de ta vie, était sali par une certaine corruption. Il n'avait pas été honnêtement gagné, tu comprends? Ainsi, en empruntant au noir, tu es entré dans un égrégore négatif, celui de la drogue, celui du meurtre, en un mot celui de l'enfer. La conclusion, malheureusement, ne pouvait presque pas être autre que celle que tu as connue. Je comprends parfaitement que tu as été, au cours de cette période dramatique de ta vie, dans une sorte d'enfer. Tu as beaucoup souffert, je le sais. Je le savais déjà à l'époque. C'est pourquoi je voulais tant t'aider.

Et toi, sachant que je t'aimais d'une façon telle que je ne t'aurais jamais laissé seul face à la dépression et aux graves difficultés que tu traversais, tu as dû être très dur avec moi afin que j'accepte de te quitter une semaine et que tu puisses déclencher, à mon insu, le processus de mon éloignement définitif. Oui, Ian, maintenant je comprends. Tu voulais m'éloigner pour me protéger. Tu savais que tu étais allé trop loin et que tu ne pouvais faire machine arrière.

D'une certaine façon, c'est pour me protéger que tu es entré dans le jeu de tes acolytes. Tu devenais verbalement violent avec moi afin qu'ils t'entendent me parler ainsi et qu'ils croient que tu m'en voulais. Les gens penseront que tu n'avais plus le choix, oui, d'une certaine façon c'est vrai! Par contre, certaines de tes paroles, entre autres lors de notre dernière conversation téléphonique, me prouvent que oui, tu m'aimais comme jamais. Lorsque l'on connaît un être, certaines de ses réactions, certains de ses gestes ne peuvent pas mentir.

Les gens seront peut-être surpris de cette conclusion. Je sais que l'expérience de la vie ne s'achète pas, elle s'acquiert. Je sais que l'amour sincère permet de pardonner lorsque l'on sait que l'être aimé est dépressif, lorsque l'on sait que cet être aimé est devenu alcoolique à cause de tous les problèmes dans lesquels lui-même s'est plongé. Cela ne veut pas automatiquement dire que je suis d'accord avec tout ce que tu as fait. Pas du tout. Je ne l'étais pas, et ne le suis toujours pas, avec ta façon d'agir de l'époque.

Certains se sont montrés surpris que je te pardonne toutes les souffrances que m'ont causées ta soif de pouvoir et de puissance. Oui, je t'ai pardonné, Ian et je sais que tu le sais.

Nous sommes tous humains et nous pouvons tous faire de telles erreurs, cela n'arrive pas qu'aux autres. Cette expérience de vie, la tienne, me permet personnellement d'en éviter une semblable dans ma propre vie. Pourquoi? Parce que toi, tu l'as vécue. Et toutes les difficultés que les autres, autour de nous, peuvent vivre, peuvent nous être évitées si l'on s'arrête pour analyser leur situation. Faire la synthèse, voilà qui nous évite de revivre personnellement un tel événement afin d'en acquérir l'enseignement: toute expérience vécue est là pour nous permettre d'acquérir une maîtrise. C'est la seule et unique raison de tous les événements de notre vie sur terre.

Je sais que cela paraît presque ridicule mais si tu t'arrêtes pour bien y réfléchir, tu verras comme cela est vrai et exact!

J'ai personnellement pris note de l'enseignement de ton vécu à la fin de ton séjour parmi nous: des réflexions, des conclusions, des analyses. Toute ton expérience m'a apporté beaucoup.

Voilà, Ian! Ma vie est tout à fait différente maintenant. Et j'en suis heureuse, si tu savais! Je fais ce que j'ai toujours désiré. N'est-ce pas cela «se réaliser»? Je crois que oui. Tu es peut-être surpris que je ne vole presque plus. Tu en connais la raison? J'ai appris que si je volais autant de ton vivant et encore plus à la fin de ta vie, c'est que je compensais ta descente, ton enfoncement dans les ténèbres. Il me fallait monter toujours plus haut, aller, d'une certaine façon, vers une dimension plus lumineuse afin de contrecarrer la chute qui était la tienne. Tu comprends, maintenant?

Il y a toujours une façon plus exacte de comprendre ce qui est arrivé. Capter les trames de l'univers est toute une initiation!

Quelque temps après ton départ, je reçus le message télépathique de me rendre au Pérou pour une rencontre avec le vaisseau qui me contactait depuis mon enfance. J'étais rebelle à ce voyage, car il représentait une grosse dépense et je n'avais pas beaucoup d'argent. Il faut aussi avouer que ce projet m'attirait les remarques désobligeantes de mon entourage. Finalement, les événements se sont présentés de telle façon et si rapidement qu'il était clair pour moi que je ne pouvais rater cette occasion unique. Je sentais que si je la manquais, quelque chose d'essentiel allait m'échapper. Trois semaines plus tard, je partais pour Lima, au Pérou. Quelle aventure!

Arrivée dans la capitale péruvienne avec trois autres personnes de Montréal que je connaissais à peine, nous avons été accueillis par le responsable du groupe de cette rencontre internationale. Je suis restée au Pérou douze jours qui me parurent deux ans tellement l'énergie de ce pays est lourde. Le climat politique était terrible. Les policiers fouillaient tout le pays à la recherche d'un groupe de terroristes. Des militaires armés, nous en rencontrions un peu partout: autant à Lima qu'à Nazca, qu'à Cuzco ou dans le désert de Chilca où eut lieu une rencontre exceptionnelle avec «les frères des étoiles»!

Dans ce pays, c'est l'extrême pauvreté ou l'extrême richesse. Pas de milieu. Des enfants de quatre ans, seuls avec des chiens comme compagnons, fouillaient dans les poubelles afin d'y trouver quelque chose à manger. Plus souvent qu'autrement, nous les voyions mâcher du papier journal. Nous achetions des fruits et des légumes pour les distribuer aux enfants et aux personnes les plus démunies. Après quelques jours de bénévolat, nous nous sommes installés, le vendredi soir, dans le désert de Chilca où quatre cents personnes avaient rendez-vous avec quelques vaisseaux. Des gens qui venaient de tous les coins de la planète. Quelle ambiance! C'était assez particulier!

Le deuxième soir, il y eut rencontre. Un immense «vaisseau-mère» et trois petits se manifestèrent toute la nuit. Douze Chiliens furent choisis par le vaisseau-mère: ils avaient rendez-vous avec leurs «frères»! Onze hommes et une femme, parmi eux un photographe et un journaliste, étaient venus afin de prouver que tout cela n'était que de la «foutaise». Quelle surprise fut la leur! Quelques photos furent prises avec l'accord des «êtres» du vaisseau.

Quant à moi, le vaisseau venu spécialement pour me contacter était parmi les trois plus petits. Je le reconnus par son «énergie»: il s'agissait bien du même appareil qui me contactait depuis mon enfance au Québec. Et là, je le vis d'abord avec mes yeux physiques. Il était rouge, très près du sol, à environ dix mètres, et à cinq cents mètres de moi à peu près.

Je voulus me lever pour aller vers lui, mais je compris que je ne le devais pas. J'ai fermé les yeux et, du coup, je me suis dédoublée. Ce n'est pas moi qui maîtrisais cette situation: c'étaient mon frère et ma sœur cosmiques, à bord du vaisseau. Je les connaissais bien pour les avoir plusieurs fois rencontrés en dédoublement. Je me souvenais très bien qu'à l'âge de cinq ans, je le faisais souvent.

Et là, je me suis vue quitter mon corps physique. Ce corps subtil qui se détachait de mon corps formel était relié à lui par une corde d'argent. C'était formidable et surprenant chaque fois. Quelques secondes plus tard, je me suis retrouvée à bord de ce vaisseau. J'ai reconnu l'équipage, bien sûr. J'étais heureuse de les retrouver. Cette rencontre me comblait même si mon adrénaline s'était élevée rapidement. Je suis demeurée à bord environ vingt minutes. Lorsque je suis revenue dans mon corps physique, j'étais triste, j'avais besoin d'être seule. Si j'acquiesçais à la demande qui m'avait été faite à bord, cette rencontre transformerait toute ma vie. J'avais besoin de réfléchir. La tension était énorme. Quelques heures plus tard, je répondis par l'affirmative à leur requête.

Je ne savais pas quel rythme incomparable allait s'emparer des événements de ma vie au cours des prochains mois, ni à quel point ils allaient me transformer.

Je me rappelai qu'à la suite de ton décès, cher Ian et plus tard, au moment où ma relation avec Philippe se détériorait le plus, une certitude s'était imposée à moi, celle «qu'il y avait sûrement quelque chose de plus sur cette terre, pour être heureux», que «quelque chose de plus fort, de plus haut, de plus lumineux se devait d'être là!»

La vie ne pouvait pas être seulement ce qu'elle était. C'était illogique! Sinon, elle ne valait pas la peine d'être vécue.

Maintenant, j'en étais certaine: cette dimension supérieure, j'apprenais à m'en rapprocher par la présence de mes «frères des étoiles». Je prenais conscience de l'importance de mon voyage au Pérou.

Je revins de ce pays avec, en tête, une nouvelle responsabilité face à une importante réflexion qui prenait de plus en plus de place dans ma vie. Rendre public ce que l'on avait bien voulu me confier à bord, n'était pas évident. Mais je l'avais accepté. Cela faisait maintenant partie de ma vie. Et je me suis rappelé que l'«on» m'avait déjà mentionné, de ton vivant, Ian, que j'allais avoir éventuellement un choix à faire. Je venais de le faire: j'avais fait ce choix. Mais il me fallait d'abord remettre de l'ordre dans ma vie.

À mon retour d'Amérique du Sud, tout se poursuivit tant bien que mal. Garder un équilibre avec ce que j'avais vécu au Pérou, les hauts et les bas de la vie quotidienne et toutes mes difficultés, n'était pas chose facile.

C'est cela ma vie maintenant! Tu es surpris? Non, pas vraiment, je le sais bien. Je te taquine, cher Ian. Je suis très heureuse de te parler de cette façon aujourd'hui. Je parachève ce qu'a été ma vie avec toi. Cela m'aura demandé quatorze ans depuis ta mort. Mais parfois cela peut prendre une vie ou plus.

J'étais ton îlot, Ian, et tu venais t'y reposer, y puiser l'amour dont tu avais besoin. J'étais ta «Dame», en somme, un peu le reflet de ton âme, que, comme tout homme, tu recherchais. Je fus la seule personne que tu as véritablement aimée car tu voulais, à ta façon, protéger ce qu'il y avait de plus sain à cette époque dans ta vie: Arianne Mauriac Dublin!

Je t'aimais pour toi-même et non pour ton argent; maintenant, tu le sais. C'est bien. En laissant ta succession à d'autres, tu as voulu m'épargner un imbroglio terrible. J'apprécie ce geste, car ta fortune n'avait pas été acquise de manière très honnête. Ce fut, encore là, une façon de me dire que tu m'aimais. Tu devais te demander si, un jour, je comprendrais ton attitude: oui, Ian, tu peux reposer en paix. Ne sois plus inquiet. Sois en paix!

Tu as toujours une place dans mon cœur. Je t'aime toujours mais l'amour pour moi est maintenant différent. Ma façon d'aimer a totalement changé. Je me suis enfin retrouvée et je prends ma place dans ma vie. Je suis arrivée «seule» sur cette planète de laquelle, « seule » aussi, un jour, je m'envolerai.

Merci, Ian, merci pour tout. Ta mort n'aura pas été vaine. Ce fut «presque» merveilleux d'être à tes côtés et du «presque», je sors victorieuse! J'ai maintenant fais la synthèse de mon expérience avec toi.

Ainsi, je retourne à la matière ce qui est trop lourd et j'élève plus haut ce qui peut être muté.

On ne peut exprimer en mots tout ce qui se vit dans le secret, à l'intérieur de nous-même: parfois le silence s'impose... chuttttt!!!

Mais pour continuer à évoluer en union avec la Dimension Supérieure, je rends à César ce qui appartient à César et à Dieu ce qui est à Dieu!

Arianne Mauriac

Toute personne désirant communiquer avec l'auteur
peut le faire en écrivant à l'adresse suivante:

Johann C. Savignac Warren
C.P. 132
Ste-Julie (Québec)
J3E 1X5

Achevé d'imprimer en février 1995 chez

Marc Veilleux Imprimeur Inc.

à Boucherville, Québec